A toutes les personnes travaillant en entreprise. Parce que la promiscuité est un art à maîtriser avec tact.

L'art de vivre avec les collègues, les clients, les managers, et

parfois avec soi-même.

Et à toutes les autres souhaitant s'échapper de leur quotidien,

en espérant vous divertir.

Ce livre est dédié à ma maman et à mon papa sans qui je n'en

serais pas là.

Bonne lecture...

Les Chroniques d'un Employé de Banque

Christophe Sommier

1. Introduction

La Banque

Je travaille dans un secteur d'activité employant 320 000 salariés en France, et à travers le monde. Un secteur d'activité souvent décrié par les uns, lynché en place publique par les autres. Il est tenu pour responsable d'une grande partie des maux de notre siècle, pourtant, c'est un des métiers les plus anciens, sous différentes formes. C'est un des piliers de l'économie.
Ses employés sont au service de la quasi-totalité de la population Française.

J'ai tenu à écrire ce livre afin de rendre hommage à toutes ces personnes.

Je ne parlerai donc pas des Banques, de leur composition, de leur stratégie, de leurs choix, de leur politique, qui intéresse un nombre de voyeurs grandissant uniquement pour déverser leur haine accumulée, et amplifiée par les échos de la presse. Je ne décrirai aucun système informatique, ou autre indication, étant soumis au secret professionnel, d'une part parce que nombre d'ouvrages le font, et d'autre part, car je suis fier de travailler ou d'avoir travaillé pour les employeurs que j'ai connus.

Je souhaite vous raconter mon parcours professionnel, en mettant en avant toutes les personnes qui m'ont entourées, pour lesquelles j'ai toujours eu un profond respect (enfin presque toutes), et également ponctuer cette aventure par les anecdotes des clients qui ne manquent jamais d'imagination pour animer nos journées. Nulle envie de moquerie ou de méchanceté envers ces personnes qui nous font vivre et sans qui nous n'aurions pas de but professionnel, mais davantage un regard tendre et aimant vis-à-vis de ces situations souvent surréalistes.

Mais surtout pour montrer et décrire toute l'endurance et la détermination de ces employés, les chargés d'accueil, les gestionnaires de comptes, les directeurs d'agences, les collègues du back office, les personnes des services centraux, qui jours après jours, se rendent sur leur lieu de travail, démotivés parfois, motivés, souvent, qui continuent leur métier/devoir, même quand tout va mal, que l'opinion vogue sur « la haine du banquier », qui prennent les coups et se relèvent, uniquement par souci de rendre service, d'aider les familles à se construire, de les accompagner dans leurs projets, de voir les enfants grandir, de les aider dans les moments difficiles. Nous vivons les décès, les divorces, les fermetures d'entreprises, mais à chaque instant, nous devons nous montrer positif, et faire naître l'espoir en chacun de nos clients.

Il n'est pas question de faire pleurer sur notre sort, bien au contraire. Nous sommes libres de nos choix, et de rester dans notre situation. Cependant, j'ai pu observer dans bien des cas, et notamment lors d'annonce de faillite, des employés se transformer, être soudés, se serrant les coudes pour faire face, se motiver, pleurant ensemble, remontant la pente, et œuvrant pour ne faire qu'un, afin de rester debout, toujours debout.

Et j'ai pu vivre, grâce à toutes ces personnes, ces rencontres, ces actes de vie, ces confessions, ces compassions, la plus belle aventure humaine qui soit.

L’entrée en matière

Juin 1995. Je me retrouve assis au milieu d’une centaine de prétendants, à la journée portes ouvertes de l’établissement professionnel ENC Bessières, situé dans le 17ème arrondissement de Paris. L’établissement offre la possibilité de poursuivre un BTS dans le domaine de la vente, du commerce, et bénéficie d’une bonne réputation dans la capitale. J’ai toutes mes chances.

Ce qui n’a pas toujours été le cas. Effectivement, ayant eu une scolarité plutôt chaotique pendant tout le collège, que je m’efforçais tant bien que mal à maintenir à un niveau très faible malgré l’encouragement de quelques rares professeurs, le système scolaire m’a vite montré la voie à suivre (au fond à droite, prenez le couloir et vous verrez la porte marquée sortie), je n’avais pas beaucoup de choix. J’avais décidé de m’engager dans l’Armée de Terre. La conseillère d’orientation prit en compte ma demande en sourcillant d’un air frénétique, pour me dire au bout de 20 minutes d’entretien « hum, avec tes notes, tu pourras peut être laver les toilettes et obéir à tout le monde, mais tu ne feras jamais rien de bien. » Cette éventualité ne me plaisant pas plus que ça, je décidai d’élargir mon horizon. Mais c’est l’horizon qui ne s’élargissait pas trop à mes souhaits.

Ma chère môman ne voulant pas voir son fils sombrer dans la déprime post adolescente, et rester de nombreuses années à la maison (elle m’aime ma môman mais tout amour a ses limites), elle prit les choses en main. Un lycée professionnel qui se situait à Vincennes, formait des jeunes en les préparant à la vie active. Niveau CAP / BEP / BAC PRO VENTE. Nous nous sommes rendus à la journée portes ouvertes, qui, pour moi, s’avéraient relativement fermées, et avons rencontré la conseillère d'orientation, qui régissait en grande partie l'établissement.

- Bonjour Madame, je viens vous voir afin de vous présenter la candidature de mon fils, pour qu'il puisse rejoindre votre très bel établissement

(sourire fier de la madame, avec un accueil à bras ouverts)

- Mais bien sûr, asseyez-vous nous allons voir ça. Je peux voir son dossier scolaire ?

(Aïe, nous sommes à deux doigts de la catastrophe, n'ouvrez pas, non n'ouvrez pas…)

- Tenez, fit ma môman, en tendant ce qui constituait les principales activités de ma vie. Bon bien sûr, ce n'est pas formidable, mais justement, je pense que le fait d'intégrer un établissement comme le vôtre lui permettra de revenir dans le droit chemin.

(Ouch, ne t'avance pas trop quand même)

Devant tant d'enthousiasme de part et d'autre, je reste assis, stoïque, à me demander combien de temps avant la dégringolade.

- Aaaah…..

(Ah ben c'est maintenant)

- Aaaaah oui, quand même.

La dame baisse les lunettes afin de regarder ma mère droit dans les yeux.

- Mais avec des notes comme ça, votre fils ne va pas pouvoir rentrer dans cet établissement. Et je crains d'ailleurs qu'il ne trouve pas beaucoup d'établissements où rentrer.

Bon cet état de fait m'avait été dressé par pas mal de ses confrères avant elle, et ce ne fut pas une totale surprise. Ceci dit, ma môman le savait très bien, et armée de ses meilleurs atouts, la machine infernale se mit en route.

Première étape, l'étonnement :

- Mais je ne comprends pas, on m'avait dit justement qu'il avait une chance ici.

- Oui Madame, nous prenons certains élèves en difficultés, mais là…

Deuxième étape, les reproches ascendants/descendants :

- Tu vois, je te l'avais dit. A ne rien faire à l'école, tu as ce que tu mérites. Bravo. Non mais tu te rends compte ??? Non mais qu'est-ce qu'on va faire, hein ? Mais qu'est-ce que je vais devenir ?

Troisième étape, et là, en général, elle donne tout ce qu'elle a :

- Madame (sanglots accompagnant la complainte). Madame, je pense que vous êtes sa seule chance de faire de lui, quelqu'un de bien. Il faut lui donner sa chance. Je suis sûre qu'il saura la saisir (re-sanglots). S'il vous plaît.

- Je comprends, mais votre enfant n'a pas le niveau.

- Il travaillera dur, il se mettra au niveau, il va apprendre !

- Mais..

- Et je m'en porte garante (là, les larmes arrivent et commencent à perler sur les joues. Elle est trop forte ma môman. Vas-y, balance..)

- Oui, mais..... Je n'ai plus de place, les inscriptions sont quasi terminées.

- Quasi ? C'est-à-dire ?

- Quasi terminées. Oui, car il arrive qu'il y ait un ou deux désistements.

(ah, ça c'est la brèche tant attendue, et en général, ma môman ne la loupe jamais.)

- Et dans ce cas vous prendriez mon fils ?

- Bien… Je vais y réfléchir.

- Quand saurez-vous s'il y a un désistement ?

- Normalement, dans les quinze premiers jours d'août, limite de retour des dossiers.

- Et je pourrai vous téléphoner ?

- Oui, bien sûr, contactez-moi à ce numéro.

- Je vous remercie. Conservez son dossier, et je vous appellerai en août.

- Bien Madame, ça va être compliqué. Mais je vous dirai.

Il s'est avéré que cette femme-là s'est souvenue de moi pendant très longtemps. Enfin, surtout de ma maman dans un premier temps, puisque chose promise, chose due, elle appela la conseillère d'éducation dès le 1er août, environ deux à trois fois par jour, de la cabine téléphonique du camping (oui, c'est pour toi que je fais ça, tu as vu le mal que je me donne ??), et au bout d'une dizaine de jours, la conseillère abandonna, et préféra me donner la place, plutôt que de supporter plus longtemps ses appels.

C'est ainsi que j'ai suivi deux années de BEP travaillant dans de grandes enseignes en alternance, avec de belles notes, me transportant jusqu'en BAC Vente à La Clientèle étrangère (Oui Messieurs Dames), remportant ce superbe diplôme avec mention « Bien », et cette fois-ci, m'ouvrant les portes beaucoup plus facilement, me transportant d'un coup d'un seul vers les plus grands établissements qui seraient responsables de l'aboutissement de mon parcours scolaire, le BTS.

Je me retrouvais donc au milieu d'une centaine de futures forces de vente, pré-cadres de diverses entreprises, hautement habillés de costumes-cravates. Mais étant habitué moi-même au commerce depuis 4 ans, j'avais sorti les plus belles pièces de ma maigre garde-robe, à savoir, un costume gris perle, une chemise blanche, pour la neutralité, et la cravate de mon beau-père, représentant deux têtes de chevaux. Et croyez-moi, aimant les bêtes, cette représentation ne plaidait pas en la faveur de la cause animale. Mais ils étaient tellement fiers de me la donner (tiens, j'ai trouvé ça, ce sera PARFAIT), que je n'ai pas osé leur dire non. J'ai bien eu quelques regards étonnés de la part de jeunes futurs cadres aux dents longues, mais je n'en tenais pas compte.

Un responsable des portes ouvertes prit le micro, et nous fit découvrir l'école, sa réputation, son fonctionnement, les

distinctions, les possibilités ouvertes sur le monde entier (t'emballe pas quand même) et le monde du travail qui se mettrait à genoux devant. Bref, tout pour vous faire saliver. Puis le défilé des différents professeurs commença. Et là, j'avoue que mon esprit a commencé à vagabonder, et me perdant totalement, un état soporifique commença à me gagner, de même qu'une bonne partie de mes camarades de banc.
Puis tout à coup, le maître de cérémonie annonça :

- Et maintenant, je vous présente Madame Bellevue, qui s'occupe de la partie BTS en alternance.
Madame Bellevue s'avança, tapota légèrement sur le micro afin de s'assurer qu'il fonctionne, en regardant le proviseur avec une mine réjouie au premier « top top » et commença son discours :

- Bonjour à toutes et à tous. Alors, j'ai une première question, qui souhaite être payé en faisant ses études ?
Et là, le réveil immédiat. Une quarantaine de mains se levèrent.
- Vous aurez la possibilité de suivre vos études en alternance, avec notre établissement, et un établissement bancaire.
Hé bien, c'est parti. Où dois-je signer ?

A l'époque, je pense que l'on aurait pu nous dire n'importe quelle spécialité que nous aurions signé. C'est de cette façon que mes collègues et moi-même nous sommes engagés pour rentrer dans la Banque. Cela nous assurait un salaire de 4000 Francs, soit 600 euros environ. Le salaire le plus élevé que j'avais gagné se situait aux alentours de 400 Francs (60 Euros ah ah ah) pour un mois de stage auprès de l'enseigne Auchan, alors 4000 Francs, des pensées de dépenses m'emplissaient déjà l'esprit.

Enfin, quand je dis que nous avons signé, cela s'avère un peu plus compliqué. Il faut passer les tests.
Je ne m'attarderai pas sur les tests scolaires, où nous fûmes opposés entre prétendants, les regards en chiens de fusils avec les premiers de la classe répondant toujours en avance sur les autres pour se faire bien voir, mais je découvris beaucoup mieux, les tests d'embauche bancaire.

Convoqués à 08h30 dans le 18ème arrondissement de Paris, immeuble se situant entre un Kebab et une blanchisserie, nous n'en menions pas large. Le costume ne faisait pas trop couleur locale. Mais l'occasion s'y prêtait, et nous avions préparé nos plus belles tenues.
Nous rentrons donc dans cet immeuble, et après quelques formalités d'usage à la chaîne, nous intégrons une grande salle.
Je découvre les tests qui vont durer toute une matinée. En vrac, des suites logiques à compléter, des phrases du type « le bouchon est à la bouteille ce que la mer est à … l'océan », et encore plein de réjouissances du même type. Un questionnaire sur nos habitudes de vie également (que faites-vous le matin en vous levant etc…).
Après avoir passé environ trois heures à remplir tous ces tests, nous voici dans le hall d'entrée. « Ceux qui sont appelés peuvent repartir, les autres restent ». Puis une liste qui m'a semblé infinie plus tard, je me trouvais toujours là. « Félicitations vous êtes retenu. »

Je me retrouvais dans la rue, prêt à prendre le métro. Sans trop comprendre qu'une vie s'offrait à moi, avec ce précieux sésame. J'allais pouvoir rentrer dans ce cycle scolaire, et en même temps travailler dans la Banque. Je rentrai chez moi puis annonçai la nouvelle à ma mère. Un large sourire se dessina sur son visage. Je pris quelques affaires, et partis chez mon père, de l'autre coté de Paris, à Alfortville. Je lui présentai le papier. Lui qui avait souvent affaire à sa banque, mais plus pour régulariser des interdictions de chèques, et tenter de trouver une solution pour recouvrir son découvert, il me regarda, une lueur de fierté dans les yeux, et me dit « Tu vas être Banquier, bravo c'est bien, je suis content ». Lui qui parlait si fort quand il s'agissait de se faire entendre lors des repas de fêtes, les virées entre potes, il ne parlait jamais beaucoup quand il fallait ouvrir son cœur. Mais ce soir là, en quelques mots, j'ai compris qu'il était fier que je puisse réussir. Et tu vois, Papa, j'y suis arrivé.

1 Premiers contacts

N'allons pas croire que tout est aussi simple et rapide. Les banques sont de grandes institutions administratives, et avant de rentrer dans ces entreprises, vous devez passer de nombreuses épreuves, toutes plus amusantes les unes que les autres. Premièrement, vous avez rendez-vous au siège administratif.

J'avais passé les deux mois de vacances au soleil à me reposer, flâner, flirter, et je fis connaissance d'une charmante jeune fille qui deviendra quelques années plus tard, ma femme, qui a pu suivre et suit encore au bout de 22 années de vie commune, toutes mes péripéties bancaires. L'idée de me retrouver en costard-cravate, moi qui arborais un look rock'n'roll et des lunettes à la John Lennon, je savais que le choc allait être rude.

Revêtu de mon plus beau costume, je laissais tomber la cravate à têtes de cheval, pour arborer un look plus classique. Je préférais faire mes achats moi-même désormais.

Première étape, le DRH. En 1995, le siège de la Banque n'avait pas encore disparu et j'ai pu admirer une partie du bâtiment.

Je patientais dans cette salle observant les allées et venues des secrétaires, qui pour l'occasion m'adressaient un sourire de bienvenue. Je m'aventurais à regarder les magazines sur la petite table, comme lorsque j'attends mon médecin, en cherchant le dernier magazine people. Là, nous étions plus sur du « Les Échos », « La Tribune », et le bilan officiel de l'entreprise 1994. Un petit peu de culture financière ne pouvait pas me faire de mal, je pris cette documentation et décidai de la feuilleter. Je ne me considère pas plus bête qu'un autre, mais alors là, je n'avais pas la moindre idée de ce que voulaient dire tous ces chiffres, et une des secrétaires me

sauva de mon naufrage intellectuel en m'invitant à la suivre vers LE DRH.
DRH, présentation, poignée de main chaleureuse, invitation à s'asseoir.

- Jeune homme, j'ai la réponse à vos tests et également la traduction (cool, parce que je n'avais pas tout bien saisi moi-même).

Il me montra un graphique en forme de toile d'araignée.

- C est le résultat de vos réponses.

Un deuxième graphique arriva, qu'il superposa au premier.

- Et ça, c'est ce que nous attendons de nos candidats.

Hum, je voyais deux graphiques se superposer, mais qui n'étaient pas identiques non plus. Dans le doute, et voyant qu'il appréciait ce qu'il voyait, j'affichai alors une mine réjouie, du genre, sourire assez fier de moi.

- Les autres réponses sont positives, et vous avez réussi tous les tests d'embauche. Nous allons pouvoir signer le contrat, je vous laisse le lire, et le signer si cela vous convient.

Bon alors là, lors de la lecture d'un premier contrat, vous allez directement à l'essentiel : salaire, sur 13 mois, 600 euros la première année, 900 euros la deuxième, emballé c'est pesé, ça me convient. Je signe de mon gribouillis habituel, tends les feuilles de mes mains moites, et en l'espace de quelques minutes, me voici officiellement employé de la Banque.

Mais une étape m'attendait encore, la visite médicale. Et alors là, rien que par respect, cela mérite un petit chapitre. Le but est de savoir si vous êtes en bonne santé, et si vous pouvez commencer/continuer à travailler. Dans la réalité, je pense que sauf complainte lancinante, ou plaidoirie appuyée, tout le monde peut réussir le test. D'ailleurs, j'ai eu beau me forcer quelques fois afin de savoir s'ils allaient détecter une anomalie, rien, nada, tout a toujours été parfait. Apte au service.

Vous entrez dans une salle, et une personne vous accueille en vous tendant un petit bocal afin de faire un petit pipi dedans. Oui deux fois petits, car c'est vraiment le terme. En même temps, ils n'ont pas besoin de quatre litres pour faire les tests. Mais bon s'arrêter dans la course par manque de place n'a jamais été agréable.

- Bonjour jeune homme, prenez le flacon, allez aux toilettes à gauche, et urinez dans ce flacon. Vous le remettrez au guichet. Ensuite, vous passerez les tests oculaires. Merci.

Je m'exécute, ayant à peine le temps de remettre mon précieux flacon sur le comptoir, la secrétaire me regardant d'un air coupable (oh j'ai rien fait de plus que ce que vous m'avez demandé…) puis, suis pris en charge par une autre dame me faisant lire un tableau. Vous connaissez le principe. Ma femme m'a toujours dit que ma vue baissait avec les années, alors pour les petites lettres du bas, j'y vais un peu au hasard, mais j'ai eu tout bon. Si bon même que j'en suis exceptionnel. C'est vrai, j'ai jamais pu expliquer le résultat.

- Vous avez dix sur dix à l'œil droit et douze sur dix à l'œil gauche

(hummmmm, expliquez-moi le douze sur dix, s'il vous plaît. Alleeeeeez…)

Je rentre toujours fier comme un paon à la maison en disant, tu vois, 10/10 et 12/10, alors ???

- Alors lis les petites lettres qu'il y a sur le pot de Ketchup et on en reparle…

Pfff l'esprit terre à terre des femmes alors...

Vient l'épreuve des disques de couleurs à regarder via un appareil spécifique. J'ai appris plus tard que cela décelait le fait d'être daltonien ou non. Et là, une question reste en moi depuis tant d'années, ne peut-on pas être daltonien et travailler dans la banque ? Question hautement philosophique à laquelle je n'ai jamais eu de réponse, mais si tu inverses les couleurs verte et rouge, sur tes tableaux de résultats, ou sur les scoring des prêts que tu accordes, ça peut être un problème à terme, c'est vrai..

Test optique OK, test urinaire OK, test visuel ok. Une petite palpation par ci, par là, réflexes, et quelques questions réponses sur ma vie plus tard, me voici titulaire de la feuille rose “apte”.

L’autre versant du programme se dressait devant moi, à savoir, la partie scolaire. Pour cette rentrée, nous étions une petite vingtaine, d’âge, de milieux très différents. Certains dotés déjà de solides expériences professionnelles, avec une vie rangée, et d’autres sortant tout droit de l’école comme moi. Toute cette scolarité s’effectua dans un bâtiment de GRETA TOP, formation pour adulte, et ces deux ans ressemblèrent plus à une période de formation continue, qu’à des cours scolaires classiques.
Il est difficile de vivre à la fois une vie post ado, avec ce que cela comprend, à savoir l’envoi de boulettes de papier, petite pichenette au voisin de devant, et rire à la moindre remarque (Hey, Sarah, t’as ton slip qui dépasse de ton pantalon ouarf ouarf), et être un adulte responsable, employé d’une grande entreprise le reste du temps (bien Monsieur, nous allons donc parler de votre placement).

Je ne raconterai pas les détails scolaires de ces deux ans, où il fut question de nous inculquer les matières générales, économie, droit, vente, mathématiques, français, avec de nombreuses mises en situations, faites par des professeurs agréables, bien qu’ayant un côté fortement boboïsé pour certains, soixante-huitard pour les autres, et ponctués de voyages au ski, pour décrire plus en profondeur la partie « alternant en entreprise ».

Parce que si, dans ma tête, j’allais devenir Banquier, sur le papier, j’étais « alternant dans la Banque, poste de chargé d’accueil » et ça, ça change tout.

2 Les Campagnes d'Octobre.

Les Campagnes avec un « C » majuscule. Car croyez-moi, dans les années 90, la Campagne d'octobre importait autant qu'une campagne Présidentielle. Nous avions été préparés, formés pendant un mois de cours à cette campagne. Bon pour faire simple, il s'agissait de vendre un maximum de produits en un mois. Peu importe qui, quand, comment et pourquoi, l'activité se faisait en cette période-là. Ne me demandez pas pourquoi, en cette belle période automnale, je n'ai jamais eu de réponse, et cette tradition ancestrale devait mourir quelques années après, et tant mieux.

Lors de la période d'embauche, j'avais reçu mon affectation pour l'agence Victor Hugo, dans le 16ème, sur la place du même nom. Entourée par toutes les banques, un glacier, et plusieurs magasins de luxe, je me voyais ravi de travailler dans un endroit aussi plaisant. Ce que je ne savais pas, c'est que les clients et les collègues iraient de pair.
Dans la catégorie des managers, vis-à-vis des salariés en alternance en ce qui nous concerne dans ce chapitre, il y a ceux qui veulent accompagner, développer les compétences, former, encourager, amener l'étudiant à sa réussite, et il y a les autres. Visiblement, je me retrouvais face à la deuxième catégorie.

Après avoir rencontré le DRH, le responsable de secteur, le sous-responsable de secteur, j'arrivai, d'un pas timide à ma nouvelle agence. Celle-ci se composait d'un guichet avec 3 personnes devant moi, accompagnant des clients dans des opérations aussi diverses que variées me sembla t-il alors, ainsi qu'une CHEF de guichet. Cette chef arriva devant moi d'un pas décidé « Bonjour, vous devez être le stagiaire. Je

suis la chef de Guichet, je vais vous conduire dans le bureau de Madame La Directrice. » Madame Aimable ne savait pas qu'elle allait répéter cette phrase de nombreuses fois au cours de notre très courte collaboration. Sa coupe au bol et ses lunettes triple foyer me faisaient penser à Mireille Mathieu (à laquelle elle avait dû piquer tous les vêtements de sa garde-robe) atteint de myopie, et sa poignée de main ferme ne laissa pas de doute sur le fait de savoir qui était « LA chef ». Je montais donc à l'étage, où se trouvaient les conseillers. Là, ça ne rigolait plus, nous passions une étape. Un open space s'ouvrait à moi, à l'époque où les banques n'aménageaient pas leurs bureaux en espaces fermés, et je vis sept ou huit conseillers en communion avec leurs clients. J'osai un regard d'observation, et vis une ou deux têtes me dévisageant (tiens c'est le nouveau, bienvenue en enfer rahaha !!)
Madame Aimable frappa à la porte de Madame La Directrice. Une voix parvint du fond de la pièce.

- Oui, entrez.

Nous entrâmes dans l'antre du lion, prêts à se faire dévorer. Enfin, surtout moi en l'occurrence.
Je n'en menais pas large du haut de mes 19 ans, et croyez moi, Madame La Directrice a su s'engouffrer dans la faille. Avec mon regard d'ado, je la décrivais comme une personne qui aurait pu être volontaire pour la retraite haut la main, s'étant affublée de toute la panoplie pour passer inaperçue dans le 16ème, les colliers, les boucles d'oreilles, les bracelets divers, la coupe fraîchement établie par son cooaaaaaffffeur attitré, et ses ongles manucurés. Elle arborait un pansement au bout de chaque doigt, détail sans importance, mais qui me perturbera un bon moment, je ne connus jamais la raison, doutant fortement qu'elle ait un faible pour Michael Jackson. J'appris ensuite ses appuis forts (son mari est à une place très importante au siège… me murmura-t-on plus tard au détour d'un couloir).
Je lui serrai la main, molle et coulante, et pris donc place sur la chaise devant elle, mon porte-document nouvellement

acheté par ma môman (tiens, tu auras besoin de ça, pour faire classe, t'es un Banquier maintenant), afin d'attendre cette si belle introduction dont je lui laissais l'honneur.

- Jeune homme, vous entrez dans une institution honorable et respectable qu'est la Banque (aaaaaaaah c'était donc ça. On m'avait caché le secret jusqu'ici). Vous êtes en alternance, et vous allez apprendre le métier dans notre agence. L'agence Victor Hugo est une agence particulière, de par sa clientèle, son patrimoaaaaaane, reconnue et respectée. Il va falloir faire preuve d'investissement et d'intérêt, de compréhension, d'aptitude à l'intégration. Vous aurez fort à faire, car les tâches sont multiples et nombreuses. Vous commencerez au guichet, accompagné de Madame Aimable. Elle vous inculquera les bases, pour tenir ce poste en parfaite autonomie. Vous passerez un an avec nous, période au cours de laquelle vous devrez monter en compétence, rapidement afin de vous affirmer.

(gloups)

- Sur ce, vous pouvez installer vos affaires et aller avec Madame Aimable.

Madame Aimable, ma future meilleure copine, m'installa dans un bureau, tout au fond de l'agence, servant à ses heures perdues à quelques conseillers s'égarant, ou voulant s'appuyer sur un support afin de remplir une dernière enveloppe à la va-vite. Elle me présenta à l'équipe, composée de Marie-Christine, routarde de la Banque, qui avait occupé plusieurs postes dans le domaine bancaire, mais qui avait passé ces dix dernières années, à l'accueil, à l'accueil et surtout à l'accueil. Naïma, la plus jeune de toutes, très sympathique, mais un air de « je ne resterai pas longtemps parmi vous » et Josiane, copine de Marie- Christine. Enfin, quand je dis copine, je pense, car les conversations n'étaient pas de mise, et les deux complices me regardaient en m'adressant un bonjour, tels des animaux enfermés dans un chenil, priant pour qu'on les emmène ailleurs, loin, vite.

Beaucoup d'indices laissaient à penser que j'allais passer de très bons moment dans cette agence, et Madame Aimable me donna le coup de massue de la journée, domaine dans lequel elle excellait.

- Christophe, est-ce que vous avez une belle écriture ?

- Oui, assez, répondis-je fièrement (la boulette..)

- Tenez, vous avez ces paquets de cartes de visite, et vous écrivez « N'ayant pu vous joindre, je vous remercie de bien vouloir me contacter au numéro ci-dessous, en vous remerciant par avance ».

Cette phrase, je m'en souviendrai toute ma vie. Mes professeurs avaient pour habitude de dire qu'il fallait écrire 7 fois un mot, ou une phrase pour la retenir. Et vous retiendrez pour plusieurs années. Lorsque vous écrivez la même phrase 1547 fois, je pense que vous pouvez vous en souvenir pour toute votre vie, et lors de vos deux prochaines réincarnations également. C'est ainsi que je passais ma première journée à la découverte du monde bancaire, et appris le nom de tous les conseillers de l'agence et leur poste, ainsi que le numéro de fax, de téléphone, et l'adresse. Incollable je vous dis. Quelques âmes charitables passaient avec un air de compassion, d'autres ne voulant pas me voir en état de manque, m'amenaient d'autres paquets (sympas les gars).

La deuxième journée, ayant épuisé toutes les cartes de visite de l'agence (vous êtes sûre que c'est uniquement celles des personnes travaillant ici que vous m'avez données, ou celles de tous les conseillers du secteur ?), et une tendinite naissante, Madame Aimable estima que j'avais le droit à un peu de changement, et m'invita à découvrir, telle une personne partageant un secret immense, la salle des archives. Je trouvais ça sympathique, naïvement, qu'elle me décrive le système de classement des documents clients (classement par ordre alphabétique, pochettes, sous-pochettes etc..), et après quelques minutes d'explications, la remerciai vivement et me dirigeai vers la sortie.

- Attendez Christophe, venez voir (aaaaah voir quoi ???). Vous avez dans ce placard, les documents que les conseillers n'ont pas eu le temps de classer, vous allez procéder à leur classement.

Dix neuf ans, deux jours de boite, aucune expérience, sauf d'écriture, encore naïf et réservé, pas très à l'aise dans mes baskets, je viens d'avoir l'impression qu'une chape de plomb a été coulée dans mon corps et descend directement dans mes belles chaussures toutes neuves. Soit les conseillers n'avaient pas fait leur classement depuis 1975, soit ils n'avaient jamais eu d'intérimaire, soit ils imprimaient beaucoup beaucoup beaucoup de documents clients.

- Mais heu, tous les tas ?

- Oui pourquoi, cela pose un problème ?

- Non non (montrer de l'assurance et de la maîtrise), et vous désirez que ce soit fini quand ? (ah ah, je ne savais pas encore que les tas de classements ne disparaissent jamais)

- Vous pouvez prendre votre temps, me répondit Madame Aimable en tournant les talons, ce qui veut dire en langage d'entreprise, grouille-toi quand même un peu, demain on passe à autre chose.

Je me retrouve face à mes nouveaux amis, les dossiers, et prends quelques feuilles du dessus. Commençons par les A...

Lors de la pause déjeuner, je m'achetai un sandwich auprès d'une échoppe voisine (vite les tickets restos parce qu'au prix du sandwich place Victor Hugo, je ne vais pas tarder à demander un prêt à la consommation) et remontai à l'agence afin de partager ce merveilleux moment avec mes collègues. Et lorsque vous êtes en alternance, vous avez essentiellement deux types de comportement face à vous, une moitié de l'équipe qui vous regarde avec compassion, émoi et tendresse, et l'autre partie qui montre une assurance à la « je-suis-un-vieux-de-la-vieille-c'est-moi-le-patron ». Il arrive aussi qu'il y ait un ex-alternant dans l'équipe, et là, ce dernier compatit directement, sans jamais le dire, étant passé du coté obscur de la force.

- Ça va Christophe, ça se passe bien ? me demande un collègue du dessus.

- Oui oui, j'avance dans le classement.

- Merci pour la cartes de visite.

- Oh c'est rien, c'est normal.

Un autre collègue arrive en adressant un clin d'œil à son voisin (oh je vous vois les gars..)

- Et avec Madame Aimable, ça se passe bien aussi ? (petit rire sarcastique)

- Oui oui, elle me montre un peu tout (re petit sourire des collègues)

Mes trois comparses du guichet mangeaient leur plat préparé sans lever la tête, ne répondant pas aux réflexions des conseillers du dessus.

Le lendemain, le début de tendinite laissant place à quelques courbatures des positions accroupies, debout, bras tendus, Madame Aimable me fit intégrer un nouveau poste, suite à l'absence de Josiane. Je pris la place du premier guichet. Madame Aimable m'informa des tâches, à savoir remise de cartes bleues, délivrance de chéquiers, dépôt et délivrance d'espèces, descente aux coffres, prise du téléphone etc, etc etc.

Les trois postes possédaient une caisse. Madame Aimable se tenait derrière nous avec un œil bienveillant afin de savoir si nous faisions notre travail, bien vite, sans erreur, et surtout vite, très vite. Et ce dernier point me posa un problème comme nous le verrons plus tard.

Je m'installai pour cette première journée, à ma caisse, à mon guichet tel un commandant de bord. Ordinateur, check, Stylo, check, Tampon, check. Mesdames Messieurs, ici votre commandant de bord qui vous parle. Nous allons en destination de « fin de journée », nous mettrons approximativement 8 heures à y arriver. Je n'ai aucune expérience mais si vous me faites confiance, je pense que nous pouvons à peu près nous en sortir vivants. Enfin à peu près. Allez, c'est parti pour la première cliente.

Madame Lavieille arrive, toujours vêtue d'un manteau de fausse fourrure bien chaud, un sac accroché au bras, et Pepette, la chienne amovible, vissée sous le bras gauche.

- Bonjour jeune homme, je voudrais retirer 100 Francs s'il vous plaît.

- Bien Madame. Un billet de cent ou deux de cinquante ?

- Un billet de 100 s'il vous plaît. Mais vous êtes nouveau ici ? (premier mauvais point)

- Oui Madame je suis en contrat d'alternance.

- Hummmf, oui, ça se voit. Vous êtes tout jeune. Et ça fait longtemps que vous travaillez ?

- Deux jours Madame (deuxième mauvais point, ça se complique).

- Oui. (Rehummmpf). Faut bien commencer par là, me direz-vous, dit Madame Lavieille. Elle adresse un regard à Madame Aimable, Chef de Guichet-référente-en-chef-Es-Sécurité-qui-est-responsable-de-tout « Vous le surveillez bien, hein ? », avec un sourire pour faire comprendre que c'est une boutade mais pas trop quand même.

Rien de tel pour se sentir pousser des ailes.

Pendant que Madame Lavieille me raconte ses petits malheurs et bobos à soigner, en faisant mine de ranger son billet, et de ne pas trouver son porte-monnaie, la file d'attente s'allongeait.

Monsieur Indiscret se posta juste derrière tentant d'observer ce qui se passait, suivi de près par Madame Coincée, tapotant du pied parce qu'elle allait être en retard pour son prochain rendez-vous « Hey Monsieur j'en ai pour une seconde, vous me sortirez mes portefeuilles, le relevé des trois comptes, et je souhaite faire deux virements dont je n'ai pas les numéros ».

Mais j'étais prêt à affronter la foule, tel un vaillant guerrier vêtu de son armure la plus puissante et son arme destructrice : le courage.

- Christophe, vous pouvez allez un peu plus vite s'il vous plaît. (Aïe Madame Aimable. Je l'avais oubliée celle-là.)
Vient alors le classique ex-collaborateur qui a travaillé dans l'agence et dans la Banque, et qui vient incognito, au moins pendant les trois premières minutes. Jusqu'au fatidique «Puis-je avoir votre pièce d'identité s'il vous plaît ?» Et là, c'est le drame.

- Comment ça, vous me demandez ma pièce d'identité ?! Ça fait depuis 1943 que je suis client, tout le monde me connaît. Vous venez d'arriver et vous me demandez ma pièce d'identité ???

- Heu, oui, c'est pour ça que je vous la demande.

- Très bien, appelez-moi le directeur (une célèbre compagnie d'assurance reprendra cette phrase que j'ai entendu des centaines de fois au guichet, et qui est en général suivie, quelques instants après par un «Christophe, tu peux aller voir le Directeur s'il te plaît ?»)
Madame Aimable, qui avait entendu toute la scène, se précipita, cheveux au vent, et regard plein d'excuses, prête à bondir.

- Ooooooh, Monsieur Martin, excusez notre collègue, il est en alternance, implore Madame Aimable (L'annonce de l'alternance doit rimer avec déficience, ce qui doit causer une sorte d'excuse empathique). C'est son deuxième jour (recouche Ripolin, merci). Il ne vous la demandera plus.
Je rougis, tente un petit «désolé» en levant les yeux, avec le même air qu'un cocker privé de pâtée et donne le chéquier, précieux Saint Graal de Monsieur Martin. Après son départ, Madame Aimable me dit «Christophe, il faut continuer à demander les pièces d'identité». Oui, toujours tendre l'autre joue est noté dans un certain livre.
Durant les premières heures, les premiers jours, vous avez l'impression que tout le monde est contre vous, que les situations les plus complexes font irruption justement quand vous êtes là, que vous ne trouverez jamais les solutions

attendues, et que le sol s'effondre sous vos pieds à chaque « Bonjour Monsieur, il me faudrait… »
Heureusement, je reçus quelques clients me souhaitant bonne chance, et bon courage, et j'en venais même à apprécier ceux qui ne me disaient rien, preuve de ce que je considérais comme une satisfaction évidente. Le courage revint au fur et à mesure, et je pris de l'assurance, jusqu'au couperet de fin de journée :« Christophe, il faut qu'on fasse le point ». Aïe, Madame Aimable allait encore frapper. Et mon arme principale, le courage, n'allait pas être suffisante pour l'affronter.

Alors, pour gérer son poste au guichet (le terme politiquement correct de « chargé d'accueil » n'existait pas encore), il faut connaître toutes les opérations de base, à savoir délivrer un chéquier, une carte bleue, encaisser les remises de chèques, les espèces, délivrer des relevés de compte, renseigner le client sur les virements en cours, le solde, faire les descentes au coffre, surveiller que le distributeur soit bien alimenté, compter sa caisse, proposer des produits, des assurances, faire des dépannages de retrait avec carte bleue, recompter sa caisse, prendre des rendez-vous pour les conseillers, répondre au téléphone, ranger les papiers de Madame Lavieille, sourire à Madame Coincée, tenir la laisse de Poupette quand sa maîtresse remplit le bordereau, et lorsque vous avez fini votre journée, vous finissez par compter votre caisse définitivement, et il faut qu'elle soit juste. Chaque opération étant guidée par informatique par un nom de code appelé mnémonique, qui n'a rien d'intuitif, il faut vous armer d'un cahier ou noter la liste de ces codes barbares qui est longue comme le bras.
Lorsque qu'un client vous demande le moindre renseignement, vous feuilletez furtivement et rapidement votre cahier qui deviendra votre meilleur ami pendant les semaines à venir, et vous tentez tant bien que mal d'arriver au chapitre

qui vous intéresse, les gouttes de sueur perlant de votre front, avec la hantise d'exécuter votre tâche trop lentement.
L'apprentissage de tous ces codes, procédures et autres façons de faire s'apprend sur le tas, à chaque client sa nouvelle procédure à apprendre, et en une semaine, vous connaissez l'essentiel des tâches. Vous pouvez nager dans le grand bain, sans trop vous mouiller. Si ce n'est que parfois, certaines personnes bien attentionnées vous filent un petit coup de main pour vous plonger la tête dans l'eau.
Afin de nous aider à être juste dans notre caisse (surtout ne sois pas faux le soir, m'avait lâché Christine le matin), nous nous aidions de petits cartons où nous notions tous nos mouvements d'espèces, et ce que nous nous donnions entre caisses.
Le sport favori de Madame Aimable qui ne devait pas en pratiquer beaucoup hors banque, était de nous surveiller, et de nous faire des transferts de billets quand bon lui semblait. Surtout quand nous faisions des opérations avec les clients, et suivre les deux à la fois, à part avoir un strabisme divergent, j'en étais incapable. Et au lieu de gommer et de noter ses transferts de fonds, elle nous glissait discrètement, autant qu'un pachyderme puisse l'être, le nombre de pièces et de billets qui avaient changé de caisse. Nous n'étions pas à la table des marchés, mais ça y ressemblait fort.
Le client : Bonjour, je voudrais avoir le solde de mon compte s'il vous plaît, et retirer mon chéquier.
Moi : Mais bien sûr, je vous donne ça tout de suite.
Mme Aimable : Christophe, vous noterez, je viens de prendre 10 billets de 50 pour les donner à Christine.
Moi : Oui je le note tout de suite.
Naïma : J'ai un problème, je n'ai plus de pièces de 10 Francs.
Mme Aimable : Christine, je prends trois rouleaux de pièces de deux pour Naïma, à noter.
Le client : Vous trouvez mon chéquier jeune homme ?
Moi (usant de la gomme et du crayon à papier) : oui de suite, je cherche sur l'ordinateur, ça arrive.

Mme Aimable : Christophe vous noterez, je remets deux liasses de billets de cent Francs.
Moi : (usant de la gomme et regardant l'ordinateur) C'est bon je vais le chercher au bac à chéquiers.
Christine : Quelqu'un aurait vu mes rouleaux de 1 Franc ?
Mme Aimable : Oui, je les ai donnés à Naïma, vous le noterez.
Moi : (de retour du bac à chéquiers, après quelques minutes, car le chéquier était classé dans la mauvaise journée) Voilà Monsieur, je vais vous demander une pièce d'identité s'il vous plaît.
Le client : Comment ça, ma pièce d'identité, mais ça fait trente ans que...(enfin bon vous connaissez la suite)
Moi : Madame Aimable, le client ne souhaite pas donner sa pièce d'identité.
Mme Aimable : Mais oui enfin, c'est Monsieur Martin, enfin Christophe, réveillez-vous, vous l'avez vu il y a deux jours. C'est pas possible ces alternants (sourire de circonstance un poil crispé devant le client, en même temps je n'y peux rien, je ne suis pas physionomiste pour un sou, il faut que je travaille dessus)
Moi : Mais bien sûr, désolé Monsieur Martin, c'est l'habitude.
Mme Aimable : Oui, bon allez, allez, plus vite, donnez le solde à Monsieur Martin, il ne va pas attendre toute la journée.
Moi : Voilà Monsieur Martin.
Mme Aimable : Et puis vous noterez 3 billets de 200 en moins quand vous étiez parti je-ne-sais-où (pas bien loin, loin de moi l'idée de faire un trek dans les steppes du 16ème).
Moi : Au bac à chéquiers, Madame Aimable, au bac à chéquiers.

Un stop. Le temps se figea.

Regard de Christine et de Naïma, bref, mais suffisant pour savoir que j'avais fait une connerie. Première rébellion. Ça passe mal dans la gorge de Madame Aimable qui marque un temps d'arrêt. Les secondes sont suspendues à ces paroles

malheureuses, les miennes. Je vois ses yeux me sonder, un regard profond, noir qui transperce ses triples foyers. Puis tout reprit vie autour de moi
Mme Aimable : Bon allez, allez, nous verrons ça plus tard.
Une pulsion soudaine m'envahit, me lever, me tenir face à elle, l'empoigner par son col et lui faire manger sa gomme et ses crayons à papier, ainsi que ses fiches cartonnées, et la faire sortir de l'agence à grandes enjambées. Mais en bon alternant je continuais ma tâche.
Avec son aide, notre caisse était fausse à peu près un soir sur deux et les jours de fêtes. Une fois la tempête passée, Madame Aimable allait pointer ses pièces de caisse. Nous nous retrouvions tous les trois, Naïma, Christine et moi-même et faisions appel à notre mémoire afin de retrouver ce qui n'aurait pas pu être noté.

La deuxième phase parallèle, la vente, s'acquière très rapidement, en une seule méthode, le bachotage. Dans toutes les banques, il y a une Bible qui comprend tous les produits vendus, au bon vieux temps où Internet et Intranet n'existaient pas. N'ayez pas peur si je vous dis que les rendez-vous se prenaient dans un agenda papier, que gardaient jalousement les conseillers, et qu'à chaque demande de rendez-vous, au téléphone ou en face à face, il fallait aller chercher l'agenda du conseiller concerné, frapper à sa porte, le déranger en rendez-vous, lui demander la confirmation de la place de libre dans tous ses gribouillis illisibles, de revenir au téléphone avec l'agenda, de noter le rendez-vous, de redonner l'agenda au conseiller, à celui-ci de nous dire «Aïe, fallait pas prendre là, je suis en congé, je ne l'avais pas encore noté» (et moi je dois deviner tout ce que tu projettes de faire pendant les 12 prochains mois ?), de recontacter le client pour changer le rendez-vous et de reconfirmer avec le conseiller que la place était bien libre, et qu'il n'avait pas un séminaire, mariage ou autre compétition de water-polo ce jour-là « Ah c'est Mme Lourdesse, je voulais pas la voir, tu peux... » « Non, je ne fais

plus rien, voilà ton agenda, le numéro de ta cliente et tu te DEBROUILLES ».
Bien, je contacte Madame Lourdesse.

Le week-end avançait joyeusement au milieu de toutes ces réjouissances, et le moins que l'on puisse dire, c'est que le temps passait vite. Très vite.
Le vendredi soir, je rentrais chez moi, rincé, lessivé, la tête pleine de codes, de noms bizarres, de procédures, de billets et pièces, de gommes et crayons à papier que j'en venais à haïr, de noms de clients qui s'entremêlaient, de produits à vendre, de sonneries de téléphone à longueur de journée, de Monsieur, de Madame, s'il vous plaît, merci, de Madame Aimable, de Madame Gruny, la Directrice au mari haut placé, des collègues du haut, de Christine, de Naïma, et il est vrai que comme un enfant, j'allais me réfugier auprès de ma future femme, qui avait emménagé chez ma môman. Je me couchais auprès d'elle afin de retrouver un peu de sérénité dans ce nouveau monde d'adulte. Même si j'avais fait de nombreux stages, connu plusieurs entreprises, travaillé l'été dans des entreprises commerciales, dans l'imprimerie, rien ne ressemblait à la Banque, à ses pratiques d'un autre temps, ses rites, ses usages, ses obligations.
Cette banque d'hier viendra quelques années plus tard à disparaître pour faire place à la nouvelle technologie. Les plus anciens s'en iront en retraite également. Les clients et les employés verront naître une nouvelle façon de travailler, d'accompagner le client, d'aller chercher des informations, de s'enrichir intellectuellement, et ce sera tant mieux.
Pour l'heure, il me restait encore quelques années à vivre au milieu de tout cet univers, et à ce qui me semblait, ça n'allait pas être facile du tout.
La semaine suivante, les jours s'enchaînèrent, et se ressemblèrent. De la même façon, la boule au ventre il fallait aller travailler. Entre Madame Aimable qui me reprochait mon manque de rapidité, mon manque d'initiative et de rigueur,

Madame Gruny, la Directrice au mari haut placé qui accompagnait « Christophe, si l'on vous reproche ça, c'est que cela doit être vrai allons. Faites votre propre analyse sur vous-même vous verrez » (Répéter dix fois avant d'aller se coucher : Je suis nul, je ne suis pas digne, fouettez-moi.... S'il vous plaît), je me posais toujours un bon quart d'heure sur le banc vert parisien, en face de l'agence. Il faut que tu y ailles, tu dois y aller. Et chaque matin, j'y allais. Pas le choix.
D'ailleurs, un matin, j'y suis allé beaucoup plus rapidement que prévu. L'automne apportait son lot de petits désagréments, et les maladies se véhiculant joyeusement de wagons de métro en wagons de RER, j'ai dû me trouver au bon endroit au bon moment, et n'échappai point à une épidémie quelconque. Rien de bien méchant, si ce n'est que le transit s'en trouva extrêmement modifié, et bien sûr, les premiers signes apparurent au bout d'un quart d'heure de trajet. En sachant que je mettais un peu plus d'une heure pour me rendre sur mon lieu de travail, je vous laisse imaginer à quel point les stations peuvent paraître longues, très longues. Et pour les dernières, cela devient inimaginable.
Si bien que la dernière station venue, je me ruai vers la sortie, courant comme si ma vie en dépendait (ce n'était pas le cas, mais mon amour propre en aurait pris un coup quand même), sonnai à la porte de l'agence, ma collègue m'ouvrit, je lançai ma mallette, ma veste de costume, et allai me réfugier au bon endroit. Certes, l'opération dura un peu plus de temps que prévu, et je sortis dix minutes plus tard, à l'heure pour prendre mon poste, même quelques minutes en avance, et des gouttes de sueur en prime.
Madame Aimable ne disait rien.
Aïe, c'est pas bon.
Christine pinçait ses lèvres. Naïma faisait semblant de reclasser ses papiers. Là tous mes sens se sont mis en alerte.
Madame Aimable s'approcha :

- Christophe, vous irez voir la Directrice s'il vous plaît.
- Bien.

Je quittai mon poste, et montai les marches, tel un condamné marchant vers son exécution (oui, bon y a pas mort d'homme non plus, hein, c'est juste une petite gastro).

- Ah Christophe, c'est vous.
- Merci, qu'est ce que je…
- Vous vous croyez où ?
- Comment ça ?
- Vous croyez que vous avez été embauché dans un cirque ?
- Non, mais il faut que je vous explique…
- Vous n'avez rien à expliquer, vous ne pouvez pas rentrer comme ça, dans l'agence, sans dire bonjour, vous n'avez pas de savoir vivre ????
- Si Madame Gruny, je comprends mais c'est juste que j'avais la…
- Je VEUX que vous disiez bonjour à tout le monde en rentrant dans l 'agence.
- Peut être MAIS J'AVAIS LA COURANTE ET JE NE POUVAIS PAS….Ensuite j'ai de suite pris mon poste pour ne pas être en retard. La prochaine fois je me ferai dessus, si ça peut vous faire plaisir.
- Hé bien oui, J'EXIGE que vous disiez bonjour à tout le monde, peu importe les conditions.

Fin de l'entretien. J'ai pas marqué beaucoup beaucoup de points dans le capital sympathie de Madame Aimable, ni de Madame Gruny, mais j'étais libéré d'un poids, au sens propre et figuré, et je redescendis, pas forcément fier, mais content de m'être fait entendre pour une fois.
Toujours est-il que malgré cette deuxième rébellion, les choses étaient loin d'être gagnées, et j'allais au devant de nouvelles confrontations.

3 C'est le métier qui rentre

Au-delà de toutes ces turpitudes personnelles, ce fut ma première expérience avec les clients qui me marqua le plus. Aidé de Christine et de Naïma, je découvris le monde merveilleux des banques, via le poste de guichetier, poste adulé par certains, rejeté par les autres. Aujourd'hui, je pense sincèrement que c'est le poste le plus important dans une banque. Si ces dernières les suppriment de nos jours, l'accueil client restera à jamais. C'est par ce biais que nous voyons la plupart des personnes faisant les opérations, que nous connaissons leurs habitudes, leurs petits soucis, leurs secrets. Si la grande majorité des clients passent rapidement, font leurs opérations, et ressortent de l'agence, une autre partie viennent nous voir comme ils vont voir le médecin. L'analyse reste la même.

- Bonjour mon petit, je voulais savoir si mon compte allait bien.

- Bonjour Madame Lavieille. Depuis hier, je pense que oui, rien ne s'est passé (je tapote, je tapote). Et voilà, il y a juste un prélèvement des impôts. 2500 Francs.

- Hoooo 2500 Francs, mais ça augmente d'année en année.

- Effectivement. Maintenant, il en reste un peu sur votre compte.

- Oui, d'ailleurs, combien me reste-t-il ?

Je lui présente le solde écrit sur un post-it, environ 450 000 Francs.

- Mais ça ne sera jamais assez avec tout ce que j'ai à payer, il me reste le médecin, et hier, j'ai fait venir le plombier…

- Je pense que ça ira. A moins d'avoir refait toute la tuyauterie de l'immeuble, vous devriez voir venir.

- Si vous le dites. Bon, promis, je ne vous embête plus avant longtemps.

- Comme vous voulez Madame Lavieille, et je vous dis à demain.

- Merci mon petit, à demain.

J'ai donc appris que nous avions tous notre niveau de proportion, et que son reste à vivre suffisant se situait bien au-dessus du plus haut solde de mon compte.

Au guichet, vous apprenez à tout faire, et vous devenez incollable sur la moindre procédure s'y référant. Vous apprenez également que cette connaissance revient à néant par rapport à la crédibilité d'un conseiller.

- Bonjour jeune homme, je vous donne un virement à effectuer.

- Bien sûr, je le passe tout de suite.

- Hummmmmm, je préférerais que ce soit mon conseiller.

- Je peux le faire de suite ce sera plus rapide.

- Je comprends, mais je préfère que ce soit lui qui le passe.

- Ce sera plus long alors.

- Ce n'est pas grave, mais au moins je suis sûr que ça sera fait, je vous remercie.

Ce qui ne m'empêchait nullement de le passer une fois le client parti, en jetant toujours un œil par-dessus le guichet pour m'assurer qu'il ne revenait pas de suite quand même. J'accumulais les points négatifs, je tenais le poste de guichetier, j'étais jeune, et en alternance. Et alors là, niveau crédibilité, si vous pouvez imaginer un point zéro, je me situais nettement en dessous. Les moindres réponses à leurs questions devaient être approuvées par les collègues. Mais je le prenais avec sourire, après les conseils de mes comparses, me disant qu'elles étaient passées par là aussi. Nous vivions 8 heures par jour ensemble côte à côte, supportions les mauvaises passes, rigolions des mêmes blagues, parfois avec les clients aussi.

J'appris par la même occasion que l'être humain progressait jusqu'au milieu de sa vie, puis régressait à un moment donné. Bon le point du changement pouvait s'avérer venir tôt chez certains et tard chez d'autres. Quoiqu'il en soit, à chaque fois Madame Lavieille avait son excuse afin de ne pas faire ce que nous demandions.

- Bonjour Monsieur (voix tremblotante), je voudrais faire une remise de chèque.
- Bien Madame, je vous invite à remplir ce bordereau.

Alors là, c'est au choix, cocher la case qui convient :
1 - Oh je suis désolée j'ai oublié mes lunettes.
2 - J'aurais bien voulu mais j'ai de l'arthrite plein les doigts.
3 - La dame qui était là avant me le faisait.
4 - Je ne connais pas mes numéros de compte.
5 - Vous allez tellement plus vite que moi, et il y a du monde derrière.
6 - Je préfère que ce soit vous, vous avez une plus belle écriture.
7 – S'il vous plaaaaaaaaaaaît.

Cette liste n'est bien sûr pas complète, et les clients ne manquent jamais de la renouveler eux-mêmes.
Pour les retraits d'espèces, la nouvelle technologie étant arrivée depuis plusieurs années, nous incitions les clients à prendre une carte.

- Mais enfin Madame Lavieille, il faudrait penser à prendre une carte.
- Oh mais ce n'est pas de mon époque, et ce n'est pas à mon âge que je vais m'y mettre.

- Vous pouvez, il suffit de rentrer le code, la somme, et le retrait est fait.

- D'accord, mais en attendant, donnez-moi 500 Francs mon petit (mais ils ont fini avec « mon petit » ??)

- En billets de 100 Francs ?

- Oui, merci.

- Voici, cela vous convient ?

- Hum, finalement je préférerais des billets de 50 et de 100 avec un peu de 200 Francs.

- Mais bien sûr (gomme, crayon à papier, et re gomme sur le carton, vous vous souvenez des cartons de caisse à remplir afin de ne pas être faux le soir ??)

- Cette fois, c'est bon le compte y est.

- Je vous fais confiance jeune homme, dit Madame Lavieille tout en recomptant les billets pour les mettre dans son sac.

La régression est parfois flagrante et amusante. Prenez Madame Lavieille. Elle ne loupera jamais de venir pendant les fêtes, Noël et Pâques par exemple. Afin de mettre un peu de gaieté, nous mettons à disposition des œufs ou des pièces en chocolat. Madame Lavieille attend son tour, patiemment, ouvre son sac et nous aborde.

- Bonjooour, pourrais-je avoir mon chéquier ?

- Bien sûr Madame Lavieille.

Elle profite de mon ouverture de bac à chéquiers le dos tourné pour remplir son sac d'œufs en chocolat. Je regarde le bol, vide (enfin il en reste trois malheureux qui ont glissé entre ses doigts, qu'elle a bien voulu laisser afin de dire, hey j'ai pas tout pris, et me regarde d'un air désolé).

- C'est pour mes petits-enfants, ils adorent ça, et ils viennent ce week-end, j'ai de la chance, hein.

- Oui, Madame Lavieille, c'est normal, par contre vous avez encore un peu de chocolat sur les lèvres, juste là, voilà…

Enfin, il faut apprendre le langage codé des collègues entre eux. Quand devant un client qui demande un retrait, une collègue dit « ça va être compliqué », ça veut dire « son compte est à découvert depuis 4 mois, et ce n'est pas avec l'intérim saisonnier que ça va arranger les choses, c'est non. »
Mais il existe aussi des codes afin que le client ne comprenne pas ce qui se trame, et par la même occasion, que je ne comprenais pas non plus.
Un matin, une fille splendide arrive devant moi en me demandant un bordereau afin de déposer son chèque. Elle part le remplir de l'autre coté de l'agence, et je vois Christine qui prend son téléphone et qui dit « Oui, Eric, tu peux venir, il y a un fax pour toi » (oui, à cette époque, encore une fois, Outlook n'existait pas et les clients communiquaient par fax thermo imprimé qu'il fallait photocopier sinon ils s'effaçaient.)
Sur ce, je vois Eric (ou l'entends plutôt) dévaler les marches 4 à 4, je ne lui connaissais pas ce talent caché, pour arriver cool, frais comme un pinson, au guichet.
Par excès de zèle bien placé, je vais au fax, récupérer ce qui revenait à Eric. Dans le même temps, la cliente revient à mon guichet et Eric l'aide à faire sa remise de chèque. Ne trouvant le fax, je vais voir Christine :

- Mais il est où le fax pour Eric ??????

Christine se met à rire, et me regarde.

- Il est à ton guichet le fax, patate, et t'inquiète, Eric s'en occupe.

Aaaaaah, autant pour moi…
J'ai pris ma revanche lorsque je l'ai appelé quelques jours plus tard pour prendre un fax.
Il est descendu aussi rapidement que la dernière fois, se pointe à mon guichet. Je lui ai donné son fax. Il n'a pas rigolé.

Pour finir cet apprentissage des premières semaines, il restera l'acte le plus important à réaliser, celui dont on se souvient toute notre vie, à savoir : la première vente. Évidemment,

dans cette campagne d'octobre, il fallait vendre. Au moins des produits simples. A la fin des premiers essais, j'en revenais à me dire : au moins 1 produit. 1 seul.
Madame Aimable me pressait, certes, mais la vente lui importait peu. Pour Madame Gruny, c'était une autre affaire. Donc, afin de me démarquer dans le bon sens, je m'essayais à la vente, sur un produit simple, l'assurance en cas de perte ou de vol du chéquier, de la carte, et des papiers d'identité. Cette assurance, somme toute très utile, la grande majorité des clients, la possède. Je cherchais donc des clients qui ne la possédaient pas.

- Bonjour Monsieur, voilà pour votre retrait. Désirez-vous l'assurance en cas de perte ou de vol de votre chéquier et carte bleue ?
- Non merci. Bonne journée.

Aïe.

- Bonjour Madame, désirez-vous l'assurance en cas de … ?
- Non merci jeune homme.

Re aïe.

- Bonjour Madame, voilà vos billets. Souhaitez-vous l'assurance en cas de perte ou de vol de votre chéquier ?
- Ah, c'est quoi ? (ohoh, une touche !)
- C'est une assurance qui vous couvre en cas de perte ou de vol de votre chéquier et de la carte bleue.
- C'est bien ça dites donc.
- Je ne vous le fais pas dire. Pour 300 Francs par an, en plus, c'est pas cher !!
- Ben non mon petit (arghhh), effectivement. C'est gentil. Je garde le papier, et je vois ça plus tard...(mais c'est maintenant que je dois vendre, c'est pas à Noël, allez revenez…)

- Bonjour Monsieur Martin, vous avez vu, je ne vous demande pas votre pièce d'identité aujourd'hui
- Bonjour. Quand même, au bout de quatre fois.

- Désirez vous l'assurance..

- Non non, c'est bon, j'ai été à votre poste, je connais le boulot de commercial, j'ai eu aussi des produits à vendre, je sais de quoi il en retourne.

Il savait de quoi il en retournait, mais toujours est-il qu'il n'était toujours pas couvert en cas de perte ou de vol. Mais ce qui me chagrinait, c'était surtout l'absence de vente. Rien ne mordait. Et un poste de commercial sans vente…
Heureusement, Naïma arriva à mon secours.

- Écoute Christophe si tu veux vendre un produit, surtout une assurance, il faut que tu suscites le besoin. Il faut que le client comprenne le risque. Rien de mieux que d'utiliser un exemple. Regarde, la semaine dernière, Madame Pasdebol a été agressée. Ils ont pris sa carte, et l'on utilisée au distributeur pour retirer 3000 Francs.

- Ah bon ??? Pourtant le quartier est calme.

- Mais non, c'est un exemple. Et comme ça, Madame Lavieille s'identifie à Madame Pasdebol. Elle se dit que ça peut lui arriver. Et c'est vrai. Fais celui qui est étonné qu'elle n'ait pas la carte. Joue un peu quand tu lui proposes.

- Ok Naïma. Je te remercie, je vais essayer.

- Bonjour Madame Lavieille.

- Bonjour jeune homme, puis-je avoir mes 500 Francs? Billets de ..

- Oui, un peu de cinquante, de cent et de deux cents Francs.

- Je vous remercie bien. Rooo Pepette, viens-là, arrête de tirer sur ta l aisse, le Monsieur n'en a pas pour longtemps. Excusez-moi Monsieur.
D'un coup, j'ouvris grands les yeux. Je la regarde, regarde l'ordinateur, la regarde à nouveau.

- Oh lala… (surprise)

- Quoi ?

- Oh lala lala (je garde le suspens)

- Quoi, qu'est ce qui se passe ??? Un problème sur mon compte ?

- Non pas sur votre compte mais.. J'en reviens pas. (j'y arrive, pas à pas)

- Quoi ?????

- Ben vous n'avez pas l'assurance en cas de perte ou de vol. (Et voilà !)

- Ah non, on me l'a déjà proposé mais je n'en veux pas.

- Oui, c'est ce que disait Madame Pasdebol.

- C'est qui Madame Pasdebol ?

- La voisine, immeuble au 16, on la voit toujours avec son chien.

La cliente semblant chercher parmi ses connaissance de palier, ou de voisinage. Je ne pouvais pas me tromper, les Madame Pasdebol avec un chien, nous en avons tous dans notre entourage.

- Ah oui, je crois voir.

- Hé bien ils lui ont pris la carte, ils ont retiré 3000 Francs sur son compte.

- Non !!!

- Si.. Mais heureusement, l'assurance a tout remboursé.

- Aaaaaah, c'est bien pour Madame Pasdebol.

- Oui, mais ça pourrait vous arriver.

- Ah effectivement, j'y pensais pas…

- Pour 300 Francs à l'année, vous êtes assurée.

- Ça vaut le coup, je la prends. Rolala, il y a de plus en plus d'insécurité dans le quartier. (C'est connu, le 16ème place Victor Hugo, est un haut lieu d'insécurité). Je signe où ?

Et à cet instant, juste au moment de l'adhésion du client, nous ressentons tous une montée d'adrénaline, une bouffée de chaleur, le son de la victoire, le bruit des bulles dans la tête, les neurones qui dansent la Lambada. Je le tenais mon oui. Je fis le tour de l'agence en montrant mon trophée à tout le monde. J'ai vendu un produit, j'ai vendu un produit.

Naïma écoutait et afficha un sourire en coin lorsque Madame Lavieille a dit «oui».
Et sa technique, je la garderai précieusement pendant toutes ces années.
De cette façon, Madame Pasdebol se situa toujours au milieu de mes négociations commerciales. Elle affichait à son compteur des agressions (assurance en cas de perte ou de vol), une jambe cassée, un genoux HS immobilisée chez elle, un orteil arraché dû à la tondeuse, plusieurs doigts en moins suite aux travaux à la maison (la garantie des accidents de la vie prend tout ça en charge), des problèmes insolubles avec les voisins (dont seule la protection juridique la tira d'affaire), des parents pas forcément enterrés comme elle le souhaitait (la Garantie Obsèques vous accompagne dans votre dernière demeure), des valises perdues lors de voyages (La Carte Premier indemnise tout) ; bref, ce fut et c'est encore, la personne la plus malchanceuse, mais qui m'apporte un bonheur incommensurable. Merci Madame Pasdebol.

4 La Rupture

Je ne vais pas vous dire que la vie semblait un long fleuve tranquille. Les périodes de frustrations dues au statut d'alternant, ainsi que la surveillance quasi perpétuelle de Madame Aimable m'usaient à haut niveau. Mais je trouvais du réconfort auprès de Christine et Naïma. Nous ne manquions jamais de trouver un moment pour plaisanter et faire retomber la pression. Un jour, nous apprenons que la fille de Madame Aimable doit venir manger avec elle.
Impatients de voir ce que notre grande amie avait pu engendrer comme descendance, nous étions sur le pied de guerre depuis 11 heures. Nous pressions les clients qui souhaitaient faire des opérations afin de guetter l'invitée surprise. Jean-Pierre Foucault ne présentait pas l'émission, mais tout comme.
Puis une jeune fille métisse poussa la porte, belle, charmante même, et d'une voix douce :

- Bonjour je viens manger avec Maman.

Nous étions surpris, stupéfaits, subjugués, interloqués, bref nous ne bougions plus. Nous nous pressâmes pour avertir Madame Aimable qui ne se trouvait pas dans notre dos pour une fois (peut-être une envie de faire pipi, nos secondes de bonheur). Je la trouvai enfin dans un recoin de l'agence, et lui dis que sa fille l'attendait.

- Quoi ma fille ???
- Heu oui, c'est ce qu'elle a dit, mais moi aussi ça me paraissait bizarre parce qu'elle est…
- En avance, oui, elle va voir.

Ce n'est pas tant le fait qu'elle soit métisse qui me paraissait bizarre, mais surtout que Madame Aimable ait eu une fois au moins une ouverture d'esprit en optant pour l'option couple mixte. Au guichet, nous avions les pattes sciées. Madame Aimable descendit, et s'exclama bien fort dans tout le hall pour montrer qui dirigeait ici :

- Comment ça se fait que tu es là ?
- Maman, tu m'as dit « Viens à midi pour déjeuner » !!!
- Oui, et il est quelle heure ?
- 11h30.
- Et 11h30, c'est pas midi, donc tu sors, tu vas faire un tour, et tu reviendras quand il sera midi.

La jeune fille tourna les talons, et ressortit comme elle était venue, abasourdie, même si ce genre d'habitudes semblaient faire légion.

Madame Aimable multipliait les colères, les mécontentements. Nous n'allions jamais assez vite, pas assez performants etc etc.. Je voyais Christine, avec les larmes au bord des yeux à chaque remarque, elle finirait par craquer. Elle encaissait de moins en moins. Le point de rupture proche, le craquage imminent.

- Christine, vous êtes fausse…
- Attendez Madame Aimable, il est 15 heures, la caisse n'est pas encore comptée.
- Hé bien dépêchez-vous de le faire !
- Oui Madame Aimable.

Allez, gomme crayon à papier, re gomme, re gomme, re gomme...

- Alors ?? dit Madame Aimable qui suivait les opérations de près. Il ne s'agissait plus de savoir « si » sa colère allait éclater, mais « quand » elle allait éclater.
- Voilà ma fiche, dit Christine, hésitante.
- C'est faux c'est bien ce que je disais.

La majorité des clients entendaient cette scène qui nous mettait de plus en plus mal à l'aise, Naïma et moi-même. Bien sûr, je ne parle pas de Christine qui semblait s'affaisser sur son siège de seconde en seconde. Nous attendions l'orage, le tonnerre, la foudre, les éclairs. Au lieu de ça, Madame Aimable la joua calme, sereine, mais tuante.

- Vous n'êtes pas concentrée Christine. Il va falloir se mettre la tête dans le travail.

- Mais Madame Aimable, je vous jure....

- En même temps, avec tous les problèmes sur votre compte, je peux comprendre. Mais vous devez régler vos chèques impayés. Je vois pas comment on peut avoir l'esprit libre quand on est Interdit Banque de France.

Christine se leva, honteuse devant nous, devant les clients. Elle porta la main à sa bouche, les yeux embués, elle ouvrit la porte battante, et monta quatre à quatre les escaliers.

La mère Aimable avait atteint le paroxysme de la méchanceté. Elle innovait chaque jour, mais ce fut un coup de maître. En ces années, les comptes ne jouissaient pas d'autant de sécurité et de confidentialité que maintenant et tout le monde pouvait regarder le compte de son voisin, et entre membre du personnel, cette pratique allait bon train.

Elle voulait tout voir, tout entendre, tout gérer, devenir Dieu dans son espace privé, son guichet. Et pour moi, cette année, Dieu portait la coupe au bol, avec une belle paire de lunettes.

Je suivis Christine dans la cuisine. Je la trouvai sur la table, les mains portées au visage, pleurant. Je me mis près d'elle, assis, tranquillement.

- C'est pas grave Christine, elle raconte toujours des conneries.

- Oui, mais franchement, elle a dépassé les bornes. J'en peux plus. Vous allez penser quoi de moi ?

- Franchement, on porte tous nos problèmes. On s'en fout que tu sois interdit bancaire. Il ne faut pas l'écouter, elle est comme ça. Regarde, avec moi, elle s'en donne à cœur joie.

- Mon pauvre, toi tu dégustes..

- Oui mais je la laisse parler. C'est peut-être sa coupe qui la rend aigrie.

- Y aurait de quoi !

- Mireille Matthieu qui prend trente kilos, et qui porte des lunettes, ça craint.. Son homme doit pas être heureux tous les soirs !

- Elle n'en a plus, me dit Christine, il est parti.

- Ah ben il doit être heureux alors. Allez, viens, on y va, ne lui fais pas plaisir. On descend tous les deux.

- Merci Christophe !

Elle passa la main sur ses yeux, sécha ses larmes. Pas les miennes.

Quelques jours plus tard, j'avais intégré le guichet 3, celui qui présentait le plus de complexité (dépannages cartes du monde entier, avec le sabot, caisse, etc..). Madame Aimable décida que cette fausse promotion géographique devait s'accompagner d'une attitude « casse bonbons » adéquate.
Je ne sais pas ce que j'avais ce jour là, levé du mauvais pied, ou autre, je n'affichais pas une forme Olympique, et un peu de mauvais poil aussi.
A l'agence, mes moindres mouvements s'accompagnaient de « ce n'est pas comme ça, va plus vite, tu as oublié ça etc.. »
Le midi, fait extraordinaire, je m'installai seul, dans la cuisine. Le plat chauffé au micro-ondes, je pris place sur la petite table contre le mur. La porte s'ouvre, et bien sûr, la Miss Univers arrive. Elle ne dit pas un mot, et mangea de l'autre coté de la table, à trente centimètres de moi.

- Madame Aimable, je peux vous poser une question ?

- Mais bien sûr Christophe, allez-y.

- Madame Aimable, j'aimerais vraiment savoir, pourquoi vous me parlez comme à un chien. Et encore, les personnes parlent mieux à leur chien.

Elle me dévisagea à peine une demie seconde, et en y repensant, c'est perturbant de penser que ma question ne l'ébranlait même pas.

- Aaaah mais Christophe, faut pas prendre ça pour vous. Je parle à tout le monde de cette façon, vous ne faites pas exception…

Cette réponse n'apporta pas satisfaction. Je restai devant mon plat de macaroni jambon trop cuit (j'ai jamais su gérer le temps de chauffe de ces plats, j'y vais toujours à fond les ballons, générant une file d'attente interminable, avec des collègues qui, dès que j'ai le dos tourné, tournent le bouton du four, afin de me faire croire que c'est fini) et ruminai. J'en avais assez de sa façon de parler, de nous enfoncer, que Madame La Directrice la soutienne, qu'elle nous mette à mal devant les clients. Cela devenait insultant.

L'après-midi, je retournai à mon poste de 3ème place de guichet. Je la voyais tourner autour de moi, comme une mouche autour d'un verre de grenadine.

Un client arrive, il souhaite faire une opération. Mon professionnalisme s'avérait payant au fur et à mesure des semaines, puisqu'aucune erreur de caisse ne s'affichait dans mes compteurs, les clients semblaient contents des opérations. Certes, ma vitesse n'égalait que ma jeunesse dans l'entreprise, mais la file de client ne s'étendait pas jusqu'à la porte. D'ailleurs, sur ce coup, le client se trouvait seul à mon guichet. Madame Aimable ponctuait ses allées et venues par des « rooh » « tsss » « pff ».

- Madame Aimable, il y a quelque chose que je fais mal ?
- Non non allez-y nous verrons ça après.
- Écoutez, s'il y a quelque chose que je fais mal, il faut me le dire maintenant, c'est mieux.

A cet instant, je ne m'attendais pas à ce raz-de-marée. Elle explosa littéralement.

- Christophe, vous êtes lent, vous n'êtes pas concentré, vous ne prenez aucune décision, vous n'êtes pas volontaire, vous n'arriverez à rien, vous êtes un incapable.
Sur ces mots, je me levai de ma chaise. Le client se sentait mal à l'aise, et moi, pire. Je souhaitais savoir ce que je faisais mal, j'avais le droit au service complet, entrée plat dessert. Avec les mignardises du café en sus, c'est gratuit, c'est la maison qui offre.
Je me tenais face à elle.

- Je pense que vous devriez arrêter. Ne me parlez pas comme ça devant un client.
- Je vous parle comme je veux et si j'ai envie de dire ça, je le dirai.
- Et moi je pense que je vais vous en coller une, ça ne va pas tarder.

Madame Aimable devint rouge, bouillonna, fulmina.

- Essayez pour voir !!!
- Ne me tentez pas, vraiment...

J'ai toujours eu du mal à contrôler mes émotions et mes gestes, lorsque je suis au-delà de mes limites. Je comprenais que ma carrière allait en prendre un coup, aussi courte fut-elle, mais elle avait fait trop de mal à tout le monde, et la coupe débordait et me mouillait les chaussures.
Bien sûr, je fus convoqué dans le bureau, et bien sûr, un recadrage en règle fut appliqué.
Ma première période de stage s'acheva par cette situation attendue, tendue, inévitable.

Cette période fut marquée par deux éléments majeurs. Le premier toucha tout le monde, il s'agissait des grèves de 1995. La société se révoltait, prenait le pouvoir, les transports au point mort, les institutions végétaient et le pays entier fut comme gelé pendant plus d'un mois. Les Parisiens et proches se rendaient au travail à vélo, ou tout type de transport plus rapide que la voiture. Des bateaux mouches amenaient

d'autres travailleurs sur les différents quais de Seine. Pour ma part, j'ai tenté une fois d'aller en cours. Les professeurs avaient déserté, les collègues aussi.
Je téléphonai à mon tuteur chargé des relations école/entreprise pour lui dire que la chaîne d'information mise en place (un élève devait en contacter deux, et les deux devaient en contacter deux autres chacun) fonctionnait mieux pour les premiers que pour les derniers, et je n'avais jamais eu l'info de cette désertion collective. Alors aller à Paris m'avait procuré une joie immense de savourer pendant trois heures trente les embouteillages, j'avais décidé de stopper le tout.
Pour conclure cet entretien, je lui confiai que je n'irai plus en cours avant une reprise des transports, et que je souhaitais changer d'agence. Mon tuteur me répondit que ce n'était pas possible, cela ne se faisait pas. J'actai donc le fait de tout laisser tomber. A ces mots, il jura de me trouver une solution, et que j'irai donc dans une autre agence.

5 Fin de Partie.

Le contrat respecté, une autre affectation m'attendait. Seulement ce serait uniquement pour décembre. En attendant, je devais passer une dernière période de stage de deux semaines en novembre.

Dès mon retour, je fus reçu par le directeur de secteur des agences du 16ème, Monsieur Silent. Il est des choses dont on se souvient toute sa vie, aussi futiles qu'elles soient. Aussi important que Madame Gruny et ses pansements sur le bout des doigts, ma mémoire restera à jamais gravée de l'image de Monsieur Silent, belle carrure de Rugbyman, sa coupe en brosse avec des cheveux aussi épais que les arbres composant la Forêt Noire, ses pantalons trop courts lorsqu'il croisait les jambes et la vision de ses chaussettes et de ses poils aux jambes. Je sais ça n'apporte rien à ce récit, ni à ma vie, mais lors des entretiens à venir, j'en prenais tellement plein mon matricule que je passais mon temps à baisser la tête, et ma vision se situait au niveau de ses chaussettes, et de ses poils au pattes.

- Christophe, cette situation est délicate, et nous met dans l'embarras.

- Je comprends Monsieur Silent. Ce n'est pas de mon fait.

- Je ne veux pas le savoir. Vous êtes en alternance, et vous n'avez pas répondu aux attentes.

- Mais mon travail a toujours été bien fait, sans erreur.

- Je ne rentrerai pas dans les détails. Toujours est-il que vous allez être affecté au sein d'une nouvelle agence.

- Je vous remercie (mais ce que tu peux être naïf mon pauvre garçon).

- Il va sans dire que vous ne serez pas embauché à la fin de votre alternance. J'y veillerai particulièrement.

- J'ai… Je…..

- Oui, je vous le confirme.

- Mais je reste quand même ??

- Oui, vous finirez vos deux ans.

- A quoi ça sert ?

- D'avoir au moins votre diplôme, si vous pouvez faire ça…

Fin d'entretien, fin de partie. Le néant, objectif zéro. Commandant en second, où en êtes- vous avec le moral ? Plus rien mon capitaine, plus de signe de vie. Accompagné d'un trouillomètre bien bas, je m'en allai vers l'agence. Je ne calculais même pas les stations de métro. Arrivé devant l'agence, je pris un instant pour me réconforter auprès de mon meilleur ami, le banc. J'imaginais très facilement les deux ans devant moi, travaillant pour rien. En tout cas, pas pour cet avenir que j'apprenais au fur et à mesure des semaines à aimer. Le couperet, la sentence pour quelque chose que je ne comprenais pas. L'injustice, amère, cruelle, terrible, implacable.

Je devais faire une période de cours, et passer encore deux semaines dans cet enfer. D'autant plus qu'à mon retour, Naïma, promue dans une autre agence, je me retrouvais seul avec Christine, pas au mieux de sa forme.

Je me souviens avoir été reçu par le nouveau directeur d'agence, Madame Gruny dévorant sa retraite sans aucun doute (oh, je n'ai pas été invité au pot de départ ?) et nous avons discuté de la situation. Je m'en souviens, il m'a dit «si on m'a nommé là, à mon âge, c'est que l'agence est en difficulté, il y a des problèmes». Et nous avons discuté des problèmes, mais il ne pouvait pas y faire grand-chose.

Madame Aimable continua à sévir. Elle me collait toute la journée ne loupant aucune occasion pour me rabaisser.

- Oh Bonjour Madame Bonpain, tenez je vous présente notre alternant.

- Bonjour jeune homme.

- Bonjour Madame Bonpain.

- Oui, enfin, figurez-vous que ce jeune homme ne se trouve pas à sa place, il trouve que nous le stressons de trop, donc il a demandé à partir.

- Noooon ?

- Figurez-vous que si. Ah lala, on aide des jeunes, et voilà.

Voilà ce que j'endurais pendant deux longues, très longues semaines.

Pour finir en beauté, la grève qui s'était un peu calmée, reprit de plus belle. Monsieur Silent, mon Grand Chef, me téléphona le soir, chez moi.

- Allô, Christophe, il y a grève des transports demain. Grève complète.

- Oui, j'ai entendu ça.

- Très bien, je passe devant chez vous demain matin, j'en profiterai pour vous prendre et vous amener au travail. Tenez-vous prêt, à la gare vers 5h00.

Je n'eus pas de forces pour dire quoique ce soit. Mon beau-père m'a amené à la gare le lendemain, à cinq heures du matin. Crevé, je devais affronter une nouvelle journée. A cette heure-là, le trafic était fluide à l'extérieur et dans Paris, si bien que je me retrouvai devant la porte de l'agence à six heures, dans sa belle berline. Il s'arrête. J'ose un «qu'est-ce que je fais maintenant ?» Il me répond de sortir, et d'attendre que l'agence ouvre. Pendant ce gel, peu d'endroits ouverts à cette heure, et de toute façon, pas envie de quoique ce soit. Je vais juste vers le banc, mon meilleur ami, je m'assieds, et j'attends. J'attends trois heures devant l'agence avant de pouvoir entrer. Trois heures de froid.

Le matin, les collègues trouvèrent ce geste vraiment déplacé. Un collègue me demande à quelle heure il viendra me

chercher ce soir. Je ne m'étais pas posé la question. Je l'appelle. Il me répond que c'est à moi de me débrouiller. Tout le monde est ulcéré. Moi j'encaisse, et me débrouille pour rentrer, tard, très tard.
Ce furent mes derniers jours. Sans au-revoir, je m'en allai, avec Christine en tête en la laissant dans cette galère. Ciao Victor Hugo. Bon vent.

6 La Belle et Grande Armée.

Décembre 1995, les grèves passées, j'entre par la grande porte dans cette belle agence située sur l'avenue de la Grande Armée. Toujours supervisée en haut lieu par Monsieur Silent, l'agence se caractérise par une jeunesse plus prononcée au sein de son effectif. Je retrouve avec grand plaisir Naïma au guichet, Monsieur Pignon en Adjoint, et Madame Sourire en tant que Directrice d'Agence. Je ne m'étendrai pas sur cette personne. Non pas qu'elle fut méchante ou nuisible, rien de tout ça, mais son habitude à reluire le cuir de la direction m'agaçait un peu. Physiquement, elle ressemblait à Larusso ayant fait une orgie de choucroute, et elle en avait de sacrés restes. Après, n'allez pas croire que je sois médisant vis-à-vis des personnes ayant un embonpoint, cependant, peu s'habillent comme elle le faisait lors de la venue de Monsieur Silent, et sa tenue fétiche en cette occasion se révélait être une petite jupette plissée blanche de Tennis Woman, ne laissant aucun doute sur les dessous qu'elle portait. Elle courait dans toute l'agence, excitée comme une puce « Le Directeur vient ce matin, le directeur vient ce matin ».
Lorsque les deux me reçurent en entretien, mon Directeur adoré ne manqua pas de me rappeler qu'il tiendrait parole, et que je ne serai pas embauché à la fin de ma période des deux ans. Qu'il espérait que tout se passe bien dans cette nouvelle agence bla bla bla, bla bla bla.
J'avais cerné un peu le principe, même si je baissais la tête régulièrement afin de voir les chaussettes du jour de Monsieur poils au pattes. Mais le plus agaçant se révélait être Madame Sourire, derrière le patron, en opinant du chef sans arrêt, comme un chien en plastique posé à l'arrière d'une voiture,

avec des bruits de succions faits avec sa bouche, pour mêler le son à l'image.

Peu importe, avec l'aide de Naïma, de Monsieur Pignon, de mon tuteur et de Charlène, ma formatrice, experte dans la gestion des clients « tout public », je voulais commencer ma nouvelle vie.

Je passais donc la période de Décembre 1995 à Septembre 1996 au guichet.

L'agence se dessinait sur deux étages. En bas, le guichet et un bureau, et à l'étage, tous les conseillers et la Directrice. Pour monter, l'escalier ou un ascenseur, quasi seule agence parisienne à avoir ce privilège. La classe, on l'a ou on l'a pas.. De par sa conception, cela voulait dire que nous étions tranquilles en bas, ne voyant la Directrice que pour rentrer ou sortir de l'agence, et cela nous allait très bien. Naïma a pu me former sur les produits, continuer les méthodes de vente, préparer son mariage, ce qui n'a rien à voir, mais prend un peu de temps, et me montrer comment elle faisait beaucoup de placements sur des comptes épargne. Les clients l'aimaient beaucoup, moi je l'adorais.

Régulièrement, il y avait des représentants en toutes sortes d'objets qui passaient dans l'agence, afin de nous vendre des produits. Nous prenions tous les échantillons que nous pouvions également vendre aux clients. Cela allait des nounours en peluche pour lutter contre le cancer du sein, aux livres de cuisine « maigrir en se faisant plaisir » et autres objets artistiques, tels les stylos–lampes torches (ok, tout le monde en a aujourd'hui, mais à l'époque, c'était top classe) et nous nous retrouvions au fur et à mesure avec un guichet brocante, Foire De Paris. La journée, j'en venais à vendre autant de peluches et de livres, que de produits bancaires. Évidemment, au bout d'un moment, Madame Sourire nous a

dit « stop » et dans un sens, elle n'avait pas tout à fait tort sur ce coup là, il faut lui reconnaître ça.
Les clients semblaient un peu plus sympas, et un peu plus « cosmopolites ». Plusieurs fois dans la semaine, un Africain, très grand et relativement imposant, venait faire des remises de chèques pour son travail. Il avait sa propre entreprise. Il draguait gentiment, mais ouvertement Naïma.

- Bonjour Beauté, comment va aujourd'hui ?
- Impeccable et vous ? répondit Naïma avec un grand sourire amusé.
- Quand je te vois c'est parfait. Quand est-ce que tu viens travailler pour moi ? Ce serait mieux qu'ici, et niveau salaire, tu toucherais dix fois plus ..
(dix fois plus ??? Et moi, je peux venir ? Allez…)
- Non c'est gentil, mais je préfère rester dans la banque. C'est bien ici aussi non ?
- Aaaaah, tu te tues au travail Beauté, mais tu ne travaillerais pas autant avec moi (et en me regardant). Jeune homme, il va falloir la décider…

Le client s'en va, avec un grand sourire. Je m'arrête, regarde Naïma, et lui demande.
- Sans dec Naïma, pourquoi tu n'y vas pas ? Vu ce qu'il te dit, faut y aller direct. Tu auras peut être une plus belle carrière.
- Christophe, je t'arrête, te fatigue pas, il fait des films pornos.

Je fis la connaissance de Marie-Claude. Elle occupait le poste de caissière. Je devrais plutôt dire, vivait le poste de caissière. Car au début du siècle jusqu'à la fin des années 90, le caissier occupait une place stratégique dans l'agence. Intouchable, indomptable, il se forgeait une réputation d'acier, devenant le nerf central de toutes les opérations. Certes le directeur gérait l'agence, mais le caissier menait la danse. Seul maître à bord dans son bocal (nom donné à son antre car composée souvent de quatre parois de verre blindé), rien ni personne ne pouvait le perturber dans sa mission. Il ne recevait d'ordre de personne, et armé de sa mouillette, il surpassait tous les employés dans l'exercice de comptage des billets. Tout le monde lui offrait son respect, et il fallait l'avoir dans la poche. Le caissier ne semblait être perturbé par aucun événement, se tenant droit comme un i, et servant client après client toute la journée. Point de vente pour lui ou d'aspect commercial, ce qui lui importait, c'était sa caisse, ses billets, ses commandes de fonds, ses délivrances de billets français ou étrangers, ses faux billets, les livraisons des convoyeurs, sa mouillette, ses épingles, ses liasses, et ne pas être faux le soir. Souvent équipé d'une cigarette, d'un cigarillo, le caissier dominait le monde de l'agence, le monde de la banque. Chaque caissier avait sa personnalité propre, prononcée. Bien que maître à bord et ne subissant pas la pression, ni des clients, ni des directeurs, le poste comportait des risques et ils se situaient en première ligne des braquages. A cet effet, la banque ne tarissait jamais d'idées plus belles et plus inventives les unes que les autres, et mit un point d'honneur à renforcer la sécurité vis-à-vis de ses agents. Nous avons eu le droit au rideau de fer qui descendait à une vitesse impressionnante, mais également, et surtout, le rideau de fer incrusté dans le guichet, qui remontait encore plus vite. Si bien que dans les deux cas, si hold-up il y avait, le caissier se mettait certes à l'abri, mais les clients restaient avec les malfaiteurs, et ça…

Mais au-delà de cet aspect, reste la situation bien connue du déclenchement maladroit. Le client fait une remise de monnaie, étale ses pièces sur le comptoir, fait ses tas en préparation de rouleau, et au bout d'un quart d'heure, une petite fortune relative est prête à être encaissée, et là, geste maladroit du caissier, le déclenchement du rideau de fer provoque une envolée de toutes ces pièces dans la totalité de l'espace d'accueil de l'agence.

Les caissiers ont aujourd'hui disparu avec les départs en retraite, et la fermeture des caisses, et je suis très heureux d'avoir connu ces personnes.

Marie-Claude ne déméritait pas. Âgée d'une cinquantaine d'année, élégante, toujours coiffée impeccablement, elle passait 1h30 tous les matins à se maquiller, et ses paupières ressemblaient à un coucher de soleil avec tous les dégradés s'y affairant. D'autres matins, une ambiance dîner au clair de lune s'affichait. Ou encore, soleil levant à l'orée du bois. Croyez-moi, ses paupières récitaient tout un poème, et nous vouions une admiration sans bornes à cet exercice de style. Je rentrais quelques fois dans son antre, elle m'accueillait avec plaisir, du moment que je ne touchais à rien. Sacrée technique, et belle poigne de fer. Après quelques mois, toujours subjugué, son franc parler toujours correct me sidérait.

- Bonjour Madame, c'est pour un retrait.

- Bonjour Monsieur (sourire de circonstance), pourrais-je avoir votre numéro de compte ?

- Oui, le voici.

Marie-Claude regarde le numéro sur informatique, regarde le client, regarde l'écran à nouveau, puis le client encore une fois, tel un duel dans « Il était une fois dans l'Ouest », puis demande :

- Pourrais-je avoir votre chéquier ?

- Bien sûr, tenez.

- Merci Monsieur. Je vois sur mon écran que vous êtes interdit de chéquier. Je prends le chéquier, je le déchire et le mets à la poubelle. Je vous remercie de bien vouloir effectuer la régularisation, et revenir ensuite. Client suivant s'il vous plaît .

Et voilà.

Avec cette petite équipe, nous nous approchions tranquillement des fêtes de fin d'année, décorions l'agence avec guirlandes, sapins, et boules de Noël, et j'arborais fièrement une cravate avec des Pères Noël, et des traîneaux, et lorsque l'on appuyait en son centre un caribou entonnait joyeusement «Jingle Bells» à tue-tête, de quoi rendre fou le plus valeureux des moines Shaolin. Je sais, j'ai toujours eu bon goût pour les cravates. L'air serein, détendu, nous vivions dans un apparent bien-être généré par l'approche des fêtes, malgré l'affluence des clients ayant une dernière chose à régler avant cette fin d'année, comme si l'heure du jugement avait sonné. Je ne comprendrai jamais cet acharnement à vouloir terminer absolument le tour des magasins par sa banque, où il faut absolument voir son conseiller coûte que coûte. Mais dans l'ensemble, tout roulait. L'équipe s'avérait vraiment très sympathique, prenant soin de moi, j'évoluais sous les directives de Monsieur Pignon, et même si les entretiens avec Madame Sourire et Monsieur Silent se ressemblaient (Christophe, vous ne serez pas embauché répétait poil aux pattes ; Oui oui oui, opinait doucement du chapeau Madame Sourire), Monsieur Pignon me redonnait espoir en me disant de ne pas écouter, de ne travailler que pour moi-même, et qu'un jour, je serai récompensé, ce qui, bien sûr, arriva. Monsieur Pignon, homme robuste, avec un cœur d'or derrière sa barbe de nounours, fut d'une aide morale précieuse.

Mais la fin d'année, pour les employés de banque, sonne comme une heure compliquée pour deux raisons. Je passerai sur le fait de recevoir le double mois de salaire, qui permet pour beaucoup de recouvrir le découvert amassé durant tous les derniers mois de l'année, pour venir directement à deux faits marquants.

Le premier, il s'agit des agendas. Tous les ans, les banques distribuent des agendas. Et les clients deviennent complètement irrationnels face à cette distribution annuelle, gratuite, n'ayant pour autre but, que de faire plaisir. Nous subissions l'invasion des clients devenus fous, telle une population soumise aux radiations, se transformant en zombies, et voulant à tout prix accéder au sacro-saint, le Graal, le trésor des Templiers, à savoir, ce fameux agenda. A bien y regarder, ces agendas sont plutôt austères, voire même pour une majorité de banques, assez tristes. Monochromes, pas de blagues ou photos, bref rien qui ne puisse éclairer ce mystère. Et pourtant, tous les ans, nous les distribuons par centaines, sous différents formats. Des calendriers, petits et grands formats, des agendas, de poche, moyens ou grands formats, et des agendas pour les commerçants.
Alors, s'il est clair que la vague de demandes mi-octobre (oui oui) arrive de façon sympathique et agréable, comme une douce brise d'automne « Bonjour, je demande comme ça, mais les calendriers ne sont pas encore arrivés ? Non ? Je me doutais, c'était juste pour savoir », cela se transforme en besoin plus pressant « Dites-moi, les calendriers ne sont pas encore là, c'est bizarre, vous savez quand est-ce qu'ils arrivent ? Vous m'en mettez bien un de coté hein !! » pour finir d'une façon franchement plus désagréable « Non mais dites-moi, il se passe quoi chez vous là, ça ne va pas du tout. Nous sommes mi-novembre, et je n'ai toujours rien. Si je n'ai pas mes calendriers, je ferme mes comptes !! »
Que les choses soient bien claires. Les calendriers viennent en cadeau, en bonus, un petit plus agréable. Un geste amical de la part d'un commerce vis-à-vis de ses clients. Cela procure un réel plaisir d'offrir, enfin normalement. Car les années passant, cela donne l'impression que l'acte omis est passable de peine de mort.

- Bonjour jeune homme, vous avez reçu les calendriers ?
- Non pas encore, mais ça ne va pas tarder je pense.

- Alors écoutez-moi bien, si je n'ai pas mes calendriers, je ferme mes comptes, les comptes de mes enfants, et les comptes de ma mère, que je gère... (mes frères et mes sœurs, je ferai un malheur, oooh ooooh oooh oh)

- Bien Monsieur, je prends note et je vous en réserve plusieurs.

- J'y compte bien, je vous remercie (roh, le merci devient facultatif à ce stade de la relation).

Puis vient décembre. Attendu par Madame Lavieille et environ une cinquantaine de clients qui demandent depuis 1 mois la date de livraison des calendriers. Vous avez repoussé jusqu'au dernier moment, l'instant où vous allez délivrer le PREMIER exemplaire. Car c'est ce premier exemplaire qui va tout déclencher. Le premier client est un vrai bonheur.

- Bonjour jeune homme, vous avez reçu les calendriers ?

- Ah...

- Ah quoi ? (les yeux s'écarquillent, le sourire arrive, le sac se pose prêt à être ouvert, les secondes sont suspendues à mes paroles...)

- Ah... Je crois que...

- Que ??? (elle n'y croit pas, l'instant tant attendu depuis deux mois serait-il enfin arrivé ???)

- Et..... OUI ils sont là...

- Aaaaaaahhhhh, enfin...

- Et oui, Madame Lavieille, j'ai pensé à vous.

- Vous êtes vraiment très agréable, jeune homme, je vous remercie bien.

Vous lui tendez un calendrier, et un agenda en bonus pour lui faire plaisir.

- Je vous remercie. Il m'en faudrait aussi un pour mon mari, et un agenda de poche, car il adore marquer ses rendez-vous dessus. Et un calendrier, format moyen, je l'accroche dans ma cuisine. Si vous pouviez me donner un grand pour ma fille. Ils sont pratiques, il y a des grandes cases, et elle peut noter ses semaines de jour/ de nuit dessus. Et un dernier pour Madame Pasdebol, elle a encore fait une mauvaise chute, et elle est chez elle, je passerai la voir. Vous serez gentil mon petit (arrêtez, stop…)

Voilà. Nous y sommes. Et cela va durer un mois comme ça, en vous sentant encore plus assailli qu'un stand de dégustation de saucisson au carrefour le samedi soir. Non stop pendant 4 semaines au minimum, 5 jours par semaine. Vous devez gérer le stock, les réservations, ceux qui n'ont pas réservé les bons, ceux qui en voulaient plus, ceux qui désirent le même format que l'année dernière, avec la même calligraphie (ah les habitudes), ceux qui font les comparaisons « mais depuis l'année dernière, vous avez changé le gris ? Et les lignes sont plus petites.. », les avares de compliments « bah, j'aime pas. Bon je le prends quand même mais il n'est vraiment pas beau », les sur-stockeurs « il m'en faut 25 c'est pour tout le service.. » et les amoureux de la famille « le fils, le petit-fils, qui ne sont pas clients, mais ils n'ont pas pu en avoir dans leur banque, et les vôtres sont tellement plus jolis » (un peu de cirage, ça ne fait pas de mal, c'est gratuit).
Après ce premier don, c'est la valse de la grande distribution. N'allez pas croire que ce sont les clients les plus fortunés qui ont les privilèges, que nenni ! L'association des retraités actifs présidés par Madame Lavieille se sont tous donnés rendez-vous et viennent à la queue leu leu demander leur calendrier. Certaines viennent plusieurs fois en demander d'autres. Peut-être pour les fonds de litières, ou faire des châteaux de cartes géants, je ne le saurai jamais. Quoique, au fur et à mesure, nous en retrouvons un peu partout, par exemple sur les pare-brises de voitures afin d'éviter le gel de bon matin, ou chez mamie en dessous des pots de fleurs, afin d'éviter de salir le rebord de fenêtre. Nous tentons tant bien que mal de distribuer au fil de l'eau afin d'en avoir pour tout le mois de décembre, mais savons très bien que cela s'arrête vite, avant Noël en général.

Et là c'est le drame.
Vous avez également le choix entre :

- Très bien, c'est noté, je vais prendre les dispositions nécessaires.
- Quoi ? Cela fait plus de quarante ans que je suis client de votre banque et vous osez me dire que vous n'avez plus de calendriers ? C'est une blague j'espère (oui, je me suis levé avec l'esprit très rieur ce matin, et je voulais vous en faire profiter) !
- Appelez-moi le directeur (ah, la fameuse phrase !!).
- Hé bien dans la banque d'en face (celle du monde qui bouge), eux, ils en ont, et ils m'en ont donné des très beaux (alors pourquoi tu viens nous en demander ???).
- Je ferme tous mes comptes, ceux de ma famille (et des générations futures également, je sais).
- Avec tout ce que je paye comme agios, cela devrait être obligatoire de donner un calendrier.

Et il arrive, très rarement que nous ayons une cliente, qui passe au hasard, demande un calendrier, nous n'en avons plus, et elle nous dit, discrètement, un peu peinée :

- J'aurais dû m'y prendre plus tôt, je le savais. Oh, ce n'est pas grave, je tenterai l'année prochaine.

Je lui déclare la médaille de la compassion et de la compréhension. Rien que pour ça, en général, nous remuons ciel et terre afin d'en trouver un, qui reste au fond d'un placard, ou dans la réserve de notre collègue qui fait un stock en cas de manque pour ses propres clients.
Un jour, j'aimerais vraiment comprendre ce qui se passe avec ces calendriers, savoir s'il y a une valeur marchande encore inconnue à mes yeux, s'il y a un marché noir, des collectionneurs ou autres pour que cela ait tant d'importance.
A toutes fins utiles, je précise que ce sont des agendas et des calendriers, aucun signe caché, pas de surprise, juste des feuilles brochées les unes aux autres.

Face à cette distribution générant de plus en plus d'insatisfactions, certaines banques commencent à arrêter la fabrication.

Le deuxième acte, beaucoup plus douloureux, et que je m'apprêtais à découvrir, est le repas traditionnel en famille, avec les Tontons. Pour vous, c'est un moment convivial, où les retrouvailles sont de mises, commençant par des embrassades chaleureuses, puis un apéritif dans la bonne humeur, puis le gâteau, les cadeaux, la veillée, les grandes discussions jusqu'à plus d'heure, et les larmes du départ.
Pour nous, employés de banque, ce moment précis devient vite un enfer. Enfin, quand je dis « enfer », tout peut très bien se passer tant que vous n'abordez pas le thème professionnel si vous êtes avec des inconnus, ou des amis fraîchement rencontrés. Pour tous les dîners en famille, ceux qui nous connaissent, il est déjà trop tard. Car il n'y a rien de pire que d'avoir un banquier à sa table. Oui, car d'employé de banque, nous passons Banquier, et ce au plus haut grade de la hiérarchie. D'ailleurs, vous voyez le PDG ? Hé bien pour tous les membres de votre famille, vous êtes au-dessus encore. Pas pour le bien, mais pour tout ce que l'établissement qui vous embauche fait ou ne fait pas. Vous devenez responsable de tous les maux de la civilisation, des crises économiques, et vous devenez acteur des guerres dans le monde, de la pauvreté, et un peu responsable aussi de l'élection d'un tel président irresponsable, peu importe lequel, qui se bat pour faire régner et entretenir le confort des industries financières. Mais je vais développer.
J'assistai donc à mon premier repas de famille en tant qu'employé de banque. Heureusement, mon Cher Papa attirait toute l'attention sur lui, ce qui, quelque part, m'allait très bien. Tous attablés, une bonne vingtaine de convives, le Tonton adoré, la soixantaine (le Tonton a toujours paru avoir soixante ans de tout petit jusqu'à aujourd'hui encore), lance sa phrase fétiche :

- Et toi Christophe, qu'est-ce que tu deviens ??? Toujours dans les études ?
Bon, à ce point précis, je ne savais pas trop ce qui allait arriver. Mais les mouvements de houle autour de la banque en jaune et bleu s'avéraient de plus en plus fréquents, et l'atmosphère commençait à être tendue. En bref, cela n'augurait rien de bon. Mon Papa répondit très fièrement :

- Il est rentré dans la banque pour faire ses études, hé oui.

- Aaaaaaaaah un Banquier.

Comprenez le « Ah », non pas de victoire, mais de début de longs débats, un air de tout-ce-que-je-n-ai-pas-pu-dire-à-ma-banque-ça-va-être-pour-toi. Ce « Ah » est suivi obligatoirement d'un « Hé ben », qui veut dire un milliard de choses.

- Hé ben, tu vas pouvoir me dire !!!! C'est normal qu'on me pique tout le pognon qui est sur mon compte ??? Ils se sucrent quand même bien au passage.

Intervention du deuxième Tonton.

- Pour moi, ils n'ont pas voulu me renégocier mon taux. Quel bande de voleurs. Je suis parti, avec tous les comptes, et ceux des enfants aussi.

La Grand-mère :

- Quand on voit la retraite qu'on touche, en plus.

- Hé Christophe tu peux pas leur dire un peu, de nous piquer moins de pognon ? (si bien sûr, j'ai rendez-vous avec le PDG demain, autour d'un café-croissant, je lui en toucherai deux mots).

- Et moi, quarante ans que je suis client, et j'ai même pas eu un calendrier (Et oui, tout se recoupe…).

- Arrêtez, l'embêtez pas, ça fait deux mois qu'il y est.

Merci à mon Cher Papa, de prendre ma défense, lui qui aime si peu les banquiers, tous confondus.

Ce moment ne dure souvent pas plus d'une bonne heure, mais suffisamment longtemps pour vous couper l'appétit, et dans le pire des cas vous donner envie de vomir. Sans armes, je laisse la déferlante passer, la famille se plaindre sur son

sort, accuser les banques, puis l'État, puis le monde entier. Baptême du feu passé, avec traces à l'appui. Les discussions débats s'arrosent avec l'alcool, et vous vous sentez moins que rien.
Je reste à table, baisse la tête, regarde ma cravate avec les caribous. Il y a énormément de bruit. J'en profite, j'appuie sur le bouton, et écoute Jingle Bells.

Pour la conclusion, un des Tontons lance, en voyant votre mine déconfite, la phrase que j'ai dû entendre le plus dans ma vie, à savoir le :

- Non mais, toi, tu n'y es pour rien, on le sait très bien, et c'est pas pour toi qu'on dit ça, mais quand même…

Dans toutes ces soirées, rencontres, nous devenons rapidement le centre de toutes les attentions. Je me souviens avoir été invité à une soirée par le biais de ma femme, et fis la connaissance de leurs maris. Nous discutâmes autour d'un verre tranquillement, et vint le moment tant attendu « et toi, tu fais quoi dans la vie ? », et s'ensuit le traditionnel « je travaille dans la banque ».

- Ah dans la banque. Hé ben (le fameux « hé ben »), figurez-vous qu'un ami a reçu par erreur, un jour, 1 million d'euros sur le compte de son fils. La banque lui a réclamé, il les a gardés. (le fait que tout enrichissement personnel dû à une erreur n'est pas recevable dans le texte bancaire n'a pas dû bien fonctionner alors).

Cet exemple pour montrer que nous sommes sujets à diverses divagations, contes et histoires surnaturelles.

Je ne suis pas le porte-parole de l'établissement qui m'embauche, je dois juste être fier de porter ses couleurs, et faire mon métier. Certains collègues, très nombreux, ne disent plus leur profession lors de dîners, de cocktails ou de soirées

entre amis. Nous nous inventons un métier, qui se rapproche de celui que nous faisons ou pas. Tout au long de notre route, nous perdons des amis, à cause de ces discussions, où nous n'y pouvons rien. Et nous restons avec un fatalisme affligeant face à des réactions incompréhensibles.
Les années passeront, et j'aurai le droit à chaque fois à la même réaction. Il y aura toujours un Tonton autour d'une table pour vous faire porter le chapeau. Vous l'écoutez patiemment ou vous vous lancez dans une quête de la vérité, impossible à faire comprendre.

Beaucoup d'employés de banque le vivent très mal, et dans mon cas, cela n'a pas été facile tous les jours, croyez-moi. Mais il y a toujours des personnes qui vous aiment, et qui sont fiers de votre travail, de ce que vous avez accompli. Lorsque j'ai rencontré ma future femme, j'ai été présenté à sa famille. L'amour père fille n'a d'égal que la méfiance de ce même Papa envers son gendre. Les débuts furent tendus, et les conversations peu nombreuses. Mais, les années passant, nous regardions ce temps filer ensemble, se dévoilant l'un à l'autre, petit à petit. Plus je gravissais les échelons, les études, les concours bancaires, plus il devenait fier de son gendre. Fier que sa fille « soit entre de bonnes mains » comme il disait. Ce n'est rien, mais lorsque dans les repas de famille, il s'exclamait, pour rire, « Christophe, c'est le chef, c'est le patron », je voyais ses yeux briller, me regardant, et il finissait avec sa façon de parler d'un homme de la campagne, me posant une main sur l'épaule : c'est bien mon garçon, c'est bien. Je suis fier de toi.

1995 s'éteignait, et une partie de mon innocence aussi.

Une fois les fêtes passées, les agendas distribués, je continuais mon année, alternant entre cours et périodes de stages, finissant ma période d'apprentissage au guichet, j'allais découvrir de nouvelles aventures en binôme avec un conseiller. Je ne faisais pas réellement les rendez-vous, et j'assistais aux entretiens, épaulais les conseillers dans leurs tâches quotidiennes.

Côté banque, le ton montait, et diverses histoires, polémiques, et scandales venaient durcir le ton. Les clients se posaient beaucoup de questions sur la crédibilité des établissements bancaires. Autrefois réputés comme institutions, l'image s'écornait à coup d'annonces dans les médias, et de vérités mensonges.

Le 05 mai 1996, un dimanche, je passais le week-end chez mon père à Alfortville. Nous habitions au onzième étage d'une tour HLM, qui offrait une vue sur Vitry, et au-delà, en cherchant bien, sur Paris, si la météo nous en laissait la possibilité, et si la pollution se dispersait un peu. Mon père ayant pour habitude de regarder régulièrement par la fenêtre m'appelle soudain. Et au loin, nous apercevons un panache noir de fumée. Quelque chose brûlait, et fort.
En allumant la télévision, nous comprenons que le siège d'une célèbre banque brûlait. Il a été incendié. Cette nouvelle me provoqua un pincement au cœur. Intéressé par les banques depuis mon embauche, et amoureux des bâtiments parisiens, je n'ai jamais eu la possibilité de visiter complètement ce monument historique, avec son jardin d'hiver, ses escaliers où l'on ne se croise jamais, ses décorations d'un autre temps. Nous perdions ce jour-là, une partie du patrimoine, et une partie de l'âme de la Banque. J'y suis retourné bien des années après, lorsqu'un groupe étranger avait racheté les bâtiments pour en laisser une partie à la banque. Fraîchement restauré, il n'y avait plus d'âme.
Quelques semaines plus tard, des photocopies d'articles de journaux passèrent de bureaux en bureaux, d'agences en agences (oui, sans Outlook, les messages se faisaient en courrier interne !!). Il s'agissait d'un article très amusant écrit par un journal dont j'ai oublié le nom, qui décrivait

l'intervention des pompiers afin d'éteindre l'incendie du siège. Et expliquait comment les centaines de litres d'eau inondaient la salle des coffres. Les coffres des clients furent sauvés mais mouillés. Ce jour-là, les clients faisaient la queue dehors afin de récupérer leurs biens, les coffres ayant été ouverts pour des raisons de sécurité. La Banque mit en place des préfabriqués à l'extérieur de l'agence afin de servir les clients, et de procéder aux descentes dans la salle. Certains clients s'équipaient de caddie afin de reprendre leurs richesses, argent, lingots, argenterie, tableaux de Maîtres. Lors des ouvertures, il fut découvert des biens invraisemblables, et même un coffre rempli de petites culottes. Le propriétaire du coffre, étant employé de la banque, ne vint jamais récupérer ses biens. Allez savoir pourquoi.

Les années 1996 et 1997 se déroulèrent à vitesse grand V terminant ma formation et sachant très bien qu'il fallait chercher une autre voie que la banque. Plus ça allait, plus je devenais triste de laisser ce milieu qui me donnait de l'instruction, des bons moments, de la culture par les rencontres avec les clients et les collègues.

Ce fut aussi le moment de mon départ du cocon familial. Bon sur ce coup, ce fut un peu plus rude que prévu. Ma future chère et tendre avait élu domicile dans ma chambre, et nous vivions tous ensemble, mes deux sœurs, ma môman et mon beau-père, dans un pavillon de banlieue près d'Eurodisney. Ma môman souhaitait faire la réception de la communion de ma sœur dans ce pavillon, belle réception organisée dans le jardin. Je sentais bien que de l'eau dans le gaz se déployait lentement mais sûrement entre ma mère et mon beau-père, mais ce dernier acceptant à peu près tout, je me disais qu'il ferait avec, encore beaucoup d'années. Il s'effaçait, se tenait toujours derrière et laissait ma môman gérer la boutique, malgré quelques signes de rébellions timides, vite éteints dans l'œuf. Ce jour-là, toute la famille était réunie, une moitié dans

le jardin profitant du merveilleux soleil, l'autre partie dans la cuisine avec mon beau-père.
La famille de mon beau-père a toujours été « spéciale », faisant bénéficier aux pièces rapportées les joies des repas familiaux de Noël ou autres dates propices à des réunions finissant invariablement par des engueulades, des injures, tirages de cheveux et baffes à tout va. Mais ça ne les empêchait pas de se revoir la fois suivante, et de recommencer leur numéro. Étant moi-même pièce rapportée dans cette famille, je prenais de la hauteur, et m'amusais à décompter le temps restant avant le premier pic qui allait déclencher la guerre atomique.
Mais ce jour-là, ce fut mon beau-père qui déclencha le bazar. Alors quand on parle de bombe atomique, le terme approprié ce coup-là serait plutôt extermination totale. J'entrai, je ne sais par quel hasard, dans la cuisine, ma mère faisant la vaisselle, et mon beau-père, parlant tranquillement à ses frères et sœurs (oui, ils sont un sacré nombre !!!). Et je prends au vol la discussion :
- Oui, dit mon beau-père, tu as tout à fait raison. Il faut s'aimer pour rester ensemble, je suis tout à fait d'accord. C'est la base.
J'ai vu ma mère se retourner, et mon beau-père de lui parler directement, le plus simplement du monde :
- D'ailleurs, je voulais te dire que je ne t'aime plus, et que je ne veux pas rester avec toi.
Bon… Et alors là, comment dire. Même moi qui prenais de la hauteur, je sentais bien que ça allait être le bordel dans la minute qui suivait. Il faut dire que mon beau-père n'a jamais initié les batailles rangées dans sa famille, n'a jamais été déclencheur des pugilats familiaux, voire même plutôt effacé. Mais je dois dire que ce jour-là, je lui ai tiré mon chapeau. Non parce qu'il faut être sacrément sûr de soi pour sortir une telle phrase.
Ben ça a pété.

Je vous passe les pleurs, et autres cris en cette belle cérémonie, et je continuai tranquillement mon tour dans le jardin, profitant du peu de soleil qui me restait. Puis je vois ma mộman qui arrive vers moi d'un pas décidé, et me dit « puisqu'il quitte la maison, vous aussi, vous allez partir, je vais vous trouver un studio, et vous allez dedans ». Trouver, ce n'est pas payer, nous sommes bien d'accord. Cependant, le loyer, correct pour l'endroit, se payait à l'aide de nos deux salaires d'apprentis.
Encore une fois je pris cette nouvelle avec rudesse, mais aujourd'hui je la remercie de nous avoir permis de vivre nos meilleurs moments de jeunesse.

Nous emménageons donc à Vincennes dans un coquet studio, au pied d'un immeuble donnant sur jardin. Nous avons fait rapidement la connaissance des voisins du dessus qui possédaient un magnifique pitbull et un très beau rottweiller qui, voulant jouer avec l'énorme cendrier en verre se situant sur le balcon au-dessus de moi, l'ont fait tomber à deux centimètres de mon crâne. Je suis monté faire la morale à cette gentille voisine, et devant l'insistance des chiens à ne pas se tenir tranquille, j'ai préféré faire profil bas. Mais les semaines passant, ce fut une très belle rencontre, et nous prenions l'apéro chez l'un chez l'autre.
Première folie, afin de regarder « Friends », série mythique des années 2000, je demandai le raccordement au câble. Pour les plus jeunes, c'est l'équivalent de la box, mais n'officiant que dans les grandes villes. Il fallait avoir le décodeur et la carte.
Déception, rien ne fonctionnait. Je vais voir ma vendeuse de services au magasin, et lui fais part de mes déboires. Adorable, elle me donna une autre carte me faisant bénéficier de plusieurs mois gratuits.
Nouvelle déception. Elle me donna la carte me donnant accès à tous les programmes, en espérant que cela fonctionne.

Et là, impeccable. Tout fonctionnait. Sauf une chose, il n'y avait pas de prélèvement sur mon compte même après la période de gratuité.
Pris de remords, je vais voir ma conseillère du câble, qui commençait à me connaître plutôt bien. Je lui ai dit que je ne payais pas. Elle appela le service technique.
- Oui, allô, j'ai un client qui n'est pas débité sur son compte, malgré la souscription.

- D'accord, nous vous mettons en attente.

Et moi d'ajouter pendant cette mise en attente :
- Oui, parce que je ne voudrais pas qu'il y ait un rattrapage et que je paye 6 mois en même temps.
- Ah non, me répond ma belle conseillère, il n'y a jamais de rattrapage.

- Ah ben vous pouvez raccrocher, dis- je en plaisantant.

- Vous voulez ?

....

- Ah ben oui…

Et elle raccrocha.
C'est ainsi que je n'ai pas payé le câble pendant de nombreux mois, avec toutes les chaînes de tous les bouquets. Trop top !!!
Seul mot d'ordre, j'avais bien dit à ma femme, ne dit à personne que nous avons le câble.
« Oui, oui, j'ai bien compris, à personne ». Un peu comme cette pub où le père de famille ferme les volets et se barricade dans la maison, afin de pouvoir garder son abonnement avec toutes les chaînes. Nous, les humains, avons quand même un petit coté matérialiste, il faut le dire…
Un soir, le téléphone sonne, ma femme décroche.
- Allô ? Oui, c'est moi. Oui, oui oui, nous avons bien le câble à la maison.
Et alors là, comme dans les films d'action tournés au ralenti, je suis sorti de la salle de bain et ai traversé toute la salle à manger pour lui retirer le téléphone des mains. Mais trop tard, le mal était fait.

- Je t’avais dit de ne pas dire qu’on avait la câble !!! C’était qui ???

- Je crois bien que c’était la personne du câble.

Bonne pioche..

Le lendemain, un samedi matin, un homme sonne à notre porte.

- Bonjour, c’est Monsieur Sanchez du câble, je veux vous voir 5 minutes.

(chut, fais comme si tu n’étais pas là)

Devant mon absence de réponse (je fais super bien le mec qui fait semblant de ne pas être chez lui), il insista.

- C’est Monsieur Sanchez, du câble, je veux vous voir, ouvrez la porte.

J’entrouvre la porte, tel un Jack Nicholson dans Shinning.

- C’est pour quoi ?

- J’ai vu que vous étiez raccordé au câble, et vous ne payez pas ?

- J’en sais rien (mentir c’est mal, je sais...) J’ai signé un contrat, après, si vous ne prélevez pas, je ne m’en occupe pas.

Monsieur Sanchez qui tenait plus du Centrafricain que du Portugais, commença à s’énerver :

- Vous êtes en train d’avoir le câble alors que vous ne payez pas, c’est du vol. Je vais faire remonter à le direction et vous allez avoir de gros problèmes.

- Attendez Monsieur Sanchez, vous venez chez moi, et vous me traitez de voleur ? J’ai un contrat signé, je suis avec l’agence, il n’y a pas de vol là-dedans.

- Laissez-moi entrer chez vous.

- Non.

Pendant que Monsieur Sanchez devient de plus en plus agressif, mon voisin passe au même moment avec ses deux adorables chiens, son pitbull et son rottweiller.

- Ça va Christophe ? me demanda mon ami du moment.

- Je ne sais pas, j’ai ce Monsieur Sanchez qui me traite de voleur.

- Ha d'accord, ben on va voir ça.

A la vue des deux chiens, et de mon voisin qui devait faire deux fois mon poids, Monsieur Sanchez prit la poudre d'escampette. « On se reverra, on se reverra…»

J'y compte bien Monsieur Sanchez, j'y compte bien...

En Juin 1997, ce furent les examens, et les derniers moments de travail. Je devais encore rester en juillet, et après, l'inconnu.

Un jour de juin, je fus convoqué par la direction de secteur et fus reçu par une femme dont je ne me souviens plus le nom. Sa prestance, si. Elle remplaçait Monsieur Silent poils-aux-pattes, et là, ça changeait radicalement. Je me souviens également du dialogue qui suivit :

- Bonjour Christophe, entrez et asseyez-vous.
- Bonjour Madame.
- Christophe, vous savez pourquoi vous êtes là, et je n'irai pas par quatre chemins.
- Oui, d'ailleurs, j'aurais aimé pouvoir dire quelque chose.
- Attendez. Que les choses soient claires. Je sais que tout n'a pas été rose. Et je me fiche de savoir ce qu'il s'est passé. J'efface tout. Maintenant, vous avez deux mois pour faire vos preuves. Si au bout de deux mois, vous êtes à la hauteur du poste, je vous garde, sinon, c'est dehors. Je vous offre une chance, saisissez-la.

Je dois dire qu'avec le recul, cette femme a peut être changé ma vie, mon destin. Demain, je devais être à la recherche d'un emploi, cette femme me donnait la possibilité de faire mes preuves et rester. Je devais lui montrer de quoi j'étais capable, ce que je pouvais faire. Et je le fis, et encore mieux que ça.

7 Avenue de Clichy

- Bonjour Monsieur Coulibaly ?
- Moui ?
- Bonjour, je vous appelle, je gère votre compte, et j'aurais souhaité savoir à quelle date vous pourriez recouvrir votre découvert ?
- Mon quoi ?
- Oui votre découvert, j'aurais désiré savoir à quelle date vous pourriez éventuellement le rembourser ?
- Ah ahahaha. Attends (bruit sourd) Attends.
- Oui, oui, j'attends. Monsieur ?
- Coulibaly, oui c'est moi.
- Très bien mais je voudrais…
- Je comprends pas.
- Votre compte, votre découvert, il faut le régulariser.
- (Rire). Au revoir, au revoir.

Stéphane Pasquier me regarda.

- Christophe, tu l'as contacté le client ?
- Oui
- Il t'a dit quoi ?
- Ben j'en sais trop rien, il m'a rien dit, et il a raccroché. Je n'ai pas réussi à l'avoir à nouveau.
- Tu lui as demandé quoi ?
- S'il pouvait régulariser son découvert, et si oui, quand.

Stéphane reste calme malgré le rictus qui pointe son nez. Mais son art du management semble à toute épreuve et prend la situation calmement sans éclater de rire. Il prend son téléphone et compose le numéro de M Coulibaly.

- Allô Monsieur Coulibaly.
- Vi.
- Bon c'est Monsieur Pasquier, de la banque.

- Vi vi

- Bon, c'est simple, il faut des sous sur le compte. Sinon, je coupe la carte et il n'y aura plus de retrait. Vous venez dans une heure.

- OK OK, t'énerve pas Patron, j'arrive de suite.

Voilà Christophe. Bon c'est pas le 16ème, et si tu demandes poliment, les clients ne comprennent pas. Allez, on va s'occuper de toi un peu, me dit Stéphane.

Et effectivement, ma directrice m'avait affecté dans une agence du 17ème, Avenue de Clichy. Il me restait à apprendre les dialogues avec les clients, les habitudes, les façons de faire, de se comporter. J'allais gérer un portefeuille de clients avec la plus grande différence ethnique jamais connue, et que je ne connaîtrai jamais plus, mais j'allais aussi vivre la plus belle expérience de ma vie. Bienvenue à l'Avenue de Clichy.

Afin d'agrémenter l'imagination de vous autres, lecteurs, je me dois d'apporter des précisions quant à cette agence. Tout d'abord, son emplacement géographique. Située en plein milieu de l'Avenue de Clichy, la population est d'une mixité extrême, nord-africaine, et centrafricaine pour 80 % de l'agence. Le reste, des anciens résidents de Paris n'ayant pas encore pris la poudre d'escampette devant ce mélange d'ethnies qui faisait peur. Quelques autres clients venaient de quartiers résidentiels voisins. Dans la même journée, vous pouviez vous entretenir avec des Algériens, des Marocains, des Tunisiens, des Zaïrois, des Maliens, des Ivoiriens, un Pakistanais, ainsi qu'un Asiatique perdu en route. Cette mixité sociale, mais surtout culturelle allait m'inculquer des valeurs, des rites, des habitudes que je fus obligé d'apprendre afin de mener à bien ma mission dans cette agence.

Celle-ci se décomposait en deux parties, le rez-de-chaussée, un hall d'entrée, muni d'un guichet énorme tenu par Martine.

Son mari tenait un haut poste à la banque verte de Paris, et elle se targuait qu'elle n'avait pas forcément besoin de ce job, mais qu'elle aimait tellement le contact avec la clientèle qu'elle venait chaque jour avec plaisir. Femme de caractère, elle gérait le flux avec une poigne de fer. A gauche de l'entrée, se tenait le guichet/caisse, complété par un sas sécurisé. Tenu par Sandy, jeune et jolie blonde à qui il ne fallait pas parler de commercial, elle s'interdisait la vente de produits aux clients. Mais son sens du contact et son accueil sans faille remédiait à ce manque, et rendait le client dans de très bonnes dispositions avant tout entretien, ce qui facilitait énormément la tâche ensuite.
Dans le prolongement du guichet d'accueil, un bureau avait été installé, bureau de Stéphane Pasquier, adjoint de l'agence, d'une trentaine d'années. Lors de la visite faite par Monsieur Lefacheux, le directeur de l'agence, je laissais voguer une remarque « Waouh, il est jeune comme adjoint ». « Et alors, ça vous dérange ? » répondit Monsieur Lefacheux. J'appris plus tard à connaître son caractère trempé, son impulsivité, mais aussi à découvrir son cœur en or.
Au bout de ce grand hall, trois marches menaient à un renfoncement lequel desservait deux bureaux côte à côte. Le premier tenu par Fred numéro 1 dit « Popo », et Fred numéro 2, le bien nommé « Deuzio ».
A l'étage, le bureau de la clientèle haut de gamme, avec Françoise, une femme brune, coupe au carré, habillée de ses éternelles jupes évasées type «danseuse», de hauts moulants, et un sourire à toute épreuve, sauf l'épreuve de Monsieur Lefacheux qui la faisait régulièrement pleurer lors de mises au point dans le bureau.

Stéphane me prit sous son aile, m'enseigna le B-A BA car entre ce que j'avais vu lors de mes rendez-vous en binôme et ce que je devais faire en entretien, tout seul, un gouffre séparait les deux.

Mise en place du pot à crayons, on tourne l'ordinateur légèrement vers soi, on ferme les tiroirs (car quand on se les prend dans les genoux, ça fait mal), et on entre dans la danse, faites entrer les fauves...
Attention, ici votre commandant de bord qui vous parle. Nous repartons pour une nouvelle aventure, avec moins de turbulences cette fois-ci.

- Christophe, fit Martine à l'accueil, il y a Madame Diakaté qui souhaiterait te voir.

- Pas de souci. Bonjour Madame Diakaté, asseyez-vous.

- Bonjour Monsieur Christophe. Désolé, je suis venu avec le petit, mais il est un peu malade, il a un peu de fièvre, alors à 5 mois, je préfère le prendre avec moi. J'espère qu'il ne va pas pleurer.

- C'est normal Madame Diakaté

- Appelez-moi Fatou, s'il vous plaît.

- Ça ne va pas être facile. En quoi puis-je vous aider ?

- Je voudrais un découvert un peu plus important, juste 200 Francs de plus ce mois-ci, pour payer les courses.

- D'accord, vous avez un salaire de quel montant ?

- Avec les gardes, les ménages, environ 6000 Francs.

Je m'apprête à me lancer dans les calculs, les plans de budget, et la décision finale, et là, son bébé se met à pleurer.

- Excusez-moi, Monsieur Christophe, je vais lui donner à manger, il doit avoir faim.

- Mais bien sûr, est-ce que vous voulez que je fasse réchauffer un peu son lait ?

- Oh non, Monsieur Christophe, ça ira.

Sur le coup, lorsqu'elle m'a dit ça, je n'ai pas vraiment percuté. En plein dans mon entretien, j'affichais les courbes dans ma tête, découvert, épargne etc.. , lorsque soudain, Madame Diakaté, Fatou de son petit nom, sortit un sein d'au moins 6 kilos facile, pour l'enfourner dans la bouche de son bébé, qui semblait largement approuver cette initiative. Je sais, je sais, c'est naturel, c'est superbe, l'enfant en a besoin, et tout et tout, mais en plein entretien, quand vous ne vous y attendez pas, voir un tel attribut a de quoi vous déconcentrer, vous déconcerter. Je me tournai vers mon écran, tapant ce que je pouvais taper, dans n'importe quelle case de n'importe quel programme, du moment que ça faisait à peu près illusion.

- Alors 6000 Francs, que je multiplie par 12, ce qui nous fait un salaire brut à retenir les charges, des courses de la vaisselle, et puis la voiture, alors le découvert de 1500 Francs, ce sera bon (faire comme si de rien n'était, faire comme si de rien n'était).
- Aaaah, merci Monsieur Christophe, je savais que vous étiez un homme gentil. Je signe où ?
- Heu nulle part, je me débrouille, de toutes façons vous avez les mains prises là. J'ai une réunion, mais vous pouvez continuer, je vous laisse le bureau, comme ça, vous pouvez faire vos petites affaires. Voilà voilà.
- Merci Monsieur Christophe. Partez tranquille et que Dieu vous protège.

J'allai rejoindre l'accueil, et Martine me héla au passage.

- Christophe, il y a Monsieur Cissé qui veut retirer sur son compte.
- Viiii entonna Monsieur Cissé. C'est Monsieur Cissé, là. Je veux retirer de l'argent sur mon compte.
- Bonjour Monsieur Cissé, je peux faire quelque chose pour vous ?
- Viiiii

(attente de sa demande, Martine me regarde, je regarde Martine, et Monsieur Cissé nous regarde)

- Monsieur Cissé ?
- Viii

- Qu'est-ce que vous voulez ?
- Je veux retirer de l'argent.
- Ah là, il n'y en a plus.
- Comment ça ? Je viens de recevoir mon salaire, dit Monsieur Cissé, avec une pointe d'incompréhension.
- Oui, mais il y avait un découvert de 7000 Francs, vous avez touché 6800 Francs, donc, il manque de l'argent.
- Comment ça un découvert ?
- Oui, le mois dernier, le compte, il était à – 7000 Francs.
- Ben oui.
- Hé bien, avec votre salaire, le découvert est presque comblé, mais vous ne pouvez pas prendre d'argent.
- Aaaah, ok, mais non, le découvert c'était le mois dernier. Là, c'est le nouveau mois, donc il y a 6800 Francs, ma paye. Et je veux retirer.
- Il n'y a plus d'argent, je ne peux rien faire.
- Mais attend Chef, le découvert il est fini…

Stéphane m'apprit que pour une partie de la population, chaque mois se composait de petits malheurs, et un peu de bonheur, mais les ardoises s'effaçaient, et les compteurs se remettaient à zéro. Bien sûr, ça ne valait que pour eux, car dans la vraie vie….

De retour à mon bureau, le prochain client m'attendait.
- Bonjour Monsieur… ?

Le client se leva, et enleva sa casquette béret.
- Monsieur Diangue, Monsieur Christophe, Papa Diangue.

D'aussi loin que je me souvienne, je fus étonné par son nom mi-africain mi-asiatique à mes oreilles. Il venait toujours à l'agence avec un beau pardessus, son indéboulonnable couvre- chef, et son cigarillo vissé à ses lèvres.
- Bon, Monsieur Christophe, je voulais faire un point sur mes comptes, mais je vous fais confiance. Vous regarderez, et me direz si quelque chose ne va pas. Vous jetterez un œil aussi sur les comptes de mes enfants.

- Bien Monsieur Diangue, quels sont leurs prénoms ?

- Alors, il y a le plus grand, c'est Touré, mais il va travailler cet été, ensuite, c'est Diakité, il a 16 ans.

- D'accord, je regarde leurs comptes.

- Attendez, il y a Cissoko, et Keita, ils ont 12 et 13 ans.

- D'accord, c'est noté, je reg..

- Et au milieu il y a Sidibé, Kanouté, et Faty.

- ……

- Voilà, c'est tout.

- D'accord, bon je crois que j'ai tout noté, c'est bon. Heu, bravo Monsieur Diangue, sept enfants, c'est du sport quand même.

- Faut ce qu'il faut Monsieur Christophe. Bon, maintenant qu'on a tout vu, on peut y aller ?

- Oui, nous avons fini, je vous dis…

- Mais non, Monsieur Christophe, je vous paye une bière, allez, on sort.

Voici un résumé de mes premiers rendez-vous. N'y voyez aucune volonté de ma part afin d'être réducteur, ou de stigmatiser, ni même de dresser des portraits stéréotypés, car il n'en est rien. C'est tout simplement au cœur de la réalité que je me retrouvais plongé. Toute cette population plongeait au cœur d'un système aucunement conçu pour eux. Beaucoup avaient laissé leur pays derrière eux, n'emmenant qu'une valise comme seul bagage, afin de rejoindre la France quelques 30 ans en arrière afin de trouver du travail et nourrir leur famille restée au pays. En écoutant leurs récits divers, ce que j'adorais, je me disais qu'il fallait être muni d'un sacré courage afin de se lancer dans l'aventure. Ces personnes ont su se créer un cercle d'amis, de famille au bout de quelques années, mais un pincement au cœur restait lorsque nous évoquions ces histoires. Il fallut plusieurs jours, plusieurs semaines pour me rendre compte que mon travail, mon rôle ne consistait pas à prendre place dans un siège de banquier, faire des rendez-vous, proposer des produits, vendre des assurances, mais mon vrai rôle devenait celui de passerelle entre ce système si décalé et leur vraie vie. Un tiers des clients ne savait pas lire ni écrire, alors leur remettre les conditions générales de leur prêt revenait à leur donner un papyrus à déchiffrer, et l'on pouvait sentir un certain malaise dans ces situations. Je devais les aider, les comprendre, leur faciliter la vie, leur rendre service, mais également être ferme, car les dérives sont omniprésentes pour certains.

Nous prenions le café tous les matins, et même si je ne suis pas un adepte, je me mêlais à ma nouvelle équipe. Fred et Popo me demandaient régulièrement si je tenais le choc, et Stéphane veillait au grain. Sandy m'apportait sa bonne humeur à chaque instant, et Monsieur Lefacheux faisait des points réguliers sur ma tenue de poste.
Fred numéro 1, dit « Popo », se targuait d'être fan de rugby, adorait sa troisième mi-temps, et son accent Marseillais du Sud rayonnait dans toute l'agence. Les premiers jours de cohabitation, après le repas, il prenait soin d'aller voir Martine, Sandy, et Fred, un gros dossier sous le bras, pour leur dire qu'il allait bosser à l'annexe. Si quelqu'un le demande…
Bien sûr, en bon alternant naïf, au premier coup de fil pour lui, je me mis à le chercher dans l'agence, quand au bout d'un moment, Sandy me fit comprendre qu'il ne valait mieux pas pour moi que je me rende à l'annexe, mais qu'il finirait bien par en sortir un jour.
Ok, l'annexe, c'est fait..
Posté près de son bureau, je pouvais observer des entretiens, et il est vrai que son accent du Sud, ses boutades, et sa bienveillance aidaient au bon déroulement de ses entretiens. D'une gentillesse incroyable, je ne l'ai vu qu'une fois perdre ses moyens.
Monsieur Fernandes, accompagné de sa femme, venait faire une demande qui restera, pour moi, obscure. J'ai en tête son

pantalon de jogging mal ajusté qui laissait voir une partie de son anatomie de derrière, et pas la plus charmante (encore que, compte tenu du bonhomme, allez en trouver une), sa veste de jogging dépareillée, et surtout très sale, sa femme se tenant à coté de lui, comme un fantôme. Monsieur Fernandes tenta si bien que mal de s'exprimer.

- Monsieur Fernandes, je ne comprends pas. Qu'est-ce que vous voulez ?

- Mais vameraitavoir un sédit (voix molle tombant peu à peu dans le mutisme soporifique)

- Qu'est-ce que vous dites ?

Et je ne sais pas si ce Monsieur Fernandes était particulièrement ému pour l'occasion, ou si le plat du midi avait été un peu plus chargé que d'habitude, mais un petit pet s'échappa du plus profond de lui-même.

- Hummmumm, vé désolé. Alors jeveudraisun...

Un nouveau pet retentit dans l'agence, cette fois-ci, plus prononcé et honnête.

Je vis mon collègue se lever de son siège, lever le bras en direction de la porte :

- Vous sortez, vous êtes vraiment trop sale, sortez maintenant, SORTEZ !!!!!

Monsieur Fernandes prit tranquillement la direction de la porte sans aucun autre mot.

Popo a fait tout le tour des bureaux en râlant « Non mais c'est pas possible, quel crade, non mais tu le crois ??? Dégueu... »

Excepté cette aventure, il savait se faire apprécier des clients, et les habitués venaient le voir tous les mois, voire plusieurs fois par mois. Madame Meddache ne loupait jamais son rendez-vous. Algérienne jusqu'au bout des ongles, elle assumait totalement son travail d'accompagnatrice de personnes aisées, mais ne voulait pas trop que ça se sache quand même. En gros, elle jouissait du statut de péripatéticienne de luxe. Sa prestance, sa stature, et son habillement de classe se remettaient totalement en cause lorsqu'elle parlait. La hauteur de sa naïveté adorable n'avait d'égal que le poids du cheveu qu'elle avait sur la langue.

- Aaaah Madame Meddache, ça va ?
- Oui ça va Monsieur Frédéric. Mais ohlala, le travail c'est pas ça en ce moment.
- Ça va revenir Madame Meddache, ça va revenir.
- Oh vous êtes trop gentil Monsieur Frédéric.

Et s'écoulaient de longues minutes d'entretien où Popo faisait à peu près tout ce qu'il voulait avec Madame Meddache, mais ne manquait jamais de lui rendre service dès qu'elle en avait besoin.

La tâche du matin consistait à traiter les débiteurs, tâche que j'exécutais avec Stéphane, m'apprenant les rudiments du métier. Les débits des comptes ne s'élevaient qu'à quelques centaines de Francs, voire quelques milliers pour les clients les plus téméraires, mais dans l'ensemble, ils régularisaient leur situation rapidement. Encore fallait-il les contacter régulièrement et à l'heure où les portables n'existaient pas cela relevait du chemin de croix dans certaines situations. L'exemple le plus frappant reste celui du débiteur à contacter, qui réside dans un foyer de jeunes travailleurs. Et le foyer du quartier abritait une bonne centaine de personnes. Au centre de ce foyer, un seul téléphone, et une garde perpétuelle afin de répondre aux communications.

- Allô, bonjour, pourrais-je parler à Monsieur Cissé ?
- Allô vi, bongez pas. Cissé ?? Cissé, t'es là ou bien ? Attends hein.
- Oui, oui, je reste en ligne.
- Hey Ousmane, va chercher Cissé, Il est où ?
- Oui, mais sinon…
- Ousmane, t'as trouvé Cissé ? Demande à Awa, il était avec Awaaaa ?
- Oui, heu..

- Oui, bonjour (ah enfin…)
- Monsieur Cissé ?
- Non c'est Awa là. (bon je suis pas sorti)
- Heu, Monsieur Awa…
- Non c'est Awa.
- Oui, heu Awa, dites à Monsieur Cissé, que c'est la Banque, il faut qu'il me rappelle.
- Ah OK . D'accord, d'accord.

J'émettais toujours quelques doutes, avec raison, quant à la transmission des commissions téléphoniques. Mais surpris par le non fonctionnement de la carte, engendré par un geste informatique volontaire de ma part à un moment donné, il finissait par revenir à l'agence.
Cependant, dans mon nouveau poste, j'appris à mes dépends à me méfier du téléphone. Tous les mois, nous avions notre liste de clients à contacter, et me focalisais en premier sur les clients les plus sympas, histoire de me donner du courage. Je téléphonai donc à un couple de personnes âgées, que j'avais rencontré quelques semaines auparavant, adorables, gentils, prévenants. Au bout de plusieurs sonneries, Monsieur répondit enfin :

- Allô, Monsieur Laporte
- Oui, c'est pour quoi ?
- C'est la Banque, j'aurais souhaité vous rencontrer afin de faire le point sur votre compte. J'aurais désiré savoir si vous étiez libre en cette fin de semaine.
- Écoutez, je n'ai pas que ça à faire. Je ne souhaite pas faire le point, voilà.
- Mais c'est juste pour…
- Je vous recontacterai. Merci, et au revoir.

Le client raccrocha. Je fus stupéfait de me faire envoyer balader de cette façon. Un coup de bambou pour moi, qui croyait avoir réussi à nouer une relation. Le reste de la journée passa de coups de fil en tentatives de rendez-vous afin de remplir l'agenda. Puis en fin d'après- midi, je vis Monsieur Laporte, accompagné de sa femme, les deux visiblement mal à l'aise, s'approcher de mon bureau.

- Monsieur, vous avez quelques minutes ?

- Bien sûr Monsieur Laporte, mais pour tout dire, je me demandais ce qu'il se passait.

- Oui, mon pauvre Monsieur, je suis désolé de vous avoir répondu de cette façon.

- Ce n'est rien mais que s'est-il passé ?

- Vous ne devinerez jamais. Nous étions au marché, et rentrions tranquillement à la maison, quand plusieurs hommes nous ont suivis, et sont rentrés de force avec nous, dans notre appartement. Ils nous ont fait asseoir sur des chaises, nous ont ligotés, et quand vous avez appelé, ils nous ont fait répondre au téléphone. Je suis vraiment vraiment désolé de vous avoir parlé comme ça.

Ces personnes venaient de subir un gros choc, une situation vraiment désagréable, sans compter le vol de leur appartement, le viol de leur vie privée, et la chose la plus importante pour eux était de m'avoir mal répondu. Je pris Madame par les épaules, pour la réconforter, et serrai la main du vieux monsieur. Je les aidai à faire les formalités administratives, et les raccompagnai. Cette histoire me marque encore aujourd'hui, et lorsque j'ai un client au téléphone qui me demande un acte qui sort de l'ordinaire, je lui demande toujours s'il est en position délicate ou non. Cela m'a appris aussi à rester sur mes gardes, quoiqu'il arrive. Lorsque je parle de téléphone, il faut aussi prendre en compte ce que les clients nous disent en face à face, et devons laisser ces personnes tranquillement dans leur univers sans prendre parti, et sans venir mettre en doute leur parole.

Deux clients se prêtaient particulièrement bien à cet exercice. Madame Perchée pour commencer. Elle devait avoir une cinquantaine d'années, très bien habillée, s'approche de mon bureau afin d'honorer son rendez-vous. Son air fébrile et son approche méfiante auraient dû me mettre la puce à l'oreille.

- Bonjour Monsieur.
- Madame Perchée, je vous en prie, asseyez-vous.

Elle prit un siège, garda son sac sur ses genoux en le serrant fort contre elle. Elle regarda à droite, à gauche, à nouveau à droite puis me fixa en attendant que je commence.

- Alors, si vous le voulez bien nous allons faire un point sur votre compte, mais j'aurais désiré en savoir plus sur votre situation.

Elle marqua un temps d'arrêt après ma phrase, puis commença à son tour.

- Hum, la situation, elle n'est pas facile.
- Oui, les temps sont durs, effectivement, et c'est pour cela que..
- Non non, je parle de moi.
- Ah, de vous, et...que vous arrive-t-il ?
- Je ne sais pas si je peux vous le dire.
- Essayez quand même.

(Elle se met à parler à voix basse, en se penchant vers moi. Par effet miroir, je me penche vers elle également, et nous nous retrouvons pratiquement nez-à-nez).

- Hier, figurez-vous que je rentrais du travail, tranquillement, fatiguée, je me suis fait un petit repas. Juste avant je voulais prendre un bain. J'ai laissé couler l'eau en me préparant à manger. Je suis entrée dans la salle de bain, me suis mise toute nue (oulha, non merci je ne veux pas imaginer), et me suis glissée dans mon bain chaud. Et là, on frappe à la porte.
- A la porte d'entrée ?
- Non, à la porte de la salle de bain.
- Oh !!!
- Oui, la porte s'ouvre, et le Premier Ministre arrive..
- Ah oui, quand même.

- Exactement, c'est ce que je me suis dit. Et j'étais toute nue !!!

- Forcément, dans votre bain…

- Je peux vous dire que je n'étais pas très très à l'aise. Mais bon, c'est le Premier Ministre quand même.

- Oui, il y a des obligations patriotiques, c'est normal.

- Alors, il s'est déshabillé, et il est venu me rejoindre. Il m'a fait l'amour. Et il est reparti comme ça, comme si de rien n'était. Vous vous rendez compte ??

- Oh oui, c'est un peu dur quand même. Il aurait pu vous laisser un petit mot.

- Oui, mais on est à l'abri nulle part, ça peut vous arriver partout, il faut faire attention. (Oui enfin avant que Najat arrive sous ma douche, il va s'en passer des saisons quand même..)

- La prochaine fois, Madame Perchée, vérifiez bien votre porte..

Peu de temps après, au tour de Monsieur Bizarre.

- Monsieur Bizarre, que puis-je faire pour vous ?

- Je voudrais un prêt.

- Très bien, de quel montant ?

- 100 000 Francs.

- C'est une belle somme. Vous avez des projets ?

- Oui, j'ai surtout des dépenses.

- D'accord, quels styles de dépenses ?

- J'ai des dépenses d'ordre professionnel.

- Bien et que faites-vous comme profession ?

- Je fais des routes.

- Des routes ?

- Oui, je fais des routes. Je pose du goudron, ça fait des routes.

- Ah je vois (toujours afficher un air assurant la bonne connaissance de ce dont on parle). Comme les autoroutes, vous tracez les lignes et tout.

- Oui, c'est ça.

- Et dans le département ?
- Non.
- Dans la région ?
- Non plus. En plein désert.
- Ah (effectivement, ça se précise).
- Oui, je fais de grandes routes dans le désert, et suis embauché par une entreprise top secrète.
- D'accord d'accord. Donc dans la ligne « employeur », je note quel nom ?
- C'est Top secret.
- Je comprends. Mais ça va être compliqué. Bon je pense qu'il va falloir réfléchir à un autre moyen de financer vos dépenses.

Fait étonnant, je ne revis plus jamais ce client.

Les vacances de 1997 arrivèrent, l'heure du verdict sonna. Les examens furent compliqués, je donnais tout ce que j'avais. J'espérais avoir le diplôme. Coté travail, le fait d'avoir intégré cette équipe me dota d'ailes, et me transporta vers de nouveaux horizons. Mes clients, adorables, remplissaient mes journées de bonheur. Même si le coté atypique dominait largement, aucun moment ne ressemblait à un autre. Sandy et Martine nous envoyaient les clients, nous répondions à leurs demandes, nous faisions un réel travail de commerciaux, nous vendions les services de la banque, le directeur se vantait de cette situation avec raison. Nous n'exploitions pas, nous intégrions.
Je fus reçu par Monsieur Lefacheux, qui m'informa de deux excellentes nouvelles. La première, suite aux bons résultats et à la parfaite intégration dans l'équipe, la banque souhaita valider mon contrat. La banque souhaita valider mon contrat !!! Moi qui ne devais jamais intégrer cet établissement, promesse que l'on me tenait depuis des mois et des mois. J'avoue avoir été déstabilisé par cette annonce. Je me sentais transporté. Monsieur Lefacheux continua sur sa lancée et m'annonça qu'il

était ravi du travail effectué à l'agence, et qu'il avait tout fait pour me garder. La direction accepta sa demande, et il me confirma qu'après mes vacances, je viendrai en plus dans l'effectif. Hé oui, il fut un temps où les agences renforçaient leurs effectifs, et j'en faisais partie. Bien sûr, il m'informa qu'un poste serait créé, et les clients les plus en difficultés me seraient attribués. On m'installa un bureau en plein milieu du hall, plus inconfortable que jamais, mais j'étais heureux. Heureux d'avoir un travail, heureux d'avoir une deuxième famille.
J'allai voir mon père, afin de lui annoncer la nouvelle. Et je crois que c'est la seule fois où il m'a dit, ému, après un silence dans notre conversation « Christophe, je suis fier de toi ».

C'est de cette façon qu'en juillet 1997, j'eus mon diplôme et intégrai officiellement la Banque. Sur un nuage, j'annonçai la nouvelle à ma femme. Mais j'étais loin de m'imaginer que les moments les plus compliqués de ma carrière m'attendaient.

8) Le plus dur, ce n'est pas la chute…

L'histoire se répète, encore et encore. Lorsque l'on en croit sorti, on y replonge, encore plus profondément. Nous prenons les coups, nous savons faire, nous savons encaisser. Nous savons faire comme si cela ne nous touchait pas, sans jamais nous atteindre, nous prenons note, nous prenons acte de tout ce qui est dit, ce qui est fait. Des gestes les plus anodins de mépris, de haine, de hargne. Nous comprenons l'incompréhension, les questions, tous les pourquoi. Nous ne sommes jamais de marbre, même si notre apparence parfois glacée l'emporte, il ne reste qu'une belle carapace censée nous protéger, mais si fragile parfois, si fine, tout le temps. Nous nous tenons debout, nous résistons. Les infos commencent, annoncent, soulèvent le vent de ces questions. Les faits sont là, clairs, édifiants, il y a des dysfonctionnements au sein des établissements bancaires, des filiales. Tellement de sociétés diverses, tellement de branches, d'actionnariats, de participations, que nous n'en connaissons pas la majeure partie. Ce que nous connaissons ? Surtout notre lieu de travail, notre agence, les collègues, les clients. Nous nous évertuons au maximum d'être présents, d'aider, et de soutenir tous les clients dans les moments difficiles, les moments de joie également. Mais votre tour arrive toujours. Le vent des médias tourne au matraquage. Aux infos, il ne s'agit que des banques, de nous. Je dis nous, car nous nous sentons impliqués, nous nous sentons seuls, perdus face à toutes ces questions. Hors les histoires très médiatisées des déboires avec cet homme d'affaires célèbre, puis les audits, chaque défaillance du système bancaire se retourne contre une première banque, puis toutes les autres. Un problème de fraude sur les distributeurs des banques, le reportage met en avant le non contrôle, les dérapages. La Bourse baisse, la faute des banques apparaît. D'un point de vue marketing, cette image fait vendre, et le lecteur est en alerte, devient consommateur de scandale. Il devient amateur, mais dans son cercle intime, il en devient acteur. Ces comptes qui sont gérés dans cette banque sont-ils en sécurité ? Ils ne le pensent pas. Les clients arrivent, un par un, puis de plus en plus nombreux. Au départ pour avoir des réponses aux questions, puis face au déroulement de l'histoire, à l'acharnement des médias, les comptes commencent à se fermer, lentement mais sûrement. Puis plusieurs fermetures de comptes dans la journée. Les clients ôtent leurs avoirs. Ils virent des sommes importantes vers d'autres établissements. Les incertains ne virent qu'une partie de leur épargne. Mais la une des journaux achève leurs incertitudes. Alors vous tentez de tout conserver, la relation, l'espoir. Mais l'espoir finit par s'envoler, et vous acceptez, simplement. Ce pour quoi vous vous êtes battus, les clients fidélisés, les batailles commerciales, tout part en fumée. Vous abdiquez. Vous faites ce que l'on vous demande. Vous fermez les comptes. Vous faites des chèques que vous signez vous-même, en voyant tout s'envoler. Quelques clients le font avec regrets. Mais la grande partie nous traite de voleurs, d'escrocs, nous accuse personnellement de ces défaillances. Mais même dans ces moments-là, nous avions commencé à nous défendre, mais la raison n'entend pas. Alors nous encaissons encore et encore. Puis un matin, vous passez devant le kiosque à journaux. Et vous voyez la une «La banque X : c'est la faillite». Les clients se ruent pour effectuer les fermetures. Nous continuons. Nous nous soutenons, nous pleurons parfois, avec des larmes, et d'autres en silence. Nous sommes touchés. Nous-mêmes dans notre cœur. Le respect n'est plus là. Les clients nous piétinent. Je n'officiais pas dans l'agence la plus fortunée de Paris, loin de là, mais j'imagine ce que d'autres collègues ont du vivre dans ces moments. La publicité faite par la banque n'a pas aidé. Souhaitant prendre à contre-pied les annonces, nous avons le droit à des slogans forts de nos services marketing. Mais les clients ne le comprennent pas. Alors, nous faisons le job, jour après jour, en continuant de nous soutenir. Prendre le métro, puis le RER, se vider la tête, faire face lorsque votre épouse, votre ami(e), votre conjoint vous demande «comment s'est passée ta journée ?». On répond par un «bien, merci», faussement enjoué. Elle ou il nous regarde et sait que c'est dur. Attente d'une soirée de week-end avec les amis ou la famille, le refrain revient invariablement. « Ah t'es dans la banque ? Mais dans quelle banque ? ». Je n'ose plus dire ce que je fais, parler de mon métier, ni dire dans quelle banque je travaille. Pire, je sais que le mot Banquier dérangera moins que le nom de la banque où je travaille. Je sais que cela va déraper à chaque instant, en famille, entre amis. J'ai toujours été fier de ce que j'ai fait. Mais là, ça devient difficile, compliqué, une bataille de chaque instant, avec les proches, la famille, les amis. Je travaille dans la finance, ça passe. Nous restons ensemble, l'équipe, Fred, Popo, Stéphane, Sandy, Francine, Monsieur Lefacheux. Nous sommes soudés, dans les pleurs et les bons moments.

09 Le quotidien gagne toujours

- On va où ce midi ? Grec, Italien ou Asiatique ? demande Popo, toujours à l'affût de l'heure du midi.
- Je me ferais bien un Grec, répond Fred.

Nous voilà en route pour le Grec, devant l'agence. J'adore leur assiette avec un mélange de salade, de céréales, de viande. Enfin, concernant la viande, j'aime surtout le mouton. Parce qu'en soulevant les céréales, je trouve un autre type de viande dont je ne raffole pas. Stéphane regarde mon assiette, tel un archéologue dépoussiérant un bout de squelette de dinosaure.
- Ah oui, Christophe, je crois que tu as raison, ce sont des cafards. Hey, Ali, vous pouvez venir voir là ?
- Oui, j'arrive.

Ali se pointe devant nous. Nous lui disons de regarder l'assiette et de savoir ce qu'il en pense. Il regarde quelques instants et rend son verdict.
- Oui, oui, ce sont bien des cafards.

Merci je suis soulagé, j'avais peur de ne plus reconnaître ces petites bestioles. Et même morts, c'est pas mon truc.
- Et alors ? dit Stéphane, vous pouvez changer l'assiette ?
- Si vous voulez, dit Ali en haussant les épaules. Mais ce sera la même chose avec une autre.

Un geste charitable, merci Ali, je te revaudrai ça.

En revenant à l'agence, nous passons devant un kiosque à journaux parisien, un long pylône vert d'où le vieux monsieur sort une table, et étale tous ses journaux à la vente. Tous les mardis, il vient donner le supplément TV gratuit à Sandy, histoire de se faire bien voir, ou de la draguer, mais passés les 60 ans, Sandy devient insensible aux charmes de la gente masculine. D'ailleurs, à chaque passage, Sandy ne manque pas de dire qu'il est un peu radin avec son journal gratuit, et que s'il lui donnait un pourboire, elle s'en sentirait que mieux, même sans les programmes de la semaine. Fred, Popo et Stéphane rentrent à l'agence alors que je fume ma cigarette, et passe devant le kiosque. Mais là, surprise, ce n'est pas le vieux monsieur, mais Monsieur Ben Amouche, client que je suis depuis quelques temps, dont la vie se jalonne de petits boulots à droite à gauche.

- Ben Monsieur Ben Amouche ? Qu'est-ce que vous faites là ?

- Ro, le patron est fatigué, donc je le remplace un peu, ça lui fait du bien.

- Vous avez raison, c'est sympa de votre part (j'en profite pour feuilleter un peu l'Entrevue de ce mois-ci).

- Ça vous intéresse Monsieur Christophe ?

- Oui, j'aime bien (je continue à lire).

- Ben si vous voulez, vous pouvez le prendre, allez-y je vous l'offre. (Là j'entends le diablotin prenant l'apparence de Sandy me dire dans ma tête – vas-y, vas-y, ça lui apprendra à être radin.)

- Oh c'est gentil, mais non, je vous remercie, il va pas être content, le Patron.

- C'est pas grave, allez-y.

Bon comme il ne faut pas me proposer deux fois, je prends le magazine.

- Mais vous pouvez prendre d'autres trucs si vous voulez, allez-y, c'est la maison qui offre ?

- Je peux en prendre plusieurs ? dis-je d'un air où une connerie me trottait déjà dans la tête.

- Oui oui.

- Et les Playboys, et les New look, je peux ?

- Ah vous aimez bien ?

- Moi non, mais le sous-directeur il adore ça..

- Ah ben si c'est pour le sous-directeur, allez-y.

Je rentre donc à l'agence avec mes Playboys, mes New look, et autres revues littéraires sous le bras, mais un peu cachées quand même, m'avance devant le bureau de Fred, en pause café (ah c'est sacré la pause café...) et dispose les magazines sur son bureau. Bon, j'avoue, je n'avais pas prévu que Monsieur Lefacheux passe nous remettre des états à traiter, et là, il voit toutes les revues sur le bureau. Monsieur Lefacheux malgré son cœur en or, n'affichait pas une propension à la rigolade à toute épreuve. Il se voulait carrément ronchon, assez régulièrement. Et les après-repas, accompagnés d'un apéritif-vin-digestif le rendaient assez irritables (warning, ne jamais rien faire signer au Boss, entre 14h et 16h, après, ça va).

- Freeeeeeeeeeeeed

Fred descendit les marches quatre à quatre encore plus rapidement que si un fax arrivait (oui, les fax fonctionnaient aussi dans cette agence) et découvrit les revues sur son bureau.

- mais..
- Écoutez Fred, je ne veux pas de cette lecture ici.
- Mais c'est pas moi !!!!!!
- Je m'en fiche, vous me rangez ça toute de suite, sinon, ça va vraiment m'énerver.
- Mais c'est pas moi, ce ne sont pas mes livres Monsieur Lefacheux.
- JE M'EN FOUS !! Vous me rangez ça....
- Ça m'énerve, j'ai rien fait, et voilà.

Fred qui faisait tous les efforts du monde afin de se tailler une réputation de super conseiller, classe top cool, retombait en enfance en moins de cinq secondes, et adopta la défense c'est pas moi qui ai mangé les bonbons, devant une maman punitive. Monsieur Lefacheux remonte, Fred me regarde. Bon forcément, j'éclate de rire.

- Christophe, c'est toi ? Pffff t'es vraiment con. J'aime pas ça en plus.

14h, après la détente, le travail. Je reçois Madame Fontaine, adorable cliente créole, qu'il faut bousculer un peu, afin que le rendez-vous ne dure pas une heure et demie.

- Mais on a le temps Monsieur Christophe.
- Oui, on a le temps, mais faut bien que les bonnes choses se finissent un jour.
- Vous avez waison, et je vais continuer à chewcher du travail, caw, le twavail, c'est la santé…
- Bien Madame Fontaine, courage, vous allez finir par tomber dessus. Ou pas. Mais en tous cas, je crois fort en vous.
- Ah vous êtes un amouw.

15h Monsieur Papa Diangue veut verser de l'épargne à ses enfants, nous mettons en place sept virements permanents de son compte courant vers les comptes de chaque enfant.

- Mais Monsieur Christophe, je voulais vous demander, je peux verser à mes enfants qui sont au pays ?
- Ah parce que….

Monsieur Diangue éclate de rire.

- Ah ben oui, j'ai d'autres femmes, mais ici, je n'en ai qu'une.
- OK, ben non, on peut faire que les enfants ici, sinon, on s'en sort plus…
- D'accord Monsieur Christophe. Bon puisqu'on ne peut rien faire, on va boire un coup ?
- OK Monsieur Diangue, mais juste un alors.

16h, je reçois Madame Ben Aïma.

- Bonjour Monsieur Christophe, vous m'avez appelée pour que je recouvre mon compte, mais je ne peux pas. Enfin pas tout de suite, me dit-elle embêtée.
- Pourtant, il va falloir, je ne peux pas conserver le compte comme ça, mon Chef veut que ce soit régularisé.
- Je comprends, et vous avez raison, Monsieur Christophe. Je ne veux pas que vous ayez des ennuis. Mais je ne suis pas payée.

- Votre employeur ne vous paye pas ?

- Mon employeur, c'est mon mari. Il tient l'hôtel juste en face. Au départ, il voulait me salarier pour le ménage et tout ce qu'il y avait à faire. J'ai dit oui, mais depuis le début, il ne me paye pas. Je dois payer toutes les dépenses pour la maison.

- Écoutez, je suis désolé, mais faut lui dire que ça ne peut pas durer, il vous faut un salaire.

- Je... Je ne peux pas, Monsieur Christophe, j'ai peur... Il me frappe. Il me fait mal, tout le temps. Quand quelque chose ne va pas, il me frappe.

Nous finissons la journée avec Popo qui reçoit sa célèbre Madame Meddache, Marocaine avec un embonpoint, mais très précieuse, bien habillée, et prostituée de luxe. Il ne se lasse pas de nous raconter ses rendez-vous, et la reçoit toujours avec un plaisir non dissimulé. Sa prestance n'a d'égal que son cheveu sur la langue et la naïveté dont elle fait preuve.

En l'espace d'un instant, vous passez d'un entretien maîtrisé, où vous sortez la panoplie du parfait conseiller bancaire, vous dirigez l'entretien de façon à ce que le client aille dans votre sens, comprenne l'intérêt et l'obligation de la régularisation du compte, à un état d'hébétude absolument ingérable. Vous avez devant vous une femme en alerte, en détresse, vous ne pouvez rien faire. Ce n'est pas votre vie.

J’allai voir Stéphane, lui expliquant la situation. Je lui dis que je m’occupais du compte, je prenais sur moi pour le débit, et le remerciai de patienter. Il accepta.

Les jours se suivent et aucun ne se ressemblent. Votre rôle passe de parent à prof, de prof à conseiller financier, de conseiller à vendeur, et de vendeur à assistant social. Le temps file, les semaines courent, et 1997 s’achève avec son lot de faits marquants, et de déboires en tous genres. Mais nos clients nous aident à conserver un moral d’acier. Mes clients n’en n’ont rien à faire. Ils souhaitent de l’aide, de l’accompagnement, un coup de pouce pour aller au pays lors des vacances d’été. Ils ne rentrent qu’une fois tous les deux ou trois ans afin d’économiser assez pour passer 3 mois « au Bled ». Les premiers jours, j’interrogeai Stéphane, en lui demandant où se trouvait « le Bled ». Il me répondit que c’était au pays, chez eux, où se trouve la famille.
De mon côté, je leur fournissais cette aide, et ça m’allait très bien.

Mon bureau, installé en plein milieu du hall, n’aidait pas à la confidentialité. Étant juste en face de Stéphane, je pouvais néanmoins faire pas mal de tâches avec lui et lui me diriger sur les bonnes pratiques. Le matin, nous passions en revue tous les clients affichant un compte dont le solde était débiteur. Il fallait choisir une action, les contacter, leur envoyer une lettre, ou même rien, si nous connaissions leur situation, ou si nous les avions vus récemment. Dans tous ces comptes, il y avait le compte de Monsieur Émile. Monsieur Émile, armoire à glace africaine, devait se manger deux Monsieur Christophe au petit déjeuner. Mais il affichait un sourire détendu à chaque entretien, et une philosophie à toute épreuve, du genre, ça va bien se passer. Mais ce jour-là, son compte était débiteur, de gros chèques se présentaient sur le compte.

- Bon Christophe, tu contactes Monsieur Émile, et tu lui dis de passer à l'agence régulariser son compte.
- Mouiiii, heu, tu peux m'aider sur ce coup-là, parce qu'il m'impressionne un peu (pour ne pas dire que je crevais de trouille)
- Écoute Christophe, il faut que tu te lances. Tu lui expliques la situation.
Certes, il avait raison. Je pris donc mon courage à deux mains, et décrochai mon téléphone.
- Bonjour Monsieur Émile, pourriez-vous recouvrir votre compte, s'il vous plaît ? Car là, je ne peux pas payer les chèques (s'il vous plaît, Monsieur, merci beaucoup).
- Heu oui, Monsieur Christophe, j'arrive.

Effectivement, il arriva quelques heures plus tard. Les décisions devant se prendre le matin avant 12h00, je pris sur moi pour payer les chèques. Le lendemain, le souci se présenta à nouveau. Stéphane me fit comprendre de ne pas payer, afin de ne pas me retrouver dans la même situation éternellement. Je pris donc mon téléphone. J'informai Monsieur Émile que je ne pourrai pas payer ses chèques s'il ne venait pas avant 12h00. Malheureusement, à 12h00, pas de Monsieur Émile. Stéphane me dit « Tu refuses dans ce cas tu l'as prévenu ». Je ne vous cache pas que le doigt a bien mis quelques minutes avant d'appuyer sur le bouton qui déclencha cette décision. Au repas, mon Grec passait mal, et je ne sais pas ce qui allait se passer ensuite. 14h00, retour au bureau, je vois Monsieur Émile courir au milieu de l'agence.
- Hoooooooouuuuufffff, voilà l'argent Monsieur Christophe. Voilà l'argent.
- Humm oui, c'est vraiment super gentil (une goutte de sueur arrive).
- C'est normal, je vous avais promis.
- Mais Monsieur Émile, je vous avais dit 12h00 et il est 14h00.
- Oui, je vous remercie d'avoir attendu.

- Mais heu… Je n'ai pas attendu. J'ai refusé les chèques. Et en l'espace de quelques secondes, j'ai vu cette montagne s'ériger devant moi. Je me souviens ne pas avoir vu la lumière de la même façon, il me cachait tout le paysage. Je m'éloignai rapidement du bureau cherchant mes gardes du corps censés me protéger. Prévenus de la situation, et m'ayant encouragé avant le repas (t'inquiète, on sera là, tu as pris la bonne décision), le hall se retrouvait sans âme qui vive. Popo se trouvait à l'annexe, Fred, dans la salle de classement et Stéphane dans le bureau du chef.
Monsieur Émile se mit à hurler «JE NE VEUX PAS ETRE INTERDIT DE CHEQUIER !!!» et balaya d'un revers de main (de battoir devrais-je dire), tout ce qui se trouvait sur mon bureau, téléphone, clavier d'ordinateur, dossiers.. Il prit mon pot à crayons, et, allez savoir ce qui se passe dans notre tête dans des moments comme ça, je me suis mis à crier «NON PAS LES STABYLOS…» Avec le recul, je peux te dire, non Christophe, les stabylos ne valent pas plus que ta vie… Qu'il se défoule sur les stabylos, c'est très bien. Après avoir tout cassé sur mon bureau, il se calma, puis au bout de quelques minutes, nous lancions la régularisation, avec les timbres amende à payer.
D'ailleurs, pour les plus jeunes d'entre nous, ça a été également une découverte formidable. Lorsqu'un client se retrouvait dans l'interdiction d'émettre des chèques, il pouvait à n'importe quel moment, régulariser sa situation. Il nous apportait les chèques revenus impayés, ainsi que des timbres amendes achetés auprès du buraliste du coin. Simplement, les amendes, en règle générale, s'élevaient à un montant assez fort, et vous vous retrouviez avec un bon paquet de timbres à lécher, et à coller. Plus tard, une mouillette me rendra la tâche plus aisée.

Il m'est arrivé de faire face à d'autres cas particuliers comme Monsieur Sissoko, représentatif de beaucoup de clients, malheureusement pour eux. Ceci dit, c'est avec la plus grande

tendresse que nous y faisions face. Monsieur Sissoko souhaitait faire un crédit pour aller au pays.
- Voilà Monsieur Sissoko, votre prêt est monté, il n'y a plus qu'à signer les offres. Vous notez « lu et approuvé », la date et votre signature, et c'est bon.
Monsieur Sissoko me regarde avec un grand sourire gêné.
    - Heu Monsieur Christophe, je ne sais pas lire, ni écrire.
- Ah. (Et là, l'éclair de génie dont je peux faire preuve parfois, me fait même un peu peur.) Ben c'est pas grave, je vais vous faire un modèle. Tenez.
Il écrivit le modèle, en taille double voir triple sur les offres. Et pour signature, il me dessina un petit escargot. Une fois l'œuvre finie, il m'adressa un sourire.
    - Parfait Monsieur Sissoko, c'est impeccable.
    - Ah, merci Monsieur Christophe.
Et c'est de cette façon que sur les offres de prêt, je me retrouvais avec des croix, des escargots, des traits, des petits boudins, ou toutes autres formes possibles. Des vraies signatures, moins souvent.

Le 27 Février 1998, je commence ma journée comme les autres. J'enfile ma veste de conseiller, prêt à riposter aux assauts des clients et leurs histoires sans queue ni tête. Mais en plein milieu de matinée, Stéphane, Sandy, Fred et les autres me disent de prendre mon manteau.
    - Allez Christophe, prends ton manteau, on y va !
- Ok (je suis toujours partant pour une petite virée). Mais on s'en va ? Toute l'agence ?
- Oui, on va faire grève. Ils veulent nous supprimer la convention collective, on y va.

C'est en cette belle journée que toute l'agence s'est baladée, m'apprenant des slogans obligatoires dans ce type de manif, que tous les collègues semblaient déjà connaître depuis fort

longtemps, et me voilà dans les rues de Paris à scander «Tous ensemble, tous ensemble ! Ouais, Ouais ! »
Vers les 17h, nous avons tous terminé au café boire un coup, et la convention collective est restée. C'est peut-être grâce à nous. Au moins un petit peu.

En hiver, il y a une propension à attraper tous les microbes qui tournent, la promiscuité ambiante des transports en commun facilitant la propagation de tous les microbes sympas et moins sympas. Ce qui m'arriva encore cet hiver-là (j'ai une petite santé finalement). Toute l'équipe prévoyait un pot le soir, avec sortie au resto. Tous présents, Popo, Fred, Stéphane, Francine, Sandy, et Monsieur Lefacheux, seule Martine déclara forfait. Je ne me sentais vraiment pas d'attaque. Les rendez-vous s'enchaînaient, et je me sentais vaseux. Seule l'insistance des collègues me revigorait un peu. « Allez, Christophe, fais pas ta chochotte, viens avec nous ». Non non, solide comme un roc, je tiendrai bon jusqu'au soir. Simplement, l'être humain fut créé faible. Et nous nous efforçons de maintenir ce niveau de faiblesse à un point assez haut. Si bien que la dernière heure, et les derniers « bon alors, tu viens, au moins au pot » eurent raison de moi.
Je téléphonai à ma chère et tendre, afin de lui annoncer que je restais juste boire un petit coup, et je rentrais vite fait, je serai là pour 20h.
Nous sommes donc tous d'attaque pour le pot, juste pour un verre. Merci les copains. Et un deuxième s'accompagne automatiquement du troisième, Monsieur Lefacheux lance un « Hé les petits gars, y a plus de Ricard, on peut pas rester comme ça ». Heu si moi je vais y aller. « Ah non Christophe, je vais chercher du Ricard à l'épicerie du coin». Waouh, 150 Francs la bouteille, voilà un directeur qui prend soin de son équipe. Prenant mon courage à deux mains, dès son retour, je lui lance un « Monsieur Lefacheux je dois y aller ». Il me

convainc de rester, et en plus c'est le patron, et je n'ai rien à dire.
Et de fil en aiguille, je me retrouve au resto avec toute la bande. Il fallait que je téléphone à ma femme, mais les portables encore inexistants, la tâche était rude. J'abdiquai au moins pour l'instant. Les plats, le dessert, le digestif, Fred lança à la cantonade « Vous savez quoi, ce serait hyper sympa si on allait boire un coup chez moi ». Bon Fred il habite à coté de l'agence, donc on y va. Il s'approche de la porte, met la clé dans la serrure, et l'entrebâille pour voir ce qui se passait à l'intérieur. Il referme la porte et dis « Heu, attendez-moi ici, je vais nettoyer un peu ». Du coup, forcément, nous sommes rentrés de suite sans attendre. Et là, un grand spectacle de désolation nous attendait. Son chien, un magnifique labrador, voulant sans doute passer également une bonne soirée avait, dans l'ordre : ouvert le bar, déchiré les paquets de cacahuètes, renversé les bouteilles d'alcool, bu ce précieux liquide tombé à terre, et complètement ivre avait déchiqueté le canapé, pour s'endormir sur les vestiges des coussins. Il ronflait comme un bienheureux. Bon, nous avons aidé ce pauvre Fred à remettre en état son salon, et moi qui ai peur des chiens, celui-là ne se réveillerait pas de sitôt. Nous bûmes un coup et une fois les conversations épuisées, Popo proposa de faire une virée en boîte près d'Opéra, dans un lieu repaire des rugbymen. Avec mon 1m68, je passais totalement inaperçu. Ayant complètement noyé l'idée de passer un coup de fil, l'alcool aidant, je regardai la soirée se passer tranquillement, et sur les coups de 6 heures du matin, Stéphane proposa de nous ramener. Nous arrivions Porte de Saint Mandé, il m'arrêta « tu crois que ça va aller avec ta femme ? » Ouais, t'inquiète, je gère …
Je monte les quatre étages, mets la clé dans la serrure, rentre tranquillement dans le salon, me déshabille, entre dans la chambre, pour tomber nez-à-nez avec ma chère et…

« Tu te fous de moi ? Non mais je m'inquiétais, tu as vu l'heure qu'il est ?? ». Et moi, ne me démontant pas « Mais je t'ai dit que je rentrais à 8h, et il est 8h.. » Pfff la mauvaise foi.

De retour au boulot, il fallait mettre les bouchées doubles. Notre équipe se composait de commerciaux hors pair, dont j'étais fier de faire partie. Nos résultats s'envolaient, et les clients venaient avec plaisir. Nouer une relation, accompagner nos clients dans tout ce qu'ils souhaitaient faire devenait notre quotidien. Ce qui n'empêchait pas Monsieur Lefacheux de nous dire de mettre les bouchées triples. Je reçus un client, fis un point sur l'épargne.

- Monsieur, le mieux serait de regarder votre épargne, et de voir si nous ne pouvons pas changer deux ou trois choses, histoire que ça rapporte un peu plus.
- Pourquoi pas, qu'est-ce que vous me proposez ?

Monsieur Lefacheux arrive devant mon bureau, fait le tour pour se poster juste à coté de moi, et me glisse à l'oreille d'un chuchotement pas trop discret « Christophe, il nous faut des PEL ».

Puis il repart. Le client me regarde, je le regarde aussi. On laisse passer un ange, puis j'attaque.

- Je vous propose un PEL.
- Hum oui, je pense que ce serait bien, me dit-il avec un grand sourire.

Heureusement, ils sont sympas mes clients.

Installé à mon bureau, faisant tournoyer la ronde des clients à recevoir, j'ai un rendez-vous avec Monsieur Diayé. Il est inscrit qu'il souhaite un découvert autorisé, pour faire face à quelques dépenses.

Le client arrive vers moi, et prend une chaise.

- Bonjour Monsieur Diayé. Vous vouliez me voir pour un découvert c'est ça ?
- Bonjour. Heu oui, oui.

J'ai vu dès les premiers instants qu'il se sentait mal à l'aise, le regard fuyant, et le visage légèrement tourné vers la sortie.

- Ça va Monsieur Diayé ?
- Oui, oui, bien sûr, ça va. Je voulais simplement savoir si je pouvais avoir un découvert autorisé.
- Nous allons regarder ça. Vous travaillez dans quoi ?
- Là je suis commercial en magasin, j'ai un salaire de 8500 Francs environ.

Et là, le tilt. L'illumination en l'espace d'une seconde, la révélation. Non !!! ça ne pouvait pas être possible, pas ici !!!!

- Dites-moi Monsieur Diayé, vous êtes commercial dans ce magasin depuis longtemps ?
- Heu, un an environ.
- D'accord, mais votre nom, c'est vraiment Monsieur Diayé ?
- Oui, pourquoi ?
- Vous ne prenez pas d'autres noms pour vos jobs de commercial ?
- Aaaah, ça m'arrive.
- Comme Monsieur Sanchez, par exemple, qui travaille pour le câble.

Le client se souvient soudain, ou fait mine de…

- Aaaaah, Monsieur, je me souviens de vous. A Vincennes.
- Hé oui, c'est moi que vous avez traité de voleur en venant chez moi…
- Mais non, c'est pas ça du tout, je vous explique. En fait, il y a plein de personnes qui se branchent illégalement sur le câble, alors je vérifiais, mais après renseignement pris au siège, nous avions fait une erreur, et c'est la société qui ne vous prélevait pas. Mais j'ai tout de suite vu que la faute ne venait pas de vous.
- Bien sûr.. Bon écoutez, je vais vous faire votre découvert autorisé, mais la prochaine fois, ne rentrez pas chez les gens bille en tête. Et écoutez-les..
- Heu oui, oui, c'est vrai.

Le souvenir de Monsieur Sanchez-Diayé est impérissable, et sa tête en rendez-vous, une fois qu'il m'avait reconnu valait vraiment son pesant d'or.

Ce premier trimestre 1998 fut aussi très douloureux. Je perdis mon Papa très subitement, brutalement, un vendredi soir. Le retour au travail, pénible, désorienté, Monsieur Lefacheux est venu vers moi en me disant « Christophe, prenez autant de jours que vous voudrez et faites ce que vous avez à faire ». Ce que je fis.

L'enterrement fut un déchirement pour plusieurs raisons que je ne décrirai pas ici. Il avait un peu plus de 44 ans, je voulais lui montrer ma vie, mon mariage, mes enfants, mes petits-enfants, ma réussite. Et c'est moi qui l'amenais dans sa dernière demeure. Les yeux embués par les larmes, je marchais derrière le cercueil. Puis au fond de l'allée, toute la famille, les voisins, je scrute à peine ces personnes, je voudrais tant qu'elles ne soient pas là. Et là, un peu en marge de la foule, je vois la moitié de l'agence, avec une gerbe de fleurs. Ils ne me dirent pas un mot, ils m'accompagnaient juste dans cette épreuve, le plus important, ils étaient là, pour moi. C'est une chose que je n'oublierai jamais.

C'est vers le milieu de l'année 1998 que les choses commencèrent à changer. Popo avait reçu une proposition et changea d'agence. Je pris son bureau et son poste. Belle promotion après un an passé « dans le hall ». Changement de stratégie du côté de la Banque, l'adjoint de l'agence (en l'occurrence Stéphane) devait s'occuper de tous les comptes avec des relations difficiles, des comptes débiteurs, et autres interdits de chéquiers. Cette nouvelle version de son métier ne le ravissait pas au plus au point. Mais, les ordres sont les ordres, et il se plia à cette volonté. Enfin, à sa façon. D'une poigne de fer, il gérait les clients compliqués. Les rendez-vous se prenaient 6 mois à l'avance, une fois sur place, les clients avaient 5 minutes chrono pour régulariser, point.

De mon côté, je récupérai les comptes gérés par Popo, qui prit le soin, avant de partir, de me présenter à tous ses clients. Enfin, dans le langage bancaire, le tous signifie une bonne vingtaine de clients à tout casser par manque de temps. Le reste du portefeuille, j'allais le découvrir par la suite, au fur et à mesure.

10) MME MEDDACHE.

Madame Meddache restera gravée dans ma mémoire de par sa personnalité, et ses histoires. Je dois vous avertir avant d'aller plus loin, que tout est vrai, et je n'ai (malheureusement) rien ajouté, étant la plupart du temps, que spectateur de sa vie.

- Bonjour Monsieur Christophe, je suis ravie de faire votre connaissance (j'adore ce cheveu sur la langue).
- Moi de même, Madame Meddache, moi de même. Qu'est-ce que je peux faire pour vous ?
- Hé bien voilà, je voulais juste me présenter.
- Je vous connaissais avant, Frédéric m'avait parlé de vous assez souvent.

Madame Meddache se mit à sourire, en rougissant.

- Oooooh, Monsieur Frédéric, qu'est-ce qu'il était gentil. Mais vous aussi vous êtes sûrement très gentil. Mais est-ce qu'il vous a dit ce que je faisais comme métier ?

Et moi, d'un ton confidentiel :

- Oui…
- Ah d'accord, ça me rassure. Mais… Il vous a dit mon métier, ce que je faisais ?
- Oui, oui.
- Le vrai métier ? Pas celui que je dis comme ça, mais le vrai ?
- Oui, Madame Meddache.

Puis Madame Meddache se mit à raconter sa vie, rassurée, me parler de ses enfants, de sa famille avec laquelle elle n'entretenait pas de bonnes relations. Je ne me permettrais jamais de juger, savoir ce qui l'avait poussée à faire ce métier, ni ses motivations à continuer. Certes, elle officiait parmi des clients fortunés, mais cela ne devait pas être rose tous les jours, sans parler que l'intégration dans un milieu social devait s'avérer plus que difficile. Mais elle gardait toujours le moral, toujours souriante, pleine de bonne humeur. Et rien que pour ça, elle méritait un chapitre entier.

- Monsieur Christophe, Monsieur Christophe, ohlala, c'est la catastrophe. LA CATASTROPHE. Ah ben là c'est sûr, je suis pas sortie de l'auberge.

- Qu'est-ce qu'il vous arrive Madame Meddache ?

- Ben c'est la CAF.

- Quoi la CAF ?

- Ben je touche la CAF, pour m'aider avec les enfants et tout..

- Oui ?

- Ben voilà, ils font un contrôle chez moi.

- Ah et ?

- Ben avec les tableaux, les meubles, les objets de valeur, et tout le reste, ils ne croiront jamais que je me suis acheté ça avec la CAF et les Assedics. Là, c'est le drame.

Mais le drame se passa relativement bien et elle eut assez de temps pour déménager un maximum d'affaires.

Un jour, j'invitai ma dulcinée à manger à l'agence, et elle croisa Madame Meddache. De retour au bureau, Madame Meddache se lâcha.

- Rolala, qu'est-ce qu'elle est jolie votre épouse. Oh, une vraie merveille.

Puis Madame Meddache s'approchant et parlant plus bas.

- Bon par contre, il faudrait qu'elle mange un peu plus de couscous, parce qu'elle est un peu trop maigre. Il faut des formes pour les hommes, pour les garder à la maison. Alors Monsieur Christophe, je venais vous voir pour vous demander un crédit.

Alors, je n'avais pas forcément une grande expérience dans le milieu de la banque, cependant, depuis quelques années maintenant, trois pour être précis, je voyais quelques montages de prêts, et en faisais moi-même de temps en temps, même si cette tâche n'occupait pas mes journées, compte-tenu de la clientèle que je gérais . Et là, faire un crédit sans pouvoir rentrer de revenus, cet exercice me semblait un poil compliqué. Je me voyais mal faire signer un dossier à Stéphane en commençant mon exposé par « Il faut que je t'explique ». D'autant plus qu'il la connaissait, et je ne sais pas s'il aurait été trop d'accord.

- Mais Madame Meddache, on ne va pas pouvoir.
- Ah bon ? Pourquoi Monsieur Christophe ?
- Enfin Madame Meddache, il faut des revenus.
- Mais j'ai des revenus .
- Oui, je sais, mais comment dire, des revenus déclarés…
- Ah.
- Ben oui ah, c'est là où ça pose un problème. Il me faut des fiches de salaire.
- Aaaaah, mais d'accord, je peux vous amener des fiches de salaire. Il faudrait qu'il y ait marqué quel montant de salaire dessus ???

J'avoue ne pas y avoir pensé. Et en même temps, j'ai dû lui faire un cours comme quoi ce n'était pas forcément la bonne solution, et que cela s'appelait un peu « faux et usage de faux », mais elle me répondit qu'elle, de son coté, ça ne l'embêterait pas énormément. Mais si c'était pour me faire avoir des ennuis après, elle préférait ne rien faire. Moi aussi.

Un autre jour, mon téléphone sonne. Madame Meddache me promet un poulet aux olives pour 12h30, pour nous faire plaisir. Cool. Je préviens tout le monde, d'un air fier, attention les gars, c'est Ma cliente qui ramène à manger pour tout le monde. Devant mon enthousiasme, l'équipe me demande quelle cliente. Madame Meddache !!! Aaaaah, ben nous sommes pas prêts de manger.
Rooo, quels rabats joie. Toujours est-il que 12h30, toujours pas de nouvelles. Je contacte Madame Meddache chez elle, personne. Peut-être un bon point. Sauf que toute l'équipe n'ayant pas acheté de sandwichs, ou autres plats commençait

à s'impatienter. « Bon elle arrive ta cliente ?? ». Oui, c'est déjà sympa, elle nous fait à manger.
Heureusement, vers 13h00 et ayant essuyé de nombreuses salves de coups de rage des ventres affamés, je descends en courant les escaliers. Je lui ouvre, et là, je vois Madame Meddache, garée en double file, tenant le plat, énorme, et au second plan, la voiture complètement amochée sur tout le côté droit.
- Merci Madame Meddache, mais votre voiture, elle était comme ça avant, ou c'est nouveau ?
- Rolala, non, j'ai voulu aller vite, et j'ai pas vu la priorité à droite. Mais c'est pas grave, mangez vite, sinon, ça va être froid.

J'adorais la gestion des priorités de Madame Meddache. Il est vrai que dans sa vie bénéficiant à ses yeux d'une insouciance réelle et d'un sérieux relatif, les événements les plus graves devenaient anodins, et inversement.

- Ah Monsieur Christophe. Ah non, ça ne va pas du tout, du tout. Je suis contrariée, vous ne pouvez pas savoir.
Elle s'assit à mon bureau, me regarda avec ses yeux de chien battu, me fit une grimace, et continua :
- Non mais c'est vrai, je n'y suis pour rien moi.
- Qu'est-ce qu'il vous arrive encore Madame Meddache ?
- Je vous raconte toute l'histoire. J'ai eu un client régulier, qui commençait à beaucoup m'aimer. Et il m'offrait des cadeaux, beaucoup de bijoux, une montre et plein d'autres choses. Et il y a une semaine, j'ai été convoquée au tribunal. J'ai appris que ce monsieur qui était patron d'une agence bancaire, eh bien, il détournait des fonds pour m'acheter tous ces cadeaux.
- Je comprends, et ça vous tracasse pour vous et ce monsieur ?

- Non ce qui me tracasse comme vous dites, c'est que le tribunal m'a obligé à rendre tous les bijoux. J'ai rien gardé. Pfffff......

De cette façon, Madame Meddache se rendait régulièrement au tribunal pour des affaires liées à sa personne de près comme de loin. Mais son cercle d'amis, autres que les tribunaux, avocats, comprenait aussi les assureurs. Avec sa conduite particulière (enfin particulièrement dangereuse), elle s'attirait les foudres de quiconque croisait son chemin. Mais je pense que le prix de la citoyenneté pouvait lui revenir avec ce qui suivit.

- Bonjour Monsieur Christophe. Je suis toute retournée.

- Bonjour Madame Meddache. Il ne faut pas, je suis là. Qu'est-ce qui se passe ?

- Écoutez, je ne sais pas très bien lire, pourriez-vous me lire ce document que j'ai reçu du tribunal ?

- Bien sûr.

Et là, j'ai déchiffré le document avec elle, comme un parent lisant le bulletin de notes de son enfant, qui, adossé au mur, ne sait pas trop comment s'en sortir. Au fur et à mesure que je lisais, je lui demandais confirmation.

- Alors, Madame Meddache, le document dit que vous étiez au volant de votre voiture et vous rouliez sur l'avenue.

- Oui oui, j'avais un rendez-vous important.

- Et là, vous n'avez pas vu la priorité à droite.

- Faut dire qu'il arrivait vite, et je n'ai pas eu le temps de voir.

- Alors vous vous êtes déportée, et vous avez roulé sur le trottoir.

- J'ai fait comme j'ai pu pour maîtriser le véhicule.

- D'accord, mais vous avez embouti tous les plots du trottoir.

- Oui, enfin quelques uns.

- Puis vous avez renversé un passant.
- Ça allait trop vite, j'ai pas réussi à l'éviter.
- Et pour finir votre course dans la vitrine d'un magasin.
- Oui, enfin, le commerçant n'était pas très très content. Il m'a vraiment disputée et il m'a traitée de tous les noms.
- Je veux bien le croire. Et là.....
- Oui (elle me regardait, suspendue à mes lèvres).
- Et là, le passant que vous avez embouti se trouvait toujours sous la voiture et il est sorti.
- Oh la la, oui, bon il n'a rien eu et heureusement. Tout est bien qui finit bien.
- Oui enfin si on veut. Et l'assurance.
- Oh ben l'assurance m'a téléphoné, ils n'étaient pas contents du tout eux non plus. Ils ne veulent plus m'assurer, et le tribunal veut me retirer mon permis.
- Oh Madame Meddache, je pense que c'est le plus raisonnable...

Au cours de ces années passées à gérer son compte, Madame Meddache n'a cessé d'alimenter mon quotidien avec toutes ses aventures dont une partie seulement est retracée ici. Mais sa venue à l'agence embellissait mes journées, et même aujourd'hui, je continue à raconter ses aventures dans toutes les agences où je passe.

11 Nobody Knows The Trouble I've seen.

J'ai passé 2 ans et demi dans cette agence, en deux postes. Deux ans à gérer les comptes en tant que conseiller de clientèle. Cependant, le terme est réducteur. Car je ne gérais pas les comptes mais les vies de centaines de personnes. Je voyais leurs peines, leurs tristesses, leurs problèmes, leurs bonheurs dans leurs yeux. Aucun rendez-vous ne se limitait à la gestion des comptes. Aucun rendez-vous n'avait pour sujet le remboursement de tel ou tel frais. Ils venaient pour me raconter leurs vies, et que je puisse leur venir en aide. J'ai rencontré plusieurs fois Madame Ben Aïma pendant un an et demi. Elle venait me voir. Etre devant ses yeux pleins de tristesse me rendait fou et impuissant en même temps. Mais elle me disait d'une voix apaisée qu'elle me remerciait juste d'être là, présent, de la soutenir, en ne l'enfonçant pas plus pour ses comptes en débits, et qu'un jour, « nous » allions nous en sortir, qu'elle trouverait une solution. Chaque fois qu'elle venait, elle gardait sa fierté malgré ce que lui faisait subir son mari. Puis un matin, elle est venue en me disant qu'elle avait engagé des poursuites contre lui, et qu'il en répondrait devant un tribunal. Elle réclamait environ deux ans de salaire et la réparation des dommages subis. Elle a dû continuer à travailler avec lui en attendant la procédure. Il lui a fallu un courage monstre, mais dès cet instant, il la laissa tranquille, ne la toucha plus. Puis bien plus tard, elle est venue en pleurs, m'a serré dans ses bras, et m'a dit « voilà le chèque, j'ai tout récupéré, vous pouvez le déposer sur le compte ». Son mari n'a plus jamais entendu parler d'elle. Elle est partie, tout simplement. Je l'ai croisée quelques fois, mais elle commença une nouvelle vie ailleurs, pour un autre bonheur. Je me dis parfois que j'y étais un peu pour quelque chose, et ça me réchauffait le cœur, ou me déculpabilisait de n'avoir rien pu faire pendant cette période.

Il faut savoir se détacher. Ce n'est pas notre vie, nous ne sommes que des intermédiaires, entre une personne et le système. Mais c'est très compliqué et difficile. Aujourd'hui certaines personnes me trouvent détaché, sans cœur, insensible. Mais avec les années, j'ai dû me construire cette carapace. La misère est bien trop grande pour la prendre sur soi. Comme les médecins, les urgentistes également, et toutes les professions ayant contact avec la gestion du quotidien. C'est très compliqué, mais il faut le faire, et rester distant. Comment rester insensible devant des situations du quotidien qui ne s'amélioreront pas.
J'apportais régulièrement des fonds à quelques clients dans la rue qui ne pouvaient se déplacer. En ce début de carrière, il nous était encore permis de le faire. Ces personnes ayant des fonds sur leurs comptes, vivaient dans la précarité, dans la saleté, dans la misère, seules, sans personne autour d'elles. Vous entriez dans la pièce, relents d'urine au mieux, les affaires traînant partout, la femme assise sur le lit, attendant son argent qu'elle distribuerait aux femmes de ménages, aux infirmières, aux autres assistants. Elle avait de quoi payer tout ça me direz-vous. Pour certaines oui, pour d'autres non. Mais la solitude était présente dans chacun des cas. Ces personnes, qui avaient travaillé toute leur vie, ayant une vie sociale et professionnelle riche, des enfants souvent, vivaient dans la solitude la plus complète à la fin de leur vie, tenant beaucoup d'années, pour s'éteindre dans l'indifférence la plus totale. Puis un jour, vous recevez un acte de décès, constaté par un voisin ou une voisine, sans doute bien des jours après.
J'eus en face de moi, nombre de personnes étrangères, arabes, africaines en grande majorité. Elles ne cessaient de me raconter leur épopée de leur venue en France. Elles avaient tout quitté, amis, famille, pour se reconstruire ici, non pas pour s'enrichir, mais pour assurer à leurs enfants un

meilleur avenir. Dans la plupart des cas, les enfants, à peine reconnaissants, profitaient du système devant leurs parents impuissants.
Malgré toute cette pauvreté, les retours des vacances, courant septembre, ressemblaient à des Noëls pour moi. Tous les jours, de nouveaux cadeaux. Des dattes, des djellabas, des babouches, des pâtisseries, des bouteilles. Leur reconnaissance, leurs marques d'affection. Je n'étais pas un simple conseiller, j'étais le Monsieur de la Banque, Monsieur Christophe.
Monsieur Diangue est venu me voir un beau matin de mai 1998 en panique complète.

- Mais qu'est-ce qui vous arrive Monsieur Diangue ?
- Oh la la, Monsieur Christophe, c'est la catastrophe !

Le cigarillo vissé éternellement au coin de la bouche ne brillait pas comme d'habitude, et sa casquette tremblait.

- Mais ça va ? Dites-moi ce qu'il y a.
- Monsieur Christophe, ma télévision vient de tomber en panne.
- Mais c'est pas grave ça..
- Pas grave ??? Vous savez ce qu'il y a bientôt ?
- Heu non !!!
- La coupe du monde !!!!!!!!!

Monsieur Diangue vint me voir en août à mon retour de vacances pour me remercier de lui avoir fait un crédit pour s'acheter une nouvelle télé. Je ne me doutais pas du tout que grâce à moi, il avait pu vivre ce moment historique comme il le souhaitait, chez lui avec sa famille.
Madame Meddache venait faire son petit tour une fois par semaine. Un jour, j'ai rencontré sa sœur et son conjoint. Leurs mots ont été durs, dédaigneux de la part de ces personnes se situant bien au-dessus d'elle. Aucune compassion, pas de pitié. C'était son choix, qu'elle l'assume. A-t-on forcément le choix ? Je n'apporterai aucune certitude sur ce point. Mais on peut au moins accompagner à défaut de comprendre. Et c'est

ce que je faisais chaque jour. Parfois, sa bonne humeur s'altérait, je voyais ses yeux se perdre, puis elle reprenait ses esprits pour continuer notre rendez-vous.
L'agence se situait dans un quartier rude, réputé difficile. Les instructions voulaient que nous ne sortions jamais seuls, au moins à deux voire à trois, ce que nous faisions le plus régulièrement possible. Un accident pouvait arriver à n'importe quel moment. Comme cette commerçante en face de l'agence tenant un magasin de chaussures, qui, un jour, sans raison apparente, s'est faite poignarder à 29 reprises. Sa fille de 11 ans ainsi que ses copines, jouaient dans l'arrière-boutique. Je me suis à nouveau penché sur ce fait, en écrivant ce livre, et j'ai appris que le tueur avait succombé à un cancer en prison. La limite est mince entre la pauvreté des situations, des personnes et les actes répréhensibles. Je repense également souvent à cette collègue d'une banque confrère qui, pour un différend concernant des agios, s'est retrouvée poignardée en allant fumer sa cigarette dehors.

Nos journées se composaient de tous ces actes, ces gestions, ces accompagnements. Nous pouvions observer ces situations évoluer parfois dans la misère la plus totale, mais également se tourner vers l'espoir dans certains cas.
Et lorsque la situation s'arrangeait, il arrivait parfois que le client nous remercia. Nous nous retrouvions un peu contributeur de leur bonheur.

12 Du changement !!!

J'occupais le poste de chargé de clientèle un peu plus haut de gamme, c'est-à-dire les clients ayant au moins un salaire. De là à dire que je gérais des fortunes, il y avait un grand pas. Mais ça m'allait bien pour l'instant. Je me familiarisais avec les placements de base, les comptes sur livret, les codévi, les livrets A restant la propriété des Banques Mutualistes et de La Poste qui deviendra par la suite la Banque Postale. A ce sujet, je souhaiterais faire un mea culpa auprès de tous ces collègues de la Poste/Banque Postale. En effet, pour nous, employés de banque, La Poste est le lieu où tout est possible. Enfin en principe, sans vraiment aller à chercher plus loin. Chaque prospect ayant une demande particulière peut effectuer cette opération à la Poste. Une demande de virement au pays, vous pouvez aller voir La Poste. Pour les ouvertures de compte alors que la personne est interdit bancaire, La Poste le fera sûrement. Un compte sans salaire, La Poste s'en occupe. Un prospect sans papiers, La Poste trouvera une solution. Quand je pense à tous les «cas» envoyés vers cet établissement, je pense sincèrement que la vie des employés de cet établissement doit être, encore aujourd'hui, assez mouvementée.

En face de moi, se situait toujours Fred, dans le hall, Stéphane gérant les comptes interdits de chéquier, et autres contentieux, et la caisse tenue par Sandy. Cette dernière nous quitta pour être remplacée par Martine. Mon poste avec le bureau en plein milieu du hall fut tenu par Maxime, sorti fraîchement de grande école, avec un super diplôme en poche, visiblement fils de très bonne éducation, qui ne mangeait jamais le poulet avec ses doigts, devait être très content de venir « dans notre jungle », et ses bonnes

manières cadraient difficilement avec le paysage ambiant. Autres problèmes, il était bordélique et mou. Sa gentillesse n'avait d'égal que son aptitude à créer un désordre permanent. D'apparence son bureau semblait propre, mais tout le problème résidait dans les placards derrière lui. Nous travaillions en binôme. Je pris connaissance au fur et à mesure de la quantité de papiers et de dossiers qui s'accumulaient, et lui demandai plusieurs fois de faire place nette, mais mes demandes restaient lettre morte. Oui t'inquiète je vais le faire. Mais les tas montaient, montaient, pour en former, deux, trois, quatre.
En son absence, une cliente est arrivée afin de retirer un relevé de compte, ainsi qu'un peu de fonds sur le compte de sa mère. Sandy m'appelle.

- Christophe, Madame me dit avoir procuration mais je ne la vois pas enregistrée en informatique, et je ne la trouve pas dans le fichier papier des procurations.

Je reprends la main.

- Bonjour Madame, vous avez procuration sur le compte de votre maman ?
- Bonjour Monsieur, oui, j'ai procuration. (Les clients sont toujours sûrs d'avoir procuration..)
- Bien mais quand est-ce que vous l'avez faite ?
- La semaine dernière avec votre nouveau collègue. (aïe)
- Ah, et il vous avait fait signer un papier ?
- Bien sûr, il ne doit pas être loin.

Alors si l'on considère que « pas loin » se situe dans les dix mètres carrés environnants, oui effectivement, il ne doit pas être loin. Mais ce terme ne va pas avec le terme « trouvable » concernant Maxime. J'accompagnai donc la cliente vers le bureau, me rassurant avec des questions.

- Madame vous étiez à ce bureau-là ?
- Oui oui, avec votre collègue.

Et me trouvant devant l'armoire, j'ouvris les portes et vis 5 tas d'un mètre de hauteur, le papier lui-même semblant appeler à l'aide. Je voyais des conventions de comptes crier à la révolte, et des documents de placements se faire la belle en même temps que j'ouvrais les portes de cette armoire. La cliente me lance un regard inquiet. Je lui lance un regard du genre « merci de me comprendre » et elle me dit :

- Oula, y a du travail.
- Comme vous dites.

Je n'ai jamais retrouvé cette procuration, paix à son âme.

Un de nos clients réguliers venait du magasin de télévisions un peu plus haut sur l'avenue. Je le surnommais Michael Jackson, en raison de sa coupe, même cheveux ondulés (nous étions fin des années 90), lui tombant sur les épaules juste ce qu'il faut. Il entra dans l'agence en trombe.

- Je peux voir quelqu'un s'il vous plaît, mon conseiller est absent.
- Oui Monsieur, moi par exemple. (ah, je suis là, toujours dévoué)
- Bien, j'ai donné les timbres pour régulariser mon interdiction bancaire, et ce n'est pas fait.
- Je comprends, mais s'il n'y a rien c'est qu'il n'y a pas eu de timbre.
- Non mais vous ne comprenez rien, j'ai donné les timbres, vous êtes des incapables. (et tout et tout et tout)
- Monsieur vous allez me parler sur un autre ton.
- Y a pas d'autre ton, j'en ai marre. Je vais vraiment m'énerver. Vous allez voir.
- Et bien justement j'aimerais bien voir.
- Allez on sort, on va s'expliquer dehors.

C'est sur ces mots que je pris la direction de la sortie. Bon d'accord, Michael Jackson ne pouvait pas s'autoproclamer l'homme le plus fort du monde, mais disons que la seule bagarre à laquelle j'ai participé avait dû durer quelques minutes, où j'avais fini par abdiquer, après avoir couru quelques pas pour échapper à mon assaillant, qui lui, courait plus vite que moi. Et là, je me suis senti pousser des ailes, je

ne sais pas. Heureusement, Stéphane situé à coté de mon bureau, me retint dans ma valeureuse preuve de courage.
De plus, il s'avère que Michael avait bien déposé les timbres à Maxime, lesquels avaient fini au même endroit que la procuration.
Sa deuxième particularité entretenue avec modestie et grand soin s'avérait être la mollesse. Dans la vie de tous les jours, ça allait, il pouvait marcher, parler et agir comme tout être humain, et il excellait dans la réussite de mots croisés (la grille de chaque numéro de Voici faite en 10 minutes, ça m'a toujours sidéré). Mais alors en entretien, il dévoilait tout son potentiel et pouvait aller très loin. Des fois même nous passions à coté de son bureau afin de savoir si tout allait bien et lorsque l'heure de fermeture approchait (avec une marge de sécurité d'une demi-heure), nous lui faisions des grands signes pour qu'il accélère la cadence. Enfin, faire ce qu'il pouvait quoi. Mais là où toute l'équipe n'avait pas assuré, c'est que nous lui avions confié la gestion de la cliente la plus molle de l'agence, une cliente pakistanaise adorable, mais comment dire ? A chaque fois qu'elle avait rendez-vous après l'heure du repas, le grand défi se résumait à tenir éveillé lors de cet entretien. Personne ne comprenait ce qu'elle disait, tellement elle parlait doucement et lentement. Mais Maxime, lui, aucun problème. Il se mettait à sa hauteur et l'entretien durait, durait.
Peu après son arrivée, Maxime recevait une nouvelle fois cette cliente que nous surnommions l'escargot (oui, je sais, ce n'est pas gentil, mais là, elle le cherchait quand même un peu, et puis, un escargot c'est mignon, gentil. Juste un peu lent). Ils commencèrent à chuchoter afin de bien démarrer l'entretien. De par la disposition de son bureau, en plein milieu du hall d'entrée, nous pouvions tous l'observer. De mon côté comme tous les matins en arrivant, je traitai la liste de mes débiteurs. Une bonne demi-heure après, Fred vint me voir, assez stressé « Christophe, viens voir, vite, il y a eu un braquage !!! ». Merde, Martine s'était faite braquer. Bon, à ouvrir la porte à tout le monde, même quand le détecteur d'objet métallique

sonne, fallait s'y attendre, mais quand même. Toute l'équipe prend en charge Martine, très troublée et paniquée. Nous la faisons asseoir sur une chaise, contactons la Police, qui arrive très vite. Elle prend la déposition de tous les collègues à l'étage du bas. La grande direction se déplace, et comme il est coutume de faire dans ces cas-là, nous fermons l'agence. Tout le hall est en ébullition, nous sortons fumer des cigarettes pour nous détendre, nous raconter des histoires du genre « moi aussi j'ai assisté à un braquage il y a longtemps » etc..
La direction nous rassure, et nous invite à manger, l'agence restant fermée pour tout le restant de la journée. Nous nous préparions pour aller manger, quand Stéphane me regarda :
- Heu Christophe, faudrait peut-être prévenir Maxime qu'il faut arrêter l'entretien.
J'y vais de ce pas Chef. Je m'approche du bureau, et glisse discrètement à Maxime :
- Maxime il faudrait arrêter l'entretien, on ferme l'agence, on va manger avec la direction.
- Ah ok.
Il arrête l'entretien, et j'en profite pour lui demander si ça va bien.
- Bah oui, j'étais prêt à lui vendre un produit (waouh, au bout de deux heures trente d'entretien, je sens que nous tenions quelque chose là, un record peut-être).
- Mais… t'as pas entendu ce qu'il s'est passé, tu n'as rien vu ?
- Ben non, y a eu quoi ?
Seulement un braquage, 10 Policiers passant à coté de ton bureau, les 5 grands directeurs, mais sinon tout va bien.
Voilà Maxime, adorable, mais bordélique et mou.

Deuxième nouvelle tête pour cette rentrée 1998, Julien, notre Juju national… Quel bonheur de l'avoir connu. Pour plusieurs raisons. La première, c'était notre alternant. Pour être franc, j'étais vraiment très content de ne plus occuper cette place. Après, dans cette agence, sa place faisait des envieux, il ne se plaignait pas de trop. La deuxième raison, majeure celle-ci, c'est que notre Juju était un zébulon. Il courait partout, sautait dans tous les sens et ne pouvait jamais rester en place. Lors des seules tentatives de Monsieur Lefacheux à expliquer quelques prérogatives que ce soit à Juju, à peine deux mots lancés que le Juju partait pour expérimenter de nouvelles aventures. Juju, humainement adorable, devenait fatiguant à la longue, mais toujours prêt à rendre service, et à apprendre, et devant son dynamisme, nous ne tenions pas la distance. Lors d'un rendez-vous clientèle, je suis allé voir si tout se passait bien, en me renseignant auprès des clients pendant que Juju photocopiait des documents. Les clients m'ont répondu que hormis le fait que ça faisait la 15ème fois qu'il partait du rendez-vous, tout tournait impec. Sauf que notre Juju, il avait une passion pas très en adéquation avec l'agence, et Monsieur Lefacheux me gratifia du fait de l'en informer.

- Bon Julien, il faut que je te parle.

- Ah oui, de quoi ? (Juju sautillant sur son siège et tanguant de droite à gauche me donnait le mal de mer.)

- Alors d'abord, stabilise-toi, et arrête de bouger.

- Ok.

- Bon Julien, tu as pris la température de l'agence, tu connais notre clientèle ?

- A quel niveau ?

- Ben concernant le coté hétéroclite.

- ??

- Oui, y a plein de personnes différentes, des Africains, des Arabes, des Juifs etc..

- Ah oui oui, j'ai vu.

- Bon. Alors je connais ta passion pour la guerre et l'armement.

- Oui, j'adore ça, d'ailleurs je suis sur un livre actuellement..

- Alors au sujet de ce livre qui s'appelle l'armement de la 2nde Guerre Mondiale, et le commandement d'Hitler, tu peux le lire, c'est sûr, mais que tu le laisses sur le guichet à la vue des clients, ça génère un certain malaise ...

- Ah bon, ben pourquoi ??

- Heu laisse tomber, le livre tu le ranges.

- Ok d'accord.

Mais au-delà de ça, Juju était enthousiaste, plein de bonne volonté, et surtout crédule. Lorsque je lui ai dit que notre PDG cherchait à le joindre par téléphone et qu'il fallait prendre la communication dans le bureau de Monsieur Lefacheux, notre Juju monta à toute allure les escaliers, entra en trombe dans le bureau du directeur, et avec un grand sourire, il dit :

- Monsieur Lefacheux, il paraît que le PDG veut me parler au téléphone ?

J'ai entendu un grand «JULIEN, DEHORS !!!!»

Nous tenions nos deux champions de l'équipe.

1998 s'éteignait doucement, avec Françoise et ses fréquentes crises de pleurs après être sortie du bureau du Directeur, Fred recevant les plus belles clientes, et Stéphane s'occupant des comptes interdits de chéquiers. Ses rendez-vous duraient 2 minutes chrono, et une fois, il réussit le record d'en faire durer un 45 secondes. Le temps que la cliente prenne une chaise, à Stéphane de demander « Vous aviez rendez-vous ? Non, donc, dehors !» Alors il était le champion des rendez-vous courts Stéphane.

Cependant, il lui arrivait de prendre son temps lorsqu'un client prenait rendez-vous pour régulariser.

Ce fut le cas pour ce client arrivant en l'absence de Stéphane, posant son casque de moto sur son bureau, branchant son portable sur la prise pour le recharger (et oui, les portables arrivaient sur le marché) et attendant l'arrivée de son conseiller régularisateur de compte. Je vis Stéphane arriver devant son bureau, l'air étonné.

- Heu bonjour, mais c'est quoi ça ? demanda-t-il.

- Ça ? Je recharge mon portable, y en aura pas pour longtemps.

- Oui, tellement pas longtemps que vous allez l'enlever tout de suite. On n'est pas chez vous là.

Le client s'exécuta. Le rendez-vous fut houleux, ne m'en demandez pas la raison, mais je me souviens qu'ils n'arrivaient pas à se mettre d'accord. En même temps, Stéphane ne se mettait pas souvent d'accord avec ses clients sur les agios à rembourser.

Je vis le client furieux reprendre son casque, et lancer une phrase du genre « ça ne se passera pas comme ça ». Nous vîmes le client sortir de l'agence, passer devant les baies vitrées donnant sur la rue, s'arrêter, puis revenir vers l'agence, ouvrir la porte, se mettre au milieu du hall et lancer un grand « PASQUIER, ENCULEEEEEEE », puis prendre la direction de la porte en courant pour littéralement s'enfuir dans la rue. Stéphane marque une seconde d'arrêt, se lève ; nous, stoïques, puis nous partons tous dans un éclat de rire...

Mais je volais parfois au secours de mes collègues, notamment Fred, qui, à la fin d'un entretien, une fois la cliente partie, poussa un grand cri.

- Qu'est-ce qui se passe, Fred, ça ne va pas ?

- La vache, Christophe, j'en reviens pas !!!

- Quoi ?

- Il y a deux mois, une cliente est venue me demander un prêt pour se faire refaire les seins.

- Et ?

- Aujourd'hui, elle est venue me montrer le résultat. Elle a TOUT montré.

Fred avait eu son moment de grâce !!!

Pour les fêtes, je reçus Madame Fontaine, ma cliente créole préférée. Dès le début, j'ai vu que quelque chose n'allait pas. Elle prit place devant moi.

- Oulhala, Monsieur Christophe, je suis fatiguée.

- Ah, ça me fait plaisir de vous voir. Oui, vous avez l'air.

- Mais vous ne pouvez pas savoiw à quel point je suis fatiguée, mais fatiguée.

- Mais comment ça se fait, qu'est-ce qui se passe ?

- Hé bien j'ai twouvé du twavail.

Aaaaaah, Madame Fontaine, qui cherchait un emploi à ses heures perdues, a trouvé du travail, ou le travail a dû venir à elle, et n'ayant pu refuser, a été touchée par la grâce. Madame Fontaine, Dieu existe..

- Ah Madame Fontaine je suis content, c'est une super nouvelle. Et vous travaillez dans quoi ?

- J'ai twouvé une entweprise pouw faiwe des ménages dans les sociétés. Et du coup, je suis fatiguée.

- Et vous avez commencé quand ?

- Commencé ? Ah, je n'ai pas encowe commencé je pwend le twavail lundi, mais rien que d'y penser, je suis fatiguée.

13 1999 La Privatisation des Banques

Jusqu'alors, la grande majorité des banques appartenait à l'État. Donc quelque part, c'est l'État qui me payait. Je me demandais toujours si je prétendais au statut de « fonctionnaire » mais je n'ai jamais eu de réponse.
Les déboires s'enchaînant, l'État décida de vendre ses participations dans notre Banque également. Nous étions à la merci de tous. Des grandes entreprises, des clients, car chacun pouvait acheter des parts de cette belle société.
Et oui, je pouvais me retrouver employé dans une entreprise appartenant en partie à Monsieur Diayé, Madame Meddache, Monsieur Diangue, et toute ma clique d'inconditionnels des rendez-vous Avenue de Clichy. Bon ça c'est pour la théorie, car dans la pratique, nous ne sommes que de minuscules grains de poussière dans la crinière d'un cheval. Mais dans le principe, c'est ça.
Alors, j'avais été briefé sur le principe. Une réservation à quelques centaines de francs, possible pour chaque membre de la famille, car plus il y avait de parts réservées, plus on avait de chances d'être servi. Ensuite, la valeur de la part grimpait dans le « marché gris », un marché pas tout à fait officiel, mais qui permettait d'avoir la tendance. Ensuite, nous revendions directement les parts sur le marché, et comme la réservation faisait monter artificiellement le cours, le client s'en sortait avec un petit bénéfice. Bon idem, cela nous faisait surtout plaisir à nous, et à nos objectifs, car avec quelques dizaines de francs gagnés, le client n'ouvrait pas les bouteilles de champagne. Avec ces connaissances, je touchais du doigt le monde de la bourse et me prenais pour le loup de Wall

Street. Je devenais Charlie Sheen, Michael Douglas, et Léonardo Di Caprio en un instant.
Le mot d'ordre : en proposer et faire souscrire un maximum d'ordres. Lors de sa propre privatisation, une entreprise ne peut pas se louper. Je comptais mettre à bien les cours de bourses reçus. Je contactai le maximum de clients afin de leur dévoiler les ficelles du métier, et leur étaler ma science.
Autant vous dire que lorsque j'ai parlé de marché gris, de vente, d'achat, de bénéfice à Madame Fontaine, Madame Meddache, et tous mes autres clients, ils m'ont regardé avec les yeux écarquillés, et n'ont pas compris un seul mot de ce que je leur racontais.
Pire, je devais vendre un maximum de réservations à Monsieur Diangue. Stéphane m'avait dit « Christophe, te loupe pas, avec tous les enfants qu'il a, ça te fait au moins une dizaine de réservations ».
Monsieur Diangue se rendit au rendez-vous comme prévu :
- Bonjour Monsieur Diangue. Alors, je vais vous proposer des réservations de privatisation de la banque. Vous pouvez gagner un peu d'argent (et c'est aussi bien pour mes stats). Alors voilà comment ça se passe… Réservation, achat, marché gris, vente, bénéfice etc etc..
- C'est gentil Monsieur Christophe, c'est gentil, mais je n'ai pas trop de sous. Nous ferons ça une prochaine fois.
- Une prochaine fois ? (je sens la signature me glisser entre les mains). Mais ce sera la seule fois.
- Alors c'est gentil, mais non.

Stéphane m'alpagua après mon entretien.
- Alors, t'en as fait 10 ou plus ?
- Rien.
- Rien, tu plaisantes ?
- Non il n'a pas voulu.
- Comment ça ? Mais qu'est-ce que tu lui as dit ?
- Je lui ai expliqué les principes de la privatisation, l'achat, le marché gris, la vente, le bénéfice, etc..

- Ah, c’est normal.
- Normal quoi ?
- Normal qu’il n’ait pas voulu. Monsieur Diangue n’a pas besoin que tu lui expliques tout. S’il prend un produit que tu lui vends, c’est uniquement pour te faire plaisir.
- Faire plaisir ? Comment ça ?
- C’est simple, toute l’année, il vient te demander des découverts, et autres choses en vrac. Et toute l’année tu lui dis oui. Si tu lui demandes un retour d’ascenseur, pour une fois, il te dira oui. De plus, ça lui fera plaisir, car ce sera l’occasion pour lui de te remercier. Donc tu vas le recontacter et lui dire de les souscrire pour te rendre service.
- Tu plaisantes ?
- Je suis ton chef.
- Tu plaisantes pas.
- Non.

Voilà comment je me suis retrouvé à recontacter Monsieur Diangue.
- Bonjour Monsieur Diangue, pourriez-vous revenir à l’agence, je désirerais vous parler d’une chose.
- D’accord Monsieur Christophe, par contre si c’est pour les actions, je n’en veux pas.
- Ok (ouch)

Monsieur Diangue se présenta à l’agence, et je le reçus de suite.

- Voilà Monsieur Diangue, je voulais voir une chose avec vous.
- D’accord Monsieur Christophe, c’est quoi ?

Et là, je me suis armé de tout le courage dont je pouvais faire preuve. Demander à un client de me rendre service paraissait irrationnel. Je proposais, vendais, mais le service ?? Je ne savais pas comment demander, alors, je me suis lancé dans le grand bain en direct.

- Monsieur Diangue, concernant la privatisation, j'ai des objectifs, et franchement, si vous pouviez en prendre pour me rendre service, ce serait vraiment super.
Les mots s'échappaient de ma bouche, sans trop y croire. Monsieur Diangue me regarda. Je devinais un « Rendre service ? Non mais vous vous croyez où ? »

- Monsieur Christophe, donnez-moi un stylo.
- Tenez Monsieur Diangue, pour quoi faire ?
- Pour signer les demandes. Pourquoi vous ne m'avez pas dit plutôt que c'était pour vous rendre service ? Je l'aurais fait tout de suite.

Ce jour-là, ce fut une autre leçon de vie. Les histoires entre les clients de cette agence et du portefeuille dont j'avais la gestion, et moi-même n'étaient pas des histoires de banque/clients. Bien au-delà, nous avions une relation de vie, d'aide, de service. Cela ne s'applique pas à toute tranche de clientèle bien sûr, mais ces clients, en majorité étrangers recherchaient l'aide, l'entraide, et non pas les affaires. C'était donnant/donnant, et cela fonctionnait comme ça. Je leur apportais mon savoir, ils m'apportaient la reconnaissance, et parfois des babouches et des dattes, ce qui revient au même.
Pour conclure cette opération, une grande majorité des titres furent rachetés par une banque confrère, et vous vous mettez à travailler pour quasi deux employeurs différents. Vous passez d'une société de gestion de titres et investissements à une autre, d'une société d'assurance, à une nouvelle et tout allait devenir comme ça.
Mais nous étions éloignés de tout ce système dans notre avenue de Clichy, et cela ne changerait rien pour nous, pour l'instant.

Ce qui changeait notre quotidien en revanche, c'était toutes les annonces qui allaient être faites.

La première provoqua un coup de tonnerre dans l'assemblée. Moi, jeune être frêle et naïf, bien éloigné de toute turpitude, cette nouvelle transforma ma vie, ou tout du moins, la fin de mon poste à l'agence. Monsieur Lefacheux prit la parole devant tout le monde en réunion.

- Voilà, j'ai une nouvelle importante à vous faire.

Alors, dans le domaine bancaire, lorsque quelqu'un vous dit « j'ai une nouvelle importante », c'est qu'il s'en va ailleurs, qu'il est muté, et le maître mot est de savoir où.

- Alors, la nouvelle, c'est que Françoise et moi, nous sommes ensemble…

……………………

Françoise, notre Françoise ? Celle qui pleure tout le temps en sortant du bureau de Monsieur Lefacheux ? Mais ce n'est pas possible. Françoise, réveille-toi, c'est le syndrome de Stockholm, on va te sauver. Françoise souriait à cette annonce. Ben non, elle n'a pas besoin d'être sauvée.

Deuxième annonce, Fred partait, profitant du plan de départ proposé par la banque, avec en accompagnement, une somme de 30 000 Francs. Pas mal, mais je trouvais que pour un départ, la somme restait modeste.

Troisième annonce, il allait y avoir des travaux. Et les travaux, dans une agence, c'est du sport. Mais ce ne fut pas l'événement le plus sportif. Non, ce qui apporta la cerise sur le gâteau, les bulles dans le champagne, et le cornichon sur le pâté de campagne, c'était la présence de notre vigile pour superviser tout ça, Pinto. Et Pinto savait manier l'art de se rendre dispensable dans une agence en moins de deux. Avant même qu'il ne soit passé par la porte d'entrée.

Certes, nous avons toujours de la compassion pour les vigiles. Compassion non pas envers leur faible capacité de discernement ou leur attribution limitées, mais surtout parce que rester à côté de la porte en attendant qu'il se passe

quelque chose, doit être très très long. Manque de bol, il arriva quelque chose. Et là, Pinto n'était pas prêt.
Pour la petite histoire, Pinto venait d'Afrique, et plus précisément d'un pays que j'ai totalement oublié. Il se lançait dans un projet de construction d'agence dans son pays, et à ce titre, il récupérait environ tout ce qu'il pouvait des travaux au cours de la journée, des fils par-ci, des néons par là, morceaux de bois, et autres objets divers et variés. Tous les soirs, il repartait avec un énorme sac sur le dos, et je me demandais où il pouvait bien stocker tout ça. De façon étonnante, personne ne lui disait rien.
Mais Pinto tenait son poste devant la porte. Il parlait aux clients de choses relativement incompréhensibles, et je tentai de faire de même un jour avec lui et le résultat fut sans appel, on ne comprenait pas grand-chose de ses discussions.
Le midi, il prenait place avec nous à table, sauf qu'il n'amenait rien. Il nous regardait manger. Quand je dis regarder, c'est plonger sa tête dans le poulet de Françoise pour le premier repas et attendre la réaction.

- Ça va Pinto ?
- Oui Oui Madame.
- Pourquoi tu regardes mon poulet comme ça ?
- Parce qu'il a l'air bon
- Oui (Françoise Marie Thérèse est trop gentille) Tu en veux un bout ?
- Oh oui, je peux ?
- Allez, vas-y.

Ah ben il y a été. Il a enfourné la cuisse de poulet entièrement.

- Mais Pinto, tu ne retires pas les os ??????
- Non Madame, ça se mange aussi (à manger ça doit pas être terrible, mais à sortir …)
- Ah ok.

Nous étions toute la tablée, une bonne dizaine. Pinto récupéra une canette de Coca. Il la regarda, ouvrit le micro-ondes,

l'enfourna, puis alluma la bête puissance maximale sur 1 minute.
Je ne pourrais décrire les émotions de ce moment, mais voilà en résumé :
Tout le monde s'est regardé, incrédule, le micro-ondes a crépité, et nous nous sommes tous lancés dans l'ouverture de la porte.

- Piiiiintoooooo, le micro –ondes !
- Quoi ?
- On ne met jamais du fer aluminium ou autre au micro-ondes, tu vas tout faire péter !!!!
- Oui, mais j'aime pas le coca froid.

C'est sûr que vu sous cet angle-là.....

Les travaux avançaient au fur et à mesure que nos cheveux s'emplissaient de poussière, et les journées se rythmaient de coups de marteau, et autres bruits plus agréables les uns que les autres. Un soir, Monsieur Lefacheux descendit au rez-de-chaussée pour se rendre compte de l'avancement global. Il se mit devant mon bureau qui surplombait de trois marches tout le hall. Je pus observer cette scène en étant aux premières loges. Monsieur Lefacheux contemplait, parti dans je ne sais quelle rêverie. Pinto vint se placer pile à coté de lui. Il croisa également les bras dans un mimétisme parfait. Il engagea la conversation.

- Ça va Chef ? (nous étions tous des chefs pour lui)
- Heu.. Oui Pinto, ça va, ça va.
- Ah lala, ça avance bien quand même.
- Oui, oui, ça avance bien. (Ah ce Monsieur Lefacheux, le roi du dialogue)
- Ouais. Ça avance mais ça fait beaucoup de poussière.
- Oui, un peu de poussière, mais faut passer par là.
- Oui, mais y a beaucoup de poussière. Remarquez, vous ça ne doit pas beaucoup vous déranger, vu que vous êtes toujours enfermé dans votre bureau, là-haut. Vous ne voyez pas grand chose de ce qui se passe. Tranquille quoi.

Bon alors, dans l'ordre, Monsieur Lefacheux a décroisé les bras, il a regardé Pinto, il s'est mis à devenir tout rouge pire qu'après le repas du midi, et il a crié assez fort quand même, une sorte de « DEGAGEZ !! » ce qui veut dire en langage de notre chef adoré, qu'il n'était pas content du tout.
Mais Pinto, formé via sa société de sécurité semblait surtout à l'aise sur le terrain de l'action, la vraie. Il scrutait chaque individu qui rentrait, repérait les types louches qui faisaient à peu près partie des 60% de notre clientèle pour les suivre du regard pendant toutes leurs opérations. Dans cette agence, l'attention était de mise. Nous regardions tous ce qui se passait les moindres faits et gestes, car la moindre étincelle pouvait mettre le feu aux poudres, parmi les drogués, les SDF, et autres individus du même genre. Il fallait user de tact, et ne pas répondre aux menaces proférées de mort, de plantage de couteau, et autres. Nous vivions sereins dans cette ambiance qui pouvait s'enflammer. Nous y pensions de façon constante, mais sans y penser réellement, heureusement.
Un jour, un drogué se pointa à l'agence. Notre chef de guichet, ayant les reins solides, et l'ayant remarqué dès son entrée, arriva de suite. L'individu, dans les vapes, lui dit :

- C'est… C'est pour un braquage.

- Ah, c'est pour un braquage, dommage, nous sommes mercredi, et les braquages, c'est le mardi et le jeudi, faudra repasser jeune homme.

- D'accord.

Et l'individu pris la direction de la sortie, beau coup joué par notre Chef de guichet.
Mais c'était sans compter sur Pinto, qui avait tout entendu, et dans un élan de bravoure, ou de grande stupidité, il cria :

- C'est pour un braquage, il vient pour un braquage.

Ce qui devait arriver arriva, l'homme sorti son arme, et nous braqua. Merci Monsieur Pinto. Dans le genre vigile à toute épreuve, il se plaçait là.

Heureusement, les travaux s'arrêtèrent, et signèrent, par la même occasion, la fin du règne de notre vigile en chef, qui partit avec la moitié de notre agence.

Je gérais toujours un portefeuille de clients de plus en plus varié. Ce qui me valut encore quelques anecdotes assez croustillantes à partager avec Stéphane.

Martine m'adressa des personnes pour une ouverture de compte. Ces dames patientaient dans le hall, je me dirigeai vers elles. Alors, je ne sais pas si cette journée devait devenir ma journée, je pense que j'aurais dû gratter des Bancos ou quelques Millionnaires, car se dressaient devant moi, deux magnifiques blondes sculpturales, habillées toutes les deux de robes moulantes laissant deviner toutes leurs formes. Je le savais. Toutes ces années enfin récompensées. Je les fis asseoir à mon bureau.

- Bonjour Monsieur. Nous vouloir ouvrir compte.
- Ah Mesdames, vous êtes à la bonne place (allez, on met un peu de pommade).
- Très gentil à vous de nous recevoir.
- C'est normal, c'est normal. Vous êtes d'où ?
- Nous venir Russie, travailler France.
- Ah c'est bien ça, et vous avez un compte ?
- Oui, compte Poste, mais pas pratique pour retirer argent quand nous voulons.
- Ça je vous comprends, la Poste, c'est pas évident.
- Vous faites quoi dans la vie ?
- Nous quoi faire ? On fait petit travail droite gauche comme ça.
- Mais ??
- Ben on travaille, avec un peu salaire, déposer à la Poste. Et vous être très gentil, si vouloir ouvrir un compte.
- Vous avez des papiers ? Carte d'identité, et facture EDF ou autre ?
- Oui, carte identité russe, et pas trop facture pour l'instant.

- Ce n'est pas un problème (je gère, je gère).

Et là, ces deux magnifiques naïades procèdent à un jeu de je croise et décroise mes jambes afin de laisser entrevoir (ou voir carrément) leurs dessous, et le peu que cela cachait. A 20 ans, les hormones en ébullition, mon sang ne fit qu'un tour. Je me précipitai pour aller voir Stéphane afin qu'il m'autorise l'ouverture de compte. De son grand professionnalisme, il m'avait regardé du coin de l'œil.

- Bon Stéphane, il faut que tu m'autorises les ouvertures de comptes. Ce sont deux jeunes femmes courageuses qui ont tout quitté dans leur pays afin de venir trouver du travail en France. Elles ont un compte à La Poste, mais c'est pas évident, et afin qu'elles puissent avoir plus de liberté de mouvement dans leur recherche d'emploi, cela serait bien que nous puissions les aider (j'ai super bien résumé non ?).

- Christophe…
- Oui ?
- Laisse tomber, ce sont des prostituées.
- Ah ? Tu crois ?
- Oui.
- Bon, c'est non ?
- Bah oui.

La semaine d'après, Stéphane vint me voir en me disant :
- Tiens Christophe, toi qui veux faire dans le social, il y a des personnes qui souhaitent ouvrir un compte.
Et là, par personne, Stéphane choisit bien le terme voulant dire «ni homme ni femme». Je retrouvai, assis à mon bureau, deux travestis, déguisés en femmes, et déguisés est bien le terme. Du maquillage passé à la truelle avec des poils de moustaches non rasés, du poil aux pattes me rappelant mon ancien chef, jupes et talons hauts.

- Buenjour Messiou. Nous vouloir ouvrir compte.

- Bonjour, je vais vous demander vos factures, justificatifs d'adresse, vos cartes d'identité s'il vous plaît, ainsi que les 3 derniers mois de relevés de compte.
Bon, ils avaient tout, j'ai ouvert le compte, ne cessant de voir passer derrière mon bureau, dos aux clients, tous mes collègues m'adressant leur plus sincère respect, accompagné de grimaces en tous genres.
Quand il s'agit de chambrer, il y a du monde. Et cela continua encore quelques semaines après. Un reportage passa à la télévision, dénonçant les conditions précaires dans lesquelles vivent les prostituées Avenue de Clichy. Le journaliste ne manqua pas de dire qu'heureusement, il y avait des personnes prêtes à les aider, comme leur banquier. Merci les amis.

La description de l'équipe ne serait bien sûr pas complète sans compter la femme de ménage qui venait tous les soirs en tentant tant bien que mal d'essuyer les traces de tous les passages de la journée. Nous pouvions visualiser son entrain à sa démarche à reculons lorsqu'elle passait le sas de l'agence. Il faut dire que le repos ne devenait pas son meilleur allié à force de péripéties.
Un lundi matin, Monsieur Lefacheux arriva à l'agence en s'écriant :

- Vous ne savez pas ce qui est arrivé à la femme de ménage samedi ?
- Heu non !!
- Elle est restée bloquée dans le sas pendant plusieurs heures.
- Bloquée dans le sas ?
- Ben oui, le sas s'est bloqué, il n'a plus voulu s'ouvrir.
- Et comment a-t-elle fait pour sortir ?
- Elle a frappé à la vitre jusqu'à temps qu'un passant regarde dans sa direction, puis elle a fait de la buée sur la vitre, et elle a noté le numéro de son employeur (pas bête la femme de ménage).

- Et ?

- Et après plusieurs heures, un technicien est venu pour la délivrer.

Après cet incident, le sas a fonctionné à nouveau très bien, et la femme de ménage n'a plus jamais fait son apparition à l'agence.

14 La transition

Je savais que la fin de mon poste était proche. Non pas que j'en avais assez, mais au bout de 3 ans et deux postes dans la même agence, je commençais à tourner en rond. De plus, le départ de Popo, puis Fred, annonçait également le départ de l'adjoint, Stéphane Pasquier. Il fut remplacé par... Monsieur Pignon, qui devint à nouveau mon chef. Il prit le bureau à coté du mien dans la petite salle à l'arrière du hall. Afin de lui souhaiter la bienvenue, je convoquai à la barre mes principaux clients pour les présentations. Et dans la même journée, il eut le droit à Madame Meddache, Monsieur Diangue, Madame Fontaine, ma cliente créole très très fatiguée, ma Castafiore qui lui entonna son meilleur récital, et ma cliente perchée qui poursuivait sa relation avec le premier Ministre.
Monsieur Pignon sortit de cette journée, épuisé. Il se demandait où il avait mis les pieds. Puis ce fut au tour de Monsieur Lefacheux, en route pour de nouvelles aventures.
Juste une précision concernant les départs. Une légende urbaine de la part des clients, qui sont toujours en quête du savoir ultime, veut que nous ne restions pas dans la même agence plus de trois ans pour ne pas créer des liens avec les clients afin d'éviter les fraudes, ou autres complicités mal venues. Alors rétablissons la vérité. Il ne s'agit nullement de ça, mais tout simplement qu'au bout de trois ans, nous tournons en rond comme des loups en cage. Nous pouvons rester dans la même agence autant de temps que nous voulons, certains collègues ont même tenu un siège pendant 30 ans à leur poste. Mais les envies de départs sont fréquentes au bout de ce laps de temps, et nous bénéficions aussi d'une promotion agréable, dans la majorité des cas.
Monsieur Lefacheux fut remplacé par Monsieur Playboy, la cinquantaine, cheveux poivre et sel, assez grand, se baladant avec une tenue de banquier arborée d'une boucle de ceinture playboy se faisant un malin plaisir à la mettre en avant. Il se pointait devant notre bureau, les deux pouces dans son

ceinturon, tel un cow-boy prêt au duel final, en sortant sa phrase fétiche « bon alors, combien de produits vendus aujourd'hui ? ». Lui aussi ne savait pas où il avait mis les pieds, mais au contraire de Monsieur Pignon, il s'en foutait royalement. Ce qui le motivait c'était de rester en poste tranquillement et de s'approcher de la retraite sans avoir trop à faire. Il se targuait « d'être arrivé là où il en était sans avoir eu beaucoup à faire » et ça lui convenait tout à fait. Compte tenu du fait que mes résultats commerciaux se tenaient à un rang assez élevé, nous avons toujours été bons copains. Tant mieux.
Lorsque nous validons des découverts, autorisons un client à retirer sur son compte, que nous faisons des crédits, nous avons des autorisations internes qui nous disent quelles sont nos limites. Un jour, sans crier gare, la Banque a décidé de nous enlever toutes nos limites. Monsieur Playboy passa donc dans nos bureaux en nous disant :
- Bon les petits gars, voilà, la Banque a décidé de vous retirer vos limites, donc il faut se référer à moi, pour toute demande.
Alors, comme je ne suis jamais contrariant, je pris la parole bien entendu, le premier.

- Heu d'accord, mais ce qui veut dire qu'à chaque fois que nous faisons quelque chose, on vous demande ?

- Oui (grand sourire de chef c'est moi qui décide), c'est exactement ça.

- Mais à chaque fois qu'un client veut retirer des fonds qu'il n'a pas, il faut que l'on vous demande ?

- Re oui.

- Même quand un client veut retirer 100 Francs ?

- Bon Allan, il faut prendre l'info avec discernement. Tu ne vas pas venir me voir à chaque fois.

- D'accord, mais j'ai plus d'autorisation, c'est ça ?

- Oui, je te l'ai déjà dit.

- Donc je viendrai vous voir à chaque fois.

C'est ainsi que je passais ma journée entre le hall, le guichet, et le bureau du patron, pour des retraits de 100 francs, 150 Francs, des autorisations de délivrer une carte etc..
Je fis mon sport tranquillement, fit viser environ une vingtaine de retraits, 10 délivrances de cartes, 15 délivrances de chéquiers, compte tenu du fait que la majorité de mes clients affichait un solde négatif.

- Mais c'est pas vrai t'en as encore beaucoup ?
- Oh, plus beaucoup, il est 15 heures, ça devrait se calmer d'ici deux heures, doucement.

A 17 heures, j'ai fini par faire craquer le chef, qui me donna des autorisations internes, afin que je ne le dérange plus dans son bureau. Et voilà…

Nous cohabitions entre Monsieur Playboy, Monsieur Pignon, Martine qui ne prenait plus la caisse depuis son braquage, Françoise, qui prit doucement la poudre d'escampette, afin de rejoindre d'autres fonctions également, Zébulon, et Maxime, pour ne citer qu'eux.
Les changements internes de la Banque se font discrets, mais sont obligatoires pour faire face à tous les scandales, dont nous, employés de banque furent victimes. Il a fallu supporter le poids des erreurs, les encaisser. Les primes d'intéressement et de participation se réduisant comme une peau de chagrin, il est même arrivé une fois que nous n'en n'ayons pas du tout. L'État a annoncé des pertes records, que la Banque devait provisionner, et les journaux ont annoncé le montant qui serait prélevé sur les impôts de chaque Français pour payer « le trou » provoqué.
Les clients de l'époque faisant l'amalgame facile : je paye des impôts pour rembourser le trou de La Banque = Je paye pour rembourser votre déficit = je vous paye, vous = vous êtes à ma disposition. Raccourci facile mais pas toujours approprié. Mais dans l'esprit des rendez- vous, cela devenait petit à petit ça.

La Banque glissait doucement vers une refonte de ses activités de marché, se tournant vers les filiales de la Banque Verte, et le nom de nos produits commençait à changer. Nous allions être racheté, il fallait construire de beaux bilans, et faire du chiffre. Rien d'anormal ou d'effrayant qu'une entreprise fasse du chiffre d'affaire, quoiqu'à cette époque, les banques ayant une image de grandes institutions n'ayant pas besoin de gagner de l'argent, s'ancrait encore dans les esprits. Mais pour nous, le changement s'opérait rapidement, il fallait se tenir prêt. Dans les services centraux, les employés se voyaient offrir, soit une place en agence, soit un départ en retraite anticipé.

Mais 1999 allait marquer un tournant dans ma vie. Un tournant fort et brut motivé par une obligation inattendue, ou légèrement oubliée.

En ce début d'année 1999, je reçus une lettre chez moi, estampillée « République Française ». Bon je ne sais pas pour vous, mais ce type de lettre ne m'a jamais inspiré confiance, malgré ce beau symbole républicain.

J'ouvris donc, d'une main fébrile, cette lettre qui me convoquait pour les 3 jours afin de préparer mon service militaire. Je n'étais pas prêt et en ménage. J'aurais dû interrompre ma carrière pour passer une année avec des copains de chambrée afin de savoir si j'étais prêt à me battre pour la France. Après les 3 jours, il s'avéra que j'étais bon pour le service compta de l'Armée (tiens donc).

Ne pouvant être exempté, je fis le choix de poursuivre des études bancaires, pendant trois longues années.

Afin de ne pas dénaturer le récit, l'histoire complète de ma poursuite de l'ITB sera racontée en annexe.

Mais le fait de poursuivre des études bancaires repoussait d'autant la venue au service militaire.

Je gagnais encore plusieurs années à gérer les comptes de mes clients préférés, dans le grand cirque de l'Avenue de Clichy.
L'année 1999 fit grand bruit dans le monde économique avec l'entrée en vigueur de l'Euro, monnaie unique. Mais en cette année-là, cela ne changeait pas grand-chose pour nous, car l'utilisation de cette monnaie ne serait effective que 3 ans plus tard. Nous avions le temps de nous y préparer.
Un autre acteur économique serait déterminant : Internet.
En 1999, je n'avais pas de téléphone portable (enfin presque portable, car assez volumineux) et pas d'Internet. Les entreprises n'utilisaient pas d'Intranet non plus, et les messages entre services se faisaient par papier. Bon, à bien y regarder aujourd'hui les choses ne vont pas tellement plus vite, dans la majorité des cas, il faut continuer à faire des demandes écrites et le monde est pollué d'e-mails arrivant en permanence sur cette fameuse boite « Outlook » devenue notre meilleure amie, même lorsque nous sommes en vacances. En d'autres mots, nous vivions sans tout ça, encore dans un rêve sans le savoir.
Mais cet espace virtuel qui s'ouvrait aux yeux et mains de tous attirait la convoitise de beaucoup de personnes à la recherche de gains potentiels. La ruée vers l'or commençait, et se créait sur la toile, à peu près tout et n'importe quoi.
Pour faire simple, de jeunes créateurs mettaient en place des entreprises fébriles, dîtes « Start Up ». Voici la définition selon Wiki : ***start up*** *est traduit en français par le terme jeune pousse. Une* ***Start up*** *est une jeune entreprise innovante à fort potentiel de développement, nécessitant un investissement important pour pouvoir financer sa croissance rapide.*
Ces entreprises se créaient parfois uniquement sur le Web, offrant des services, afin d'attirer le plus de monde possible. Plus il y avait de monde, et plus l'entreprise avait le vent en poupe, et inversement proportionnel. En parallèle, on observait son cours en bourse, qui grimpait, grimpait, de

semaines en semaines. Alors, les Boursicoteurs investissaient encore plus, continuaient à acheter des actions de cette société, et par une mécanique boursière logique, plus vous achetez, plus l'action monte.
Afin que cette mécanique soit durable, il faut que l'entreprise dégage des bénéfices, et paye les actionnaires. Bon et c'est là où il y a un problème. Comme je le disais plus haut, ces jeunes entreprises « offraient » leurs services. Et lorsque l'on se contente uniquement d'offrir, l'argent rentre rarement par dons ou bénévolats.
Et tout simplement, c'est l'orage avant la tempête.

15) Un nouveau départ.

Nous vivons ensemble 8 heures par jour, plus de temps passé entre nous qu'avec notre propre famille. Nous arrivons d'abord dans une agence, comme un inconnu, puis des liens se créent, des histoires se racontent. Peu à peu nous formons un groupe, une entité. Nos vies se croisent, se mêlent, se démêlent. Nous vivons dans l'intimité de l'autre. Nous nous voyons chaque matin, d'humeur constante ou différente, et apprenons à faire, à vivre avec. Nous tentons de réconforter l'autre dans les moments tristes ou pénibles, par une blague, un geste, ou juste un regard. Le principal est de savoir que nous serons toujours là pour l'autre. Alors, il n'y a plus de chargé d'accueil, plus de conseiller, ou de directeur d'agence, mais que des hommes et des femmes vivant ensemble. Nous voyons des collègues trouver l'amour, d'autres donner la vie. Nous partageons ces bonheurs. Nous vivons encore plus intensément les ras-le-bol du client, du commercial, des listes à remplir, des tâches du quotidien. Puis vient un "tu veux qu'on le fasse ensemble", et tout repart. Oh bien sûr, il y a des coups de gueule, même de grosses engueulades, des reproches, des coups de mou, des j'en ai marre, des "je vais me tirer d'ici", mais nous savons que dans la majorité des cas, nous reviendrons le lendemain.

Pour cette raison, lorsque nous sommes contactés un beau matin par la DRH, nous avons toujours un sentiment d'excitation. Enfin la fin de notre poste, irrémédiablement suivi par un « mais où vais-je être muté ? Pour quel poste ? » (et quelles seront les conditions ?).

Nous nous rendons à la DRH pour en discuter et nous acceptons ce nouveau poste. Lors du retour à l'agence, toute l'équipe demande alors « C'est où ? Tu vas faire quoi ? Félicitations etc.. ».

Alors on fait son sac, on range son bureau, en prenant les affaires amassées pendant ces années, les cartes de visite, le tampon encreur, pour tout mettre dans un carton.
Cette fois, mon tour venait. A moi de faire le grand rangement, de dire « Au revoir » à ceux présents, ceux qui avaient déjà quitté le navire. On me souhaita bonne chance, un pot de départ.
Je dis adieu à cette page de ma vie, le début de ma carrière, mes soutiens, Stéphane, les deux Fred, Monsieur Lefacheux, Sandy, Martine, Françoise, Maxime, Zébulon, et toute l'équipe.
Difficile, compliqué, nous prenons la porte, sortons digne, fier et humble, un dernier regard, et voilà. Une nouvelle vie nous attend où tout est à refaire, les croyances, les connaissances, l'entourage, les clients, les convictions. Tout est mis à plat et les compteurs à zéro.

C'est de cette façon que je quittai l'Avenue de Clichy, Brochant, et toute l'équipe, et que j'intégrai la nouvelle agence située place Champerret dans le 17ème arrondissement.
Cette nouvelle agence se situait dans le même arrondissement, mais comment dire... Pas dans le même quartier du tout. Cette place, entourée de toutes les Banques, d'un Mc Donald, de la station de métro et du terminus de bus, ressemblait plus à un passage, un carrefour qu'à une place de vie. Non loin de là, se situait une haute École de Commerce. Elle formait de futurs cadres dirigeant du monde, ou du moins ce qu'ils en croyaient.
L'agence se composait d'une douzaine de personnes, dont Nicole, conseillère grand public, avec ses gitanes à la bouche du matin au soir, d'Oliver, conseiller de clientèle intermédiaire, et de Sophie, qui gérait les comptes patrimoniaux. L'agence disposait encore d'un guichet et d'une caisse. Le tout orchestré par Jacques, directeur de l'agence, et Valérie, notre grande chef qui gérait deux agences, dont la nôtre et une agence se situant 800 mètres plus loin sur le trottoir.

Valérie, nommée plus jeune directrice de pôle d'agences en France s'avérait être une sportive hors pair, du haut de ses 1m80, se sentant toujours d'attaque pour de nouvelles aventures.
Pour ma part, je prenais la température de mon nouveau chez moi, avec la nouvelle clientèle, niveau intermédiaire, soit des clients ayant un peu de patrimoine, ou ayant un bon salaire soit environ 15 000 Francs. Déjà, un salaire d'un employeur pour la grande majorité de mes clients, ça changeait le paysage.
Cependant, n'oublions pas les bonnes habitudes, et dès le premier matin, contact avec les clients débiteurs.

- Allô, Monsieur Taïeb, bonjour, c'est votre nouveau conseiller.
- Bonjour Monsieur.
- Bonjour, votre compte est à découvert et il faudrait mettre de l'argent dessus. Vous pouvez venir quand ?
- Pardon ?
- Ben vous pouvez venir quand pour mettre de l'argent ?
- Je vais venir tout de suite, jeune homme. Et je vais même voir le directeur d'agence avec vous, j'arrive. Restez là.

Je ne sais pas. J'eus le sentiment d'avoir commis une boulette. Pourtant, le compte était bien débiteur, pas d'épargne à coté, il fallait qu'il recouvre, non ? Ben non, visiblement.
Le client arriva, costume, cravate par-dessus. Il se pointa devant moi.

- C'est vous qui m'avez appelé ?

(furieuse envie de me cacher sous le bureau. Le coup de fil ? Noooon, c'est pas moi, pourquoi ?)

- Oui Monsieur.
- Très bien, venez avec moi, nous allons voir le directeur.

Comme une impression d'aller dans le bureau du proviseur, amené par un prof pas très content, tout en me tirant l'oreille, j'obéissais sagement, ayant pris le soin de prévenir Jacques avant.

- Bonjour Monsieur le Directeur. C'est inadmissible. Je suis client depuis 20 ans de la Banque, et ce jeune homme qui vient d'arriver, ose me contacter pour me dire de recouvrir mon compte, comme ça.

- Oui, je comprends Monsieur. Explication, explication, explication.

Je reculai dans un coin, comme puni, ou bien pour me fondre avec cet adorable papier peint, du genre, on ne me voit plus. Jacques acquiesçait, puis finit par calmer le client et lui dit de régulariser le compte, ce que le client accepta de faire. Bref, la même chose que ce que j'avais dit deux heures plus tôt, mais là, nous avions affaire à des paroles de directeur, et ça, ça change tout. Une fois l'entretien terminé, Jacques m'assura que ce n'était pas grave, et que j'en verrais d'autres. Pas rassurant, mais il m'informa qu'il me soutiendrait toujours, ce qu'il fera à de nombreuses reprises par la suite.

Voici mon premier contact avec le monde de la Banque et de ses clients, dans la vraie vie. Plus de serrage de poignée de main, plus d'escargot en guise de signature, plus de modèle pour « lu et approuvé », avec une sévère impression que je n'aurai pas de sitôt des babouches en cadeau.

Welcome to the new life.

16) Manuel de survie

Ma nouvelle vie commençait, dans le domaine de la Banque, la vraie. Plus de montage de bouts de ficelles, plus d'explications approximatives, finies les demandes de 100 Francs pour passer le week-end, il fallait tirer un trait sur tout ça. Le choc fut rude, d'autant plus que je me suis pris les pieds dans le tapis, et tombais dans tous les pièges qui pouvaient exister. Ainsi j'ai décidé de rédiger « le manuel de survie de l'employé de Banque », afin que d'autres ne tombent pas dans ces pièges si courants. Dans un premier temps sont décrites toutes les situations que j'ai vécues, avec malheureusement les réponses qui m'ont été données. Dans un second temps, les « bonnes réponses » à apporter.

Les ouvertures de compte :
Deux étudiants de l'École de Commerce se présentent au guichet.

- Bonjour Messieurs, vous désirez ouvrir un compte, c'est bien ça ?
- Oui, nous sommes de l'École de Commerce, et effectivement, nous souhaiterions ouvrir un compte.
- Bien, alors, ce que je peux vous proposer, c'est l'offre jeune, avec tous les avantages, découvert gratuit, carte Visa Internationale, prise en charge des frais lors de vos voyages à l'étranger, pour la somme de 15 Francs par mois.
- D'accord, c'est payant pour les clients classique, mais pour nous c'est gratuit.

(Je regarde les conditions générales, retourne la brochure des tarifs dans tous les sens.)

- Heu pourquoi ?
- Parce que nous sommes de futurs cadres, et de futurs très bons clients, et c'est pour ça que nous ne paierons pas.
- Mais c'est payant.
- Oui mais pas pour nous.

- J'ai pas les moyens de vous faire cette convention gratuitement.

- Il va falloir, car nous n'ouvrirons pas de compte payant. La Banque d'en face nous propose tout gratuit.

Alors là, un arrêt sur image s'impose. Je ne sais pas quelle est cette Banque d'en face, mais tous les clients en sortent et nous disent avoir eu de meilleures conditions. Cette Banque d'en face propose au choix, des cartes gratuites, des conventions gratuites, des renégociations ou reprises de prêt immo défiants toute concurrence, des placements en assurance vie à 8 %, et des conseillers disponibles du lundi au dimanche, y compris jours fériés, et les frais de toutes sortes, agios, frais de dossier, frais de virement n'existent pas.. Mais je ne comprends pas pourquoi les clients ou prospects s'obstinent quand même à venir en voulant nous soutirer des conditions exceptionnelles que nous ne pouvons pas tenir.
Au fur et à mesure du temps, cette Banque d'en face deviendra la Banque sur Internet.
Toujours est-il que mes futurs cadres ingénieurs super riches mais plus tard sont là devant moi, ne voulant rien payer. Jeune, voulant acter ces ouvertures de compte, je lâche un « bon je vais voir, je devrais pouvoir le faire ». Premier piège tendu, c'est pour moi.
Il a fallu que j'annonce à Valérie, la grande chef, mes conditions hors-normes.

- Christophe vous plaisantez ?
- Heu non, mais sinon, ils ont dit qu'ils n'ouvriraient pas le compte.
- Et alors, ça rapporte quoi un compte à zéro francs ?
- Pour le coup, rien du tout, mais nous misons sur l'avenir.
- Oui, et la rentabilité immédiate, vous la faites comment ?
- Là il n'y en a pas.
- Voilà. Donc la prochaine fois c'est non.

Premières gouttes de sueurs. Je découvrais de façon brute la négociation. Avec mes clients de l'Avenue de Clichy, la négociation s'arrêtait à savoir combien mon client allait retirer en dehors de son découvert comme suit :

- Allez Monsieur Christophe, 300 Francs pour passer le week-end.
- Non Monsieur Sissoko, j'ai dit 100 Francs.
- Bon d'accord, 200 Francs, et c'est bon.
- Non Monsieur, 100 Francs.
- Bon 150 Francs.
- Ok pour 150 mais c'est la dernière fois.

Genre de négociation facile. Là il ne s'agissait plus de la même chose.

Idem, lors d'une ouverture du compte, nous demandons des documents administratifs, afin de valider l'ouverture. Et une autre question posa un problème. Pourquoi le client désire-t-il ouvrir un compte ? Quel en sera l'usage ?

- Mais Monsieur, je ne vois pas en quoi cela vous regarde.
- Bien, mais je souhaiterais savoir quand même pourquoi vous venez de la Banque d'en face pour ouvrir un compte chez nous.
- Alors que les choses soient bien claires. Vous n'avez pas à le savoir. Je souhaite ouvrir un compte pour le faire fonctionner, et c'est déjà bien, vous devriez me remercier. Si vous n'êtes pas content, ou d'accord avec cela, soit, je vais aller à la Banque d'en face (ah cette fameuse Banque).

Je vais passer sur le traitement matinal des comptes débiteurs, puisque déjà abordé ci-dessus, pour directement passer à la phase du contrôle des mouvements. Chaque matin, nous avons un état des mouvements plus importants que d'habitude, nous alertant sur des opérations exceptionnelles. En l'absence de consigne du client, le mieux est de le contacter.

- Bonjour Monsieur Pasdrôle. Je vous contacte car un chèque vient d'être débité de votre compte, d'un montant de 5000 Francs.

- Bonjour, oui, effectivement. Et alors ?

- J'aurais désiré savoir à quel ordre était fait ce chèque ?

- Qu'est-ce que ça peut vous faire ?

(Ben c'est que j'ai des comptes à rendre à ma direction, et quand ce soir, ils vont me poser la question, j'aurai l'air malin si je n'ai pas de réponse… Allez, Monsieur Pasdrôle, un petit coup de main…)

- C'est juste pour savoir…

- Hé bien, juste pour savoir, sachez qu'il va y en avoir d'autres, et si j 'ai des appels dans ce genre, c'est tout mon compte qui va partir…

(je sais, dans la Banque d'en face…)

- Écoutez Monsieur Pasdrôle, je suis désolé, ne vous énervez pas.

- Mais je ne m'énerve pas jeune homme, c'est vous qui devriez faire attention.

- D'accord, je m'excuse Monsieur Pasdrôle, et vous souhaite une bonne journée.

- C'est ça, au revoir.

Un autre mouvement sur le compte, créditeur cette fois..

- Bonjour Monsieur Pasdrôle, j'ai vu que vous aviez déposé un chèque sur votre compte de 10 000 Francs.

- Oui et alors ?

- Je vous contactais pour savoir si vous souhaitiez placer cet argent ?

- Non.

- Ah. Pourquoi ?

- Parce que.

- Vraiment pas ?

- Non. Je vais en avoir besoin.

- Dans combien de temps ? Parce que là, ça ne vous rapporte rien.

- Je m'en fiche.
- Bon ben bonne journée.
- C'est ça, au revoir.

Je vous rassure, il s'agit des premiers contacts avec ma nouvelle clientèle. Étape deux, faire des crédits à la consommation. Bon sur le plan technique, je me débrouillais, et maîtrisais le logiciel. Niveau contact humain, habitué à y aller franchement, je continuais.

- Alors voilà Monsieur Pasdrôle, afin de faire ce prêt à la consommation, j'aurais besoin de vos 3 derniers bulletins de salaire, ainsi que vos 3 derniers relevés de comptes à la concurrence, et enfin, votre pièce d'identité.

- Heu, excusez-moi, mais j'espère que c'est une blague.
- Ah oui, j'ai oublié le tableau d'amortissement du prêt que vous avez chez eux aussi.
- Non mais vous plaisantez ?
- Heu.. Non.

- Alors, les bulletins de salaires, vous avez le virement de mon salaire qui arrive sur le compte. Tous les mois depuis 20 ans. Pour les relevés de compte de mon autre banque, c'est confidentiel, je ne les donnerai pas, hors de question. Pour le tableau d'amortissement, vous avez la mensualité, ça vous suffit pour calculer mon endettement. Et mon identité, alors là, je ne sais même pas quoi dire. Bon, si vous ne faites pas le prêt sans, ce n'est pas grave, j'irai voir ailleurs.

(Bon là c'est clair, ma chef va me tuer, sans ces documents...)

- Mais Monsieur Pasdrôle, c'est obligatoire.
- Obligatoire de rien du tout, au revoir Monsieur.
- Heu, et le prêt on ne le fait pas ??

Le claquement de la porte d'entrée répondit à sa place. Mince...

Vous l'aurez compris, recueillir des documents obligatoires devenait un vrai calvaire. Je sentais des frissons à chaque fois qu'il fallait demander un justificatif. Et je ne sais pas si le client le savait mais sa réponse cinglait, un non en bonne et due forme. Sans appel.

Idem pour le prêt immobilier. Alors là, autant vous dire que ce fut une grande première. Mes anciens clients avaient du mal à payer leur loyer tous les mois, alors faire un prêt immobilier.. Mais là, il a fallu que je me lance. Maîtriser le logiciel fut une belle séance de sueur froide, avec un client me demandant toutes les dix minutes si tout allait bien. Bon il est vrai qu'au bout de deux heures, il était en droit de se poser des questions. (Mais NON ça ne va pas, tu ne vois pas que je galère depuis le début, j'en peux plus de ton prêt, j'en peux plus.... Je ne sais pas monter un prêt immobilier, voilà la vérité. Alors depuis le début de l'entretien, je tente de faire semblant, mais là, je n'en peux plus....). Contrairement à d'autres premières fois, celle-ci dura deux heures et demi, et j'en sortis complètement rincé. Plus jamais ça. Heureusement, les fois d'après vont de mieux en mieux, et l'on s'améliore vite.

Une autre étape arrivait et là, j'avoue, je ne me sentais pas prêt, pas assez préparé. En vérité, mes connaissances en terme de placements, d'épargne se résumaient à des versements modestes sur des Codévi (pas encore Livret de Développement durable), et autres comptes sur livret. Quelques fois sur des Plans d'Épargne Logement (oui Monsieur Lefacheux, j'ai fait mes PEL), et Saint Graal, des versements périodiques en assurance vie, sur des supports sécurisés, ne dépassant pas les 300 Francs par mois. Mais en ces temps de bourse folle, complètement démente, des fax arrivaient par dizaine à l'agence afin de passer des ordres de bourse. Et à un moment, la question m'a été posée.

- Bonjour Monsieur, qu'est-ce que je peux faire pour vous ?
- C'est simple, j'ai 300 000 Francs à placer.

Et là, mon regard reste plongé dans celui du client. Je ne dis pas un mot, et reste stoïque. Une petite goutte de sueur perle sur mon front. J'ai envie de crier, appeler à l'aide.

- Excusez-moi juste un instant.

Je cours vers mes collègues, tous pris par des rendez-vous divers et variés.

- Oliver, excuse-moi mais j'ai un problème.
- Oui vas-y, c'est quoi ton problème ?
- J'ai un client qui veut investir 300 000 Francs.
- Hey, c'est super !!!
- Heu non, pas super du tout, je ne sais pas quoi faire. Je n'y connais rien. Il faut que tu viennes.
- Mais là je ne peux pas je suis en rendez-vous.
- Si tu veux j'assure ton rendez-vous.
- Mais non, j'ai commencé.
- Oliviiiiiiieeeeeer !!!! S'il te plaît.
- Ben débrouille-toi pour l'instant, et nous verrons ça plus tard.

Je retourne donc bredouille de ma pêche aux collègues, et reviens vers le client. Je m'assieds, comme si de rien n'était en ayant pris soin de me procurer une pochette, n'importe laquelle dans l'économat. Le client me voit revenir l'air satisfait.

- Alors, voilà, j'ai plusieurs placements possibles. Un peu sur un Codévi, un peu sur un compte sur livret, et le reste sur un PEL. C'est bien les PEL non ?
- Oui, merci, mais j'entends beaucoup parler de bourse et d'assurance vie.
- Ah bon ? (Oui, ben moi aussi j'en entends beaucoup parler, et ce n'est pas pour ça que j'embête les autres avec..)
- Oui, et les personnes autour de moi ont l'air de gagner beaucoup d'argent.
- Oooohh, beaucoup, beaucoup c'est surfait (ben oui, avec des gains avoisinant les 10 fois la mise en quelques semaines, mon surfait est mal venu). Les placements que je vous propose apportent la stabilité.

- Oui, mais je veux du gain.

- Ah. Ben écoutez, je vous propose de revenir pour un autre rendez-vous avec l'un de mes collègues.

Pitoyable. Ma première approche avec les placements fut pitoyable. Je me démenais comme un pauvre diable afin d'être au top commercialement, en vendant des cartes, des conventions avec assurance, et divers produits variés, mais ce n'était plus ce qu'attendaient, ni la direction, ni les clients. Paniqué, perdu, au milieu de ces attentes, le poids de cette pression m'écrasait les épaules. Tous les soirs, nous devions remonter nos ventes à la direction, avec statistiques et autres. Heureusement, l'équipe m'apportait son soutien en me « donnant » des produits à déclarer autre que des cartes ou des assurances en cas de perte ou de vol.

Enfin, il faut savoir tenir tête aux affirmations de certaines demandes par des clients voulant braver les consignes de sécurité. Ce fut le cas avec Monsieur Grégory, riche client des Pays Arabes, mais qui n'avait pratiquement aucun dépôt chez nous. Pas de crédits non plus. Je ne lui parlais que par l'intermédiaire de son secrétaire, Monsieur Saïd, qui vivait et traitait ses affaires avec lui dans son pays d'origine. Nous avions des conversations téléphoniques cordiales. Il m'informait des mouvements, mais je ne lui disais rien sur le compte, car aucune procuration apparaissait sur son dossier informatique, ni dans son dossier papier. Un jour, tout éclata. Jacques vint me voir à mon bureau.

- Tiens Christophe, ce serait bien que nous fassions un point sur les quelques semaines de ta prise de poste.

- Oui Jacques, j'apporterai tous les chiffres.

- Ne t'embête pas, c'est juste pour un point. Mardi matin à 9h00, ça te va ?

- Oui, bien sûr, je le note dans mon agenda.

Le téléphone sonne immédiatement après le départ de Jacques.

- Bonjour, ici Monsieur Saïd, vous allez bien ?

- Oui Monsieur Saïd, et vous ? Et Monsieur Grégory ?

- Ça va, ça va. Je voulais vous dire qu'un mouvement de fonds va avoir lieu sur le compte, nous allons faire un virement. Pourriez-vous me dire l'état des comptes aujourd'hui avec les soldes ?

Internet n'étant pas encore une plate-forme de communication mondiale, les clients nous demandaient régulièrement les soldes et les opérations des comptes.

- Excusez-moi Monsieur Saïd, mais vous n'avez pas procuration sur les comptes.

- Comment ça, pas de procuration ? Et alors, je m'occupe de tous les comptes de Monsieur Grégory, je vous ai eu plusieurs fois au téléphone, et vous me dites que vous ne pouvez pas me donner des informations.

- Effectivement. Je suis désolé mais..

- Vous n'avez pas à être désolé. Si vous ne me donnez pas ces informations, cela va très mal aller.

- Peut-être, mais je ne peux pas.

- Alors dans ce cas-là, nous serons en France la semaine prochaine pour affaires, et je veux rencontrer votre directeur d'agence, mardi à 9h00.

- Ah (ah d'étonnement devant cette coïncidence de rendez-vous), ben j'ai justement rendez-vous avec mon Directeur mardi à 9h00.

- Pardon, vous venez de faire quoi là ?

- Moi rien ?

- Si vous venez de glousser.

- Heu non (c'était un ha d'étonnement, pas de gloussement !!)

- Si vous venez de glousser.

- Mais non !!!

- Bon cela va vraiment mal se passer, vous pouvez me faire confiance. Au revoir.

Il raccrocha sans même attendre mon au revoir. Je ne suis pas sûr que cela aurait changé grand-chose. Mal à l'aise et peiné, je cours dans le bureau de Jacques pour lui expliquer la situation. Il me réconforte, et me dit de lui faire confiance, que cela va s'arranger. Le mardi matin, Monsieur Saïd et Monsieur Grégory s'annoncent à l'accueil, et attendent dans le hall. Je vais les voir pour les saluer. Ils ne souhaitent pas me serrer la main. J'attends donc l'arrivée de Jacques.

- Bonjour, je suis le Directeur de l'Agence, je vous en prie, suivez-moi.
Et nous voilà tous les quatre dans le bureau. Je n'en mène pas large, je me sens tout petit, recroquevillé dans mon fauteuil comme un escargot dans sa coquille. Je suis en sueur. Et quelque part, j'ai une boule au ventre. Je me remettrais bien dans le coin, pour me fondre dans le papier peint, mais je ne peux pas passer mon temps à ça non plus…
- Bonjour Monsieur Le Directeur. Monsieur Grégory et moi-même venons de connaître des difficultés avec notre chargé de compte. Il nous a mal parlé et ne fait pas son travail (ouhou les gars, je suis là). Ce monsieur est incompétent, et il n'a pas sa place ici. Vous savez qu'il y a des milliers de gens au chômage qui seraient à leur place. Il n'a rien à faire ici, je le répète.
Cette idolâtrie dura au bas mot cinq minutes entières. Cinq minutes à être descendu face à son responsable. Cinq minutes à ne pas savoir où se mettre, où l'on parle sur vous mais personne ne vous regarde. Les cinq plus longues minutes de ma vie. Monsieur Saïd finit :
- Donc Monsieur Le Directeur, si vous n'accédez pas à ma demande, et ne me changez pas de gestionnaire de compte, je ferme mes comptes et change de banque.
Jacques respira profondément l'espace d'un instant qui me parut une éternité. Je ne savais pas ce qu'il pensait de moi après tout ça. J'avais honte. De quoi, je n'en sais rien, mais honte de tout ce qui avait été dit sur moi, sur ma personne.
- Je vais vous demander un instant, je reviens tout de suite, dit Jacques.

Il me laissa une minute avec eux, seul dans la fosse aux lions. Ils ne m'adressèrent pas un seul regard, parlant en arabe entre eux. Monsieur Grégory ne parlait pas le Français m'avait prévenu plusieurs fois Monsieur Saïd. Jacques revint, prit place derrière son bureau, un chéquier à la main.

- Voilà. Je le mets à quel ordre ?
- Pardon ? dit Monsieur Saïd.
- Le chèque, je le mets à quel ordre ?
- Mais quel chèque ?
- Écoutez, c'est bien simple. Mon conseiller a parfaitement fait son travail. Je ne vous affecterai pas à un autre gestionnaire de compte. Et puisque vous m'avez dit que dans ce cas vous changeriez d'établissement bancaire, je vous fais le chèque de suite. Alors, à quel ordre ?

J'en suis resté bouche bée. Autant que Monsieur Saïd et Monsieur Grégory, qui ne s'attendaient pas à ça. Ils nous demandèrent de sortir un instant du bureau, ce que nous fîmes. Je regardai Jacques à l'extérieur du bureau, nous n'avons pas échangé un mot. Mais ses yeux reflétaient le calme et la zénitude. Il maîtrisait parfaitement la situation, et prenait ma défense. Dès cet instant, j'ai su que je pourrais compter sur lui pendant toute la durée de mon poste. Ces messieurs nous invitèrent à rentrer, et à ma grande surprise, c'est Monsieur Grégory qui prit la parole dans un Français impeccable.

- Monsieur Christophe. Il s'agit d'un malentendu, qui ne se reproduira plus. Cet incident est oublié, et nous allons repartir sur de bonnes bases. Nous nous excusons pour tous ces troubles.

Et c'est de cette façon que je repris la gestion des comptes et un peu de confiance en moi. Et c'est de cette façon aussi que je compris que l'on pouvait apprendre super vite une langue étrangère.

Dans un autre registre, il faut savoir également tenir tête, et être sûr de ses convictions. Ce que nous devons faire, ce qui est dans nos limites, et le reste. Nous sommes des professionnels, des experts mais nous ne pouvons pas tout savoir. Pour exemple, le second prêt immobilier monté, et relativement fier, le client passa à nouveau me voir.

- Bonjour Monsieur, vous m'avez envoyé les offres de prêt.
- Ah, j'en suis ravi. Tout vous convient ?
- A vrai dire, pas tout à fait. Regardez, là.

Je regarde les pages des conditions générales qu'il tourne et retourne pour arriver à la page 12, me montrant un paragraphe anodin.

- Là, regardez, page 12 paragraphe B2, vous ne m'en aviez pas parlé. Regardez *« Dans le cas où l'Emprunteur effectuerait un versement au titre d'un arriéré d'échéances, il est convenu que l'imputation se fera sur l'échéance la plus ancienne en s'imputant d'abord sur les indemnités et frais, ensuite sur les intérêts et enfin sur le capital. »*
- Heu oui, effectivement, je ne vous en avais pas parlé.
- Et comment se fait-il que vous ne m'en aviez pas parlé ? C'est votre métier, Monsieur, vous êtes censé me parler de tout. C'est inexcusable. Croyez-moi, vous n'allez pas rester à votre poste bien longtemps si ça continue.

Soit, les relations furent très compliquées, un grand nombre de clients cherchant à trouver la moindre faute dans cette atmosphère où le moindre mal revenait à ces établissements. Chaque conseiller portait son propre lot d'insatisfactions, et les journées paraissaient durer une éternité à supporter, même si en terme de temps, elles passaient en un claquement de doigt. Je fus reçu par Valérie, plusieurs fois, qui me dit une phrase qui restera gravée dans ma mémoire. « Christophe, si vous parvenez à passer ce poste, à vous faire une carapace, vous pourrez gérer n'importe quel client dans n'importe quelle agence ». Alors je pris mon mal en patience, et m'obstinais. J'observais mes collègues, leur façon de faire, et même si les journées s'avéraient lourdes à subir certaines fois, et que nous finissions en pleurs dans la cuisine, nous luttions, je luttais avec eux. Nous formions une équipe. Je continuais néanmoins à tomber dans quelques pièges.

Ne jamais penser ou parler à la place des clients. C'est une faute que nous faisons tous, et je l'appris à mes dépends, gentiment. Je gérais le compte d'une mamie qui devait avoir 80 ans environ. Elle venait me voir régulièrement afin de tailler une bavette, histoire de passer ses journées. Elle possédait peu de placement chez nous, uniquement un compte sur livret avec 300 000 Francs. Ma direction et mes collègues me conseillaient de lui proposer un placement en assurance vie, en sécurité, avec peu de frais d'entrée, mais son argent serait mieux placé. Ma conscience mal placée agissant pour moi, je m'y refusai sous prétexte de son âge avancé, et qu'il valait mieux la laisser tranquille. Un jour, elle prit rendez-vous, à nouveau pour passer le temps me sembla t-il.

- Bonjour Madame Tropvieille. Vous allez bien ?

- Bonjour Monsieur, ça va, ça va. Tranquillement comme une vieille, ahah. Un peu mal partout, mais ça va passer.

- Bon et votre compte ça va ?

- Oui, d'ailleurs, il faut que je vous dise. Depuis une semaine, je suis en contact avec un Monsieur des assurances. Ah, il est gentil. Il m'a proposé de placer mon argent sur un contrat. Ça reste disponible mais ça me rapportera plus que sur mon compte sur livret.

(… ??? Mais..)

- Heu oui, Madame Tropvieille, mais qu'avez-vous fait ?

- Oh, il est adorable, alors j'ai tout placé chez lui. Ça sera mieux, qu'est-ce que vous en pensez ?

(J'hésite encore entre cri de colère et désespoir, et m'agrippe au bureau pour ne pas hurler)

- Ah c'est une très bonne idée Madame Tropvieille.

- Oh merci de me conforter dans cette idée.

- Mais il n'y a pas de quoi.

Allez, une belle claque.

Enfin, un très grand classique dans lequel nous tombons tous, le fameux rendez-vous des entretiens dans lequel une des deux personnes du couple seulement est présente.

- Bonjour Monsieur Touseul, vous désirez me rencontrer pour un prêt immobilier c'est ça ?
- Oui, je voudrais connaître notre capacité d'emprunt, pour le ménage.
- D'accord, vous gagnez combien ?
- Environ 12 000 Francs.
- Et votre dame ?
- Non c'est monsieur.
- Monsieur quoi ?
- Ben mon conjoint, c'est monsieur.
- Ah c'est monsieur monsieur.
- Ben oui.
- Ah ok. Ben pour moi, c'est pareil hein, pas de problème (et je sors les rames…).

Et même quand vous avez deux personnes à votre bureau, vous pouvez tomber dedans aussi.

- Bonjour Monsieur Vieuxbeau, bonjour Mademoiselle, alors vous souhaitez ouvrir un compte pour Mademoiselle votre fille, qui est là aujourd'hui (et que je vois pour la première fois) ?
- Non pour ma compagne.
- Et elle n'est pas là.
- Ben si, c'est Mademoiselle ma compagne.

Autant vous dire que dans les deux cas, vous passez par la case je-deviens-tout-rouge, et je-ne-trouve-plus-mes-mots. L'avantage, c'est qu'une fois que vous l'avez fait, vous ne revenez plus dessus. C'est acquis.

Jacques m'a formé sur ces différents cas, avec une nouvelle façon de parler, de trouver les bons mots dans les situations adaptées. Je vous ai promis de vous donner les bonnes phrases, alors les voici :

- Bonjour Monsieur Pasdrôle, je me permets de vous téléphoner, car votre compte présente un solde débiteur. Bien entendu, il ne s'agit pas du montant, car je sais que vous allez recouvrir, c'est surtout afin de vous éviter de payer des agios inutilement, qui coûtent quand même près de 18 % alors que vous avez des fonds sur un compte épargne. Puis-je faire un virement d'un compte à un autre ?
(Là c'est la classe, on enchaîne)
- J'ai également vu un chèque débité d'un montant de 5000 Francs, et pour des raisons de sécurité, je voulais juste savoir si c'est vous qui l'aviez bien émis ? Pourriez-vous me donner le bénéficiaire afin que je puisse m'assurer que c'est bien le même chèque dont nous parlons ? Et enfin, j'ai vu également un dépôt d'un chèque de 2000 Francs, désirez-vous que je les mette sur un de vos comptes épargne, comme vous avez l'habitude, afin que cela vous rapporte un peu ?

Et pour les procurations :
- Je comprends que vous souhaitez faire une opération sur le compte, simplement, par téléphone, je ne peux pas vous authentifier. Peut-être pourriez-vous passer à l'agence afin de remettre à jour les documents ?
Et enfin, afin d'éviter tout amalgame, pour les maris-femmes etc.. toujours utiliser des mots neutres, comme « la personne avec laquelle vous faites cet emprunt » et le plus classique, «votre ami(e)», car à l'oral, c'est aussi bien masculin que féminin.

Voilà comment j'évitais les pièges au fur et à mesure. Mais pour les ventes, cela restait encore un peu compliqué. Nous mettions au point des stratégies avec mes charmants collègues, qui connaissaient déjà mes clients depuis un peu plus de temps.

- Alors Madame Languille, ce placement est parfait pour vous, totalement sécurisé, comme vous me l'avez demandé et cela rapporte 4,75 % à l'année (Hé oui, c'était le rapport en 1999 !!!)

- Oh oui, mais finalement je ne sais plus trop.

- Je vous le conseille, c'est un excellent placement.

- Mouais, bof, je ne suis plus sûre, je verrai une prochaine fois (mais ça fait déjà la sixième fois !!!)

Et c'est là où Sophie entrait en jeu, comme par surprise, en passant dans le couloir.

- Ooooooh Madame Languille, ça me fait plaisir de vous voir.

- Rooo, Sophie, comment allez-vous ? Et le mari ? Et les enfants, ça doit pousser !!!!

- Oui, tout le monde va bien et.. Mais c'est quoi ça ?

- Ça c'est le placement dont me parlait Monsieur. Mais je ne sais…

- Oh Madame Languille, c'est super top comme placement, je vous le conseille.

- Vraiment ?

- Oh oui.

- Bon ben je vais vous écouter, je le fais alors.

Et voilà comment terminer un argumentaire de 45 minutes, en trois mots.. Cependant, je ne m'en offusquai pas, un coup de main très précieux se doit d'être apprécié.

17) Passage à l'an 2000

Toutes les actions crevaient le plafond, les gains se multipliaient en quelques mois, voire quelques semaines, et dans certains cas, quelques jours. Nous recevions plus d'une cinquantaine de fax pour des ordres à passer. Les clients vendaient dans de rares cas, mais achetaient surtout, de plus en plus haut, de plus en plus fort. Nous criions à la vente, mais personne ne nous écoutait. Comment passer à coté de tels gains, pourquoi s'en priver ? Vous mettiez 10 vous récupériez 20 un mois plus tard. Beaucoup de clients empruntaient pour acheter des actions. Les portefeuilles ne se composaient plus de valeurs refuges, comme LVHM, L'Oréal, mais les clients visent les Start Up. Le Roi du Monde se nomme Jean-Marie Messier, patron de Vivendi. France Télécoms qui a ouvert son capital il y a un an et demi, avec des parts à 150 Francs, puis 350 Francs dans la deuxième phase, voit son cours augmenter à plus de 1500 Francs environ en mars. L'explosion arrive lorsque cette même entreprise annonce l'arrivée de Wanadoo, avec une explosion de plus de 20 % dans la journée !!! Toutes les valeurs dites de la nouvelle technologie deviennent folles. Même les plus solides. Alcatel passe de 100 Francs en août 1998 à 650 Francs en août 2000.
Nous peinons à proposer nos pauvres placements assurance vie, et nos paniers d'actions, Sicav et autres. Certains se prennent pour des traders en puissance. La température monte, monte encore un peu plus tous les jours. Pourtant je me familiarise avec les façons de faire, les clients, et les placements un peu plus chaque jour. Mais chaque jour qui passe, les demandes m'étonnent un peu plus.

- Bonjour Monsieur, je souhaiterais placer mon argent et je voulais avoir des conseils.
- Bien Monsieur Trader, je peux vous proposer des placements en assurance vie où vous aurez plusieurs choix possibles..
- Ah non, attendez, je veux placer en bourse. J'aimerais placer dans une entreprise de caoutchouc en Amazonie.
- Hum... Ça m'a l'air bien votre placement, mais ce n'est pas un peu risqué ?
- Mais non, et question rentabilité, c'est top.
- Mais qui dirige l'entreprise ?
- Oh ça on s'en fiche un peu, par contre, les courbes boursières montrent un indice fort, en augmentation de 150 %.
- Justement, ça n'a pas un peu trop grimpé ?
- Mais non, y a encore plein d'argent à se faire. Vous devriez investir aussi.
(Oui, je pense bien rentrer le soir en disant, chérie, j'ai investi toutes mes économies dans une super entreprise, nous allons être riches...)

Je laisse faire, et n'ai pas d'autres moyens que de prévenir uniquement les clients. Attention, il faut vendre pour récupérer les gains. « Mais je préfère encore attendre » répètent tous les clients.
France Télécoms rachète le groupe Orange pour récupérer son réseau, quitte à s'endetter de sommes astronomiques. Les introductions en bourse se font à tour de bras, et tous veulent investir, avoir leur part du gâteau. Les réservations se font par milliers dans les agences, plus besoin d'objectif, tout se fait sans peine. Le rythme est soutenu, éreintant, nous devenons au fur et à mesure traders. La pression monte de semaine en semaine, de mois en mois. Le CAC sera aux alentours de 7000 points mi 2000. Le plus haut jamais atteint. Les clients continuent d'investir, les portefeuilles doublent, triplent. Nos gestions sous mandat bien qu'atteignant des

chiffres records, font de maigres résultats comparés aux gains boursiers en actions.

Face à toute cette pression, aux demandes des clients, aux montages toujours plus complexes, nous devons décompresser. C'est entre nous que nous procédons à cette décompression le plus souvent. Nicole vivait dans un monde à part qui n'appartenait qu'à elle. Nous formions une équipe soudée dont elle faisait partie. Cependant, elle s'accordait, parfois, des pauses dans un autre espace temps que nous ne pouvions connaître. Elle arrivait souvent en retard au travail, elle prenait 18 cafés avant de commencer à travailler, 3 cigarettes au menthol, qui remplaçaient avantageusement les Gitanes, pour plus de confort pour nos poumons, et notre visibilité client. Elle recevait ses clients avec le plus grand sérieux se décarcassant pour leur offrir les meilleurs conseils. Elle faisait même dans le social parfois, surtout avec son client qui avait un petit problème moteur. Il venait environ 3 fois par semaine pour voir Nicole. Il arrivait à l'agence, en tanguant de droite à gauche
« Bonjour, J'ai rendez-vous avec Nicole. » ou pas de rendez-vous la moitié du temps. Il fallait régler tous ses petits problèmes quotidiens, quitte à le faire en plein milieu du hall. Un jour, il arriva encore plus alarmé que d'habitude, ce qui n'est pas peu dire :

- Bonjour, je voudrais voir Nicole, vite.
- Oui Monsieur je la préviens, mais c'est pour quoi ?
- Ah non, non, non, il faut que je lui parle à elle.
- Bien Monsieur.

Nous allons chercher Nicole qui souhaite lui parler en plein milieu du hall afin de ne pas l'installer à son bureau, et ne pas y passer des heures. Grave erreur.

- Oui Monsieur Duterte, que puis-je faire pour vous ?
- Ah Nicole, ça ne va pas du tout, je ne sais pas quoi faire.
- Pourquoi, qu'est-ce qui vous arrive ?

Là, le client regarde à droite, à gauche, un peu gêné, nous regardions bien sûr la scène de près.

- Ben j'ai ma braguette qui ne se remonte plus.. Elle est cassée.

- Mais qu'est-ce que vous voulez que j'y fasse ???

- Ben la refermer. S'il vous plaît !!!!!

Et voilà Nicole, à genou, devant le client, et devant tous les autres clients du hall, en guerre avec la braguette de Monsieur Duterte. L'opération dura quelques minutes qui resteront dans l'anthologie de l'agence.

Ses doigts de fée réussirent à décoincer la braguette de Monsieur Duterte qui repartit avec un sourire satisfait.

De semaines en semaines, elle cherchait une parade pour ne pas le rencontrer, ou tout du moins, moins fréquemment. Un jour, il entra dans l'agence, en demandant « Nicole, je peux voir Nicole ?». A ma grande surprise, Nicole se précipita vers mon bureau, en plein milieu de cet open space, et se cacha en dessous, en me faisant rouler dans mon fauteuil. Je me retrouvai devant mon bureau, avec Nicole en dessous, qui me faisait de grands gestes « dis-lui que je ne suis pas là ». Monsieur Duterte n'obtenant pas de réponse, se décida à s'approcher devant mon bureau.

- Excusez-moi, vous n'auriez pas vu Nicole ?

- Ben si, elle est en dessous mon bureau.

Le client fit le tour de mon bureau, se pencha, et cria :

- BONJOUR NICOLE !!!!!!!

Nicole sortit de dessous mon bureau en me couvrant de mots gentils « T'es vraiment trop con !!! ». Je sais, je sais. Oliver quant à lui, se payait une bonne tranche de rire dans son bureau en face du mien.

Bon ce n'est pas que nous en voulions à Nicole, pas du tout, mais son humeur, constante, sa gentillesse, nous incitait à faire quelques blagues histoire de décompresser ou de faire passer le temps, au choix.

- Hey, Christophe, dit Oliver, en s'approchant de moi, avec trois bombes Air Wick.

- Mais qu'est-ce que tu fais avec ça ?

- Viens, on monte dans la salle des casiers…

Oui, en ce temps-là, nous avions des casiers pour ranger nos manteaux et affaires, en face d'un objet mythique, et en état de marche, la pointeuse. Je ne vous ferai pas l'affront de vous dire que cet objet, dérisoire, servait encore à calculer notre temps de présence dans l'agence, ou plutôt censé calculer, car comme tous les employés du monde entier, le premier arrivé pointait pour tout le monde, idem pour celui qui partait le soir. Devant nous se trouvait le casier de Nicole. Oliver prit un beau rouleau de scotch marron tout neuf, et entreprit de scotcher complètement le casier de Nicole, avec quadruple épaisseur. Puis il ouvrit les bombes Air Wick, et vida complètement leur contenu dans son casier. L'odeur forêt de pins des Landes devenait insoutenable. Nous redescendîmes rapidement. Nous restâmes en bas, pendant que Nicole alla chercher son manteau. Nous entendions le scotch se déchirer, se déchirer encore, puis au bout de 10 minutes, Nicole redescendit avec ses affaires, embaumant l'agence.

- Salut les gars.

- Heu Salut Nicole.

Pas un mot, rien. Le lendemain matin, inquiets, nous guettions son arrivée.

- Salut Nicole. Ça va ?

- Oui oui, ça va et vous ?

- Ben oui, mais ça a été hier soir ?

- Ah oui, impeccable. Et si vous voulez parler de l'odeur, sachez qu'au moins j'ai eu de la place dans le métro. Tout le monde s'est éloigné de moi !!!

Ah, ça nous rassurait quand même de ne pas avoir fait ça pour rien. Championne Nicole.

Heureusement pour nous, Nicole ne prenait pas beaucoup de vacances l'été, et nous pouvions l'avoir avec nous. Oliver rapporta une montre qui, dès que nous appuyions sur le bouton, chantait «Jingle Bells». Pas tout à fait la saison. Dommage, il fallait remédier à ça. En août, la grande majorité

des Parisiens partait en vacances, et l'activité se retrouvait au point mort. Le matin fut consacré à l'apprentissage de la trouillotteuse, avec laquelle je fis environ 5400 confettis.
Sur les coups de midi, nous étions prêts. Nicole, devant son ordi, rédigeait un document qui semblait hyper important à tel point que sa concentration atteignait des sommets. En moins d'une minute, nous avons pris toutes les grandes plantes de l'agence, que nous avons mis à coté et sur son bureau, Oliver actionna sa montre, et sur un air de «Jingle Bells», je lui déversai mes 5400 confettis.
«Jingle Bells» se fit entendre pendant une bonne minute et demi, et Nicole continuait de rédiger sa page d'écriture, sans même nous adresser un regard. Le directeur passa devant nous, tourna à peine la tête vers cette magnifique scène de Noël, et dit simplement :

- Bon, quand ce sera fini, l'aspirateur est dans le placard au fond de l'agence, puis continua de se diriger vers le fax.
Mais comment fait Nicole pour rester imperturbable ?!? C'est un secret qu'elle emportera dans sa tombe.

Un événement qui nous perturba beaucoup plus, ce fut l'éclatement de la bulle internet. Une descente aux enfers, dès le milieu de l'année. Les clients pensent tout d'abord à une simple baisse et ne veulent pas vendre, et espérant récupérer les gains générés, puis la baisse se fait continue, invariable, seulement perturbée car quelques faibles et très modestes remontées, pour mieux repartir à la baisse ensuite. D'un coup, les fax s'arrêtent. Plus aucun ordre à passer, le statu quo complet. Les uns ne veulent plus investir, les autres ne souhaitent pas vendre. Fin d'année, nous sommes environ à 5500 points. Aucune proposition commerciale ne fait écho auprès de nos clients, rien ne fonctionne, rien ne passe, une peur s'installe. Dans les produits que nous avons conseillés, tout descend également. Personne n'a écouté nos conseils, personne n'a vendu. Mais il est encore temps de récupérer des gains en cette fin d'année, et 5500 points de CAC reste

un bon score. Mais comment se faire à l'idée de ne récupérer que 50 % au lieu de 300 %.
Non personne ne s'y fait, personne ne bouge, tout le monde attend. Le marché des nouvelles technologies décroche complètement, et les valeurs chutent. Ces valeurs emportent avec elles, toutes les autres actions sur leur passage. C'est un crack boursier qui se matérialise sous nos yeux. Une catastrophe commence à naître.

Ces changements brutaux ne changeaient rien à notre volonté commerciale, même s'il s'avérait beaucoup plus compliqué de faire des affaires. Et lors d'une opération d'introduction en Bourse, Valérie mit en place une soirée coup-de-poing-action-commerciale, où nous nous retrouvions toute l'équipe à passer des coups de fil aux clients afin qu'ils souscrivent. L'occasion pour nous de nous retrouver ensemble, et de passer du bon temps, avec un buffet apéro pendant cette action. Et les actions co, ensemble, en open space, c'est quand même quelque chose. Nous pouvions tous faire profiter à chacun de nos conversations, ce que je fis avec plaisir, lorsque je tombais sur une perle.

- Allô, Bonjour Madame Lavieille, vous allez bien ?
- Oh oui Monsieur, je vous remercie.
- Je voulais savoir si vous souhaitiez participer à l'opération d'introduction en bourse ? (explications, bla bla etc..)
- Oui, je veux bien, mais votre collègue n'est plus là, le grand costaud, comment il s'appelle ?
- Oliver (et là, je parle un peu plus fort, afin qu'Oliver entende un peu, ainsi que toute l'assemblée).
- Ah d'accord, il est bien ce jeune homme.
- Oui, c'est un excellent collègue.
- Ça ne m'étonne pas. Ils sont tous bien.
- Comment ça, dans l'agence ?
- Oui, enfin nous, je veux dire «eux».
- « Eux », comment ça ?

- Ben, ceux comme lui, quoi. Vous voyez de quoi je parle. Avec sa boucle d'oreille et tout ça.

- Oui et alors ?

- Ben ceux de l'autre bord.

Je regardais Oliver, qui m'écoutait depuis le début .

- Mais vous pensez qu'Oliver est...

- Oui, homosexuel.

- Homosexuel ??? Rooooo, vous êtes sûre ?

- Oui, ça se voit, sa boucle d'oreille, son air gentil attentionné.

- Ah, Madame Lavieille, vous confirmez un peu mes soupçons, je me posais la question aussi... Je vous remercie de m'avoir éclairé.

- Mais de rien jeune homme, je vous souhaite une bonne journée.

- Moi de même Madame Lavieille, moi de même.

Oliver me regarda, éclatant de rire.

- J'suis pas homosexuel moi !!!!!

- Ben maintenant, un peu quand même.

L'année 2001 va être pire. Le CAC va passer de 5500 points pour terminer avec une légère hausse durant les derniers mois de l'année ce qui minimisera un écart de 1000 points qui aurait pu être beaucoup plus important. Toutes les start-up introduites en bourse explosent en plein vol, et les quelques rares sérieuses n'arrivent pas à tirer leur épingle du jeu dans ce grand chaos.

Le 11 septembre 2001, les attentats n'arrangent pas l'économie. La faillite d'Enron, énorme entreprise Américaine portera le coup de grâce en fin d'année. Les économistes des banques sont déroutés. Nous tentons de garder la distance, mais sommes noyés d'informations, de désinformations.

Une grande partie de la clientèle qui n'investissait pas dans la Bourse reste en sécurité, les autres souhaitent y aller, mais ne savent pas quand.

En cette année 2001, nous allions changer de directeur. Valérie s'arrêta pour faire un enfant. Oliver se dirigea vers de nouvelles aventures, je pris son poste. Seule Nicole resta à mes côtés. Jacques laissa la place à Laurence, qui pris la direction de l'agence, et Jean-Louis, prit la direction du pôle d'agence Champerret et Batignolles.

Pourtant l'année 2002 allait changer les choses de façon permanente. Nous étions prêts, armés, mais pas assez. Nous allions devoir affronter le Passage à l'Euro.

18 Le passage à l'Euro.

Cette monnaie, nous en parlions depuis 1999, date de son introduction économique. Les échanges s'effectuaient en Euros, symbole d'une défense contre la dictature américaine, qui faisait la pluie et le beau temps sur les marchés. Cependant, introduire une monnaie, économiquement parlant, ne revenait pas seulement à inonder le marché de nouvelles pièces et billets, et cette étape se passa en tout début 2002.

Nous fûmes dotés de doubles caisses en Euros et en Francs, afin de faire les échanges, le double affichage obligatoire, et, afin de faciliter le calcul des clients, un stock important de convertisseurs fut livré dans les agences. Nous avions eu également des Kits Euros, qui représentaient les différentes pièces. Concernant les billets, nous avions des billets de 5, 10, 20, 50, 100, 200, et 500 euros. L'équivalent de 3000 Francs environ. Alors que le fait d'avoir un billet de 200 Francs dans les mains me provoquait des frissons, je n'imaginais pas ce que cela devait être d'avoir un billet de 500 euros.

Dès le 2 Janvier, le guichet fut pris d'assaut. La sueur nous coulait déjà du front, généré par le transport des kits monnaies que nous placions derrière le guichet. Les mamies, entourées de leur chiens-moufles piétinaient le parterre devant l'agence, en attendant l'ouverture des grilles, tels des dénicheurs de bonnes affaires, le jour des soldes devant Carrefour.

- Bonjour Mademoiselle, pourrais-je retirer 100 Francs ?
- Bien sûr Madame Lavieille. Je vous les donne en Euros. Cela fait 15 euros et quelques cents.
- Mais Madame, je n'ai que 8 pièces pour 10 Francs ?
- Hé oui.

- Mais elles ne sont pas belles, en plus.
- Ce sont les nouvelles pièces !!
- Donnez-moi un billet de 100 Francs, je préfère.
- Nous ne pouvons plus, je suis désolé.
- Dans ce cas là, je retire tout mon argent de la banque.

Notre arme ultime pour contenter les insatisfactions, le convertisseur.

- Bonjour Madame Lavieille, vous voilà de retour ?
- Oui, comme vous dites, j'ai oublié, je voudrais des agendas, trois petits, deux grands calendriers, et un moyen, s'il vous plaît.
- Voilà, Madame Lavieille. Alors, vous prenez des Euros ?
- Je ne sais pas encore, mais j'aurais bien voulu une de ces petites machines-là.
- Lesquelles ? (feignant l'interrogation, histoire de laisser quelques instants de suspens).
- Ces petites machines, comme des calculatrices, mais qui vous donne le montant des Euros.
- Je croyais que vous ne vouliez pas d'Euros.
- J'ai dit peut-être, mais je vais bien être forcée d'y arriver.
- Alors, vous voulez un convertisseur.
- C'est ça, un convertisseur.

(Je lui tends, tel un trophée, récompense de ses nombreux allées et venues au guichet, y compris les jours de pluie, avec son protège-tête en plastique blanc transparent).

- Voilà Madame Lavieille.
- Vous êtes bien aimable, jeune homme. Mais, il n'y a pas toutes les monnaies.
- Cela convertit du Franc à l'Euro. Et inversement.
- Mais il n'y a pas les Pesetas.
- Les Pesetas, c'est pour l'Espagne.
- Et j'y suis déjà allé, figurez-vous, il y a longtemps. Et si je veux y retourner, je fais comment ?

- Si vous voulez y retourner, il faut vous dépêcher, Madame Lavieille, il faut vous dépêcher…

Nous faisions donc le package agendas, calendriers, kits monnaie et convertisseurs, tels de vrais Pères Noël. Bon, pas que les clients furent totalement ravis du changement, de voir leurs Francs fondre au soleil, pour devenir quelques pièces d'Euros, mais certains habitués allongeaient leur table de conversion.

- Mais Monsieur, ça fait combien ?
- Là, vous avez 1500 euros.
- Et en Francs ?
- 10 000 Francs.
- Oui, mais en anciens Francs, je veux dire ?
- 1 Million.
- Ah ben ça va.

Les rendez-vous duraient un peu plus longtemps afin d'expliquer la conversion aux clients. Heureusement, le double affichage nous aidait.

- Mais le gain de l'assurance vie, cette année ?
- C'est 750 euros.
- Quoi, c'est tout ???
- Cela fait 5000 francs,
- Aaaaah j'aime mieux ça....

Concernant les employés, comme la majorité des Français, le choc a été de voir notre fiche de salaire. Nous ne nous considérions pas comme les employés les mieux payés au monde, mais alors là, le fait de diviser le salaire par 6,557 le choc fut rude.

Quoiqu'il en soit, les clients prirent le pli rapidement, et les rendez-vous continuaient de s'enchaîner.

Il fallait composer avec notre nouveau grand chef, Jean-Louis. Il connut tous les postes, du guichet au poste de directeur de deux agences, et menait tambour battant les deux équipes, la gestion des résultats, les débiteurs des postes de clientèle Bonne Gamme (oui, le responsable d'unité commerciale s'occupait des débiteurs Bonne gamme tous les matins), et rien que cette tâche pouvait prendre du temps.

- Bon, Christophe, tu as qui comme débiteur ce matin ?
- Madame Peau. Elle a un débit de 1300 euros pour 1000 euros d'autorisé, et…
- Son prénom, c'est Natacha ?
- Comment ça ?
- Natacha Peau ? Chapeau.
- Aaaah. OK, oui, c'est drôle, mais son prénom, c'est Valérie.
- Ah pas de pot..
- Oui, bon, passons au suivant. Monsieur Demovoir possède une auto de 1000 euros, il est à 1800 euros.
- C'est Jerry ?
- Attend, Jerry Demovoir… Je cherche, je cherche.
- Et Jerry Demovoir si belle en ce miroir…
- Ah oui, là, c'est nul.
- Mouais, bof.
- Bon Jean-Louis, on peut faire les débiteurs ?
- Oh d'accord, t'es pas marrant ce matin.

Outre un humour à toute épreuve, lorsqu'il allait de Champerret à Batignolles, il ne manquait pas de s'arrêter au Franprix qui se trouvait sur le chemin pour s'acheter 4 paquets de bonbons. Je le retrouvai dans son bureau, en milieu d'après midi, se tenant le ventre, avachi sur son siège.

- Oooh, je ne sais pas ce que j'ai, mais j'ai mal au ventre.

- Peut-être les 4 paquets de bonbons mangés depuis ce matin ?

- Non, tu crois ? Je ne pense pas quand même.

- Un peu, si , je pense.

Il instaurait une bonne humeur, et gérait les équipes avec toute la douceur, et la fermeté dont un chef peut s'armer afin de rendre les journées plus agréables. Nous faisions le job pour lui, qualité d'un vrai manager. Je me souviens encore d'un mardi matin, lorsque nous faisions la liste des débiteurs vers 9h :

- Christophe, j'ai un doute. Tu as vu Nicole ce matin ?

- Non, on commence à s'inquiéter, justement tu as eu des nouvelles. Elle n'est jamais absente.

- Aucune, attend on va lui téléphoner.

Il compose le téléphone, et au bout de quelques longues sonneries, Nicole décroche :

- Mmmallooo

- Allô, Nicole ?

- Mouis, c'est qui ?

- C'est Jean-Louis, ça va ?

- Ça va, ça va, je me réveille (enfin c'est plutôt Jean-Louis qui l'avait réveillée pour le coup.)

- Ah ben tant mieux, parce que c'est une belle journée, il y a du soleil, et ça s'annonce très bien.

- Merci Jean-Louis. Mais pourquoi tu appelles ?

- Oh, trois fois rien, mais nous sommes juste mardi, et je voulais savoir si tu venais travailler aujourd'hui ?

- Mais… Mais non, nous sommes lundi.

- Ah non, nous sommes mardi, tout le monde est là.

A l'autre bout du fil, j'entendis un cri d'effroi…

- Mardi ??? T'es sûr ? Oh j'ARRRRRRRRIIIIIVE !

Nicole débarqua à l'agence trois quarts d'heure après. Elle fila tout droit dans l'agence

« Laissez-moi passer, prendre mon café et je vous dis bonjour après ».
Sacrée Nicole.
Même la guichetière d'accueil n'osa pas lui dire un mot. Quand je dis un mot, son état dépressionnaire de reconversion professionnelle lui procurait un état mono-syllabique quasi-permanent, et bien qu'adorable, cette nouvelle recrue dans l'équipe, Madame Prozac, ne participait que peu aux grandes discussions. Nos échanges se limitaient à « Bonjour Christophe, ça va ? Oui, je te remercie, et toi ça va ? Oui, aussi ».

La clientèle qui m'était attribuée s'armait de demandes de plus en plus complexes, et à grand coup de formations, je tenais le rythme, et faisais face aux interrogations délicates, demandant de la technicité.

Un point sur les formations qui sont à peu près les mêmes dans toutes les entreprises. Mais mon parcours dans la banque ne peut pas s'exonérer de cette description.
Les formations ont pour vocation de nous mettre à niveau, de nous inculquer tout un tas de choses, pour mieux vendre, mieux s'exprimer auprès des clients, et encore plein d'autres choses.
Pour nous, acteurs de la réunion, c'est surtout perçu comme une journée détente, où l'on commence plus tard et l'on finit plus tôt. En principe. C'est pour cette raison que lorsque nous entrons dans la salle de réunion, et que le maître de cérémonie se présente et présente la réunion, tout le monde est tendu, à l'écoute, et ne bouge pas jusqu'au fameux :
- Alors, en ce qui concerne la logistique, nous irons manger au self (ou au resto s'il n'y a pas de self), je vous donnerai un ticket (eeeeet ???) pour les pauses, une le matin vers 10 heures, et l'autre vers 15h (eeeeet ???) et ce soir, si nous tenons bien le rythme nous finirons vers (vers ????), vers 17h je pense.

Voilà, impeccable. Les stages de 3 jours, nous pouvons même espérer une sortie vers 16h30, même des fois 16h. Bon avant 16h c'est un peu court quand même. A cette époque, les formateurs venaient tous du réseau d'agence, et acceptaient ce poste en guise de pré-retraite. La motivation ne se plaçait pas tout à fait en maître mot, et il arrivait que certaines formations de 4 jours se terminaient à 15h le dernier jour.
- Bon heu là, on a été très vite, vous avez été très performant (heu même Marcel qui a dormi pendant tout le stage ?). Il est 15h, donc attendez un peu, car si vous sortez de suite ça va se voir.
Alors, une fois la logistique passée, et les heures bien déterminées, vous avez toujours un, ou une, qui, avec une fausse gêne, se lève et dis « excusez-moi, mais j'ai un train à prendre ce soir pour rentrer à Dijon, et je voulais savoir si je pouvais sortir vers 16h30 ? » (Sans rire tu viens de Dijon ??? Mais qu'est-ce que tu fais là ??)
L'accord est toujours de mise. Et c'est à partir de 9h, le café, la logistique, et les demandes de pouvoir partir plus tôt, que la journée commence et qu'une partie de l'assistance peut commencer à dormir.
Pour ma part, je restais éveillé de façon à pouvoir écouter un peu quand même, et cela me permettait aussi d'observer les collègues avec un peu plus de bouteille, et parfois les collègues plus jeunes, dans mon cas, les seuls plus jeunes se situaient à la case après embauche.
Nous avons plusieurs catégories, mais que vous retrouvez à chaque stage. Description :

1°) Les assoupis, ceux qui ne vous ennuieront jamais, qui passent leur temps tranquillement à roupiller, cela n'embête ni les collègues, ni le formateur, et cela lui permet de récupérer un peu des autres semaines, fatigantes au boulot. Lorsque vous lui demandez, lors de ses rares phases d'éveil, si ça lui plaît, il vous répond toujours :

- Non mais moi ce stage je l'ai déjà fait.

- Ah oui, et tu reviens ?

- Je voulais me mettre au niveau . Histoire de voir si j'avais loupé des trucs.

Se mettre au niveau horizontal ? C'est sûr qu'à dormir, tu as dû en louper des trucs..

Au choix, c'est soit lui, qui a demandé cette formation, tel un redoublant revenant à son ancienne classe, soit sa direction, soit sa DRH etc..

Mais en général, l'assoupi est très sympa, prête avec plaisir son stylo, ses feuilles, son cahier de formation dont il ne se sert pas, puisqu'il a le même à la maison. De temps en temps, lorsque vous doutez, en lançant à haute voix votre réflexion, il sort de sa phase apathique, vous donne une piste de réponse, puis se rendort quasi –immédiatement. Ah oui, il faut être à l'écoute en permanence, car l'assoupi ne répète jamais. Fallait être concentré, et c'est tout.

L'assoupi est tranquille en tout, et même lorsque sonne l'heure de la Pause (oui, Pause avec une majuscule, car c'est sacrée la Pause), il met du temps à sortir de son coma, entre dans une phase de pré-réveil, puis nous rejoint pour quelques minutes au café (prends en deux s'il te plaît). Le midi, au resto ou au self, selon, nous le découvrirons vraiment qu'au bout de 3 quarts d'heure, où il commencera à discuter de choses et d'autres, et nous le trouverons sympa, avec de l'expérience et de l'humour, pour finalement le reperdre vers 14h15, soit 15 minutes après la reprise de la formation.

Le soir, en partant, l'assoupi se contente d'un regard, et d'une phrase « bon allez, salut, c'était cool », avant de partir, s'évanouissant dans la foule, tel un cavalier solitaire allant vers son destin sans un regard derrière soi.

2°) Les timides. Ils s'annoncent dès la présentation. Sans faire de sexisme mal placé, en général, ce sont des femmes, ne me demandez pas pourquoi.

- Alors, Géraldine, peux-tu nous dire d'où tu viens, ce que tu fais aujourd'hui et depuis combien de temps ?

- ....

- Pardon, nous ne t'entendons pas.

- Je travaille depuis 2 ans à l'agence de Fontenay.

- Et ? (Et là, elle rougit à en illuminer la pièce, des gouttes de sueur se forment sur son front, elle tremblote, agite le stylo de manière frénétique.)

- Et c'est tout.

Lorsque l'on passe au légendaire jeu de rôle, elle se cache derrière sa voisine en disant

« Ha non, alors là, surtout pas moi, non, non, non, je ne peux pas ».

Je me suis toujours demandé comment ces personnes-là arrivaient à faire des entretiens. L'avantage, c'est que nous ne les entendons pas trop. Enfin, pas trop participer, car elles arrivent toujours à se retrouver avec des connaissances qui travaillent dans des agences proches d'elles, et là, le blablatage est interminable. La timidité a ses raisons que la raison ignore.

3°) Le nouvel embauché. Alors le nouvel embauché arrive plein de fougue et de belles promesses, se reconnaît grâce à ses phrases méticuleusement pesées, une précision à toute épreuve, et une envie de se mettre en avant quitte à en faire un peu trop. Celui-là, il énerve tout le monde dès la première minute.

- Alors, présente-toi Bastien.

- Oui, bonjour, je m'appelle Bastien, je viens d'être embauché il y a 6 mois, j'occupe un poste à responsabilité des comptes généralistes qui méritent la plus grande attention à raison de 1100 comptes dans la périphérie de Paris. (Oui, t'es conseiller des comptes grand public à Bobigny quoi !)

- Bien Bastien, et qu'est-ce que tu attends de ce stage ?

- Je souhaite m'initier à la fiscalité de l'assurance vie, car dans le cadre de mon travail, je vois régulièrement des personnes haut placées, qui souhaitent placer des sommes importantes

sur les contrats, et afin de ne pas les induire en erreur, je voudrais leur apporter le maximum de précisions.
Bon autant vous dire qu'il a déjà perdu tout le monde, que la timide blablate déjà avec sa voisine de gauche qui sera sa meilleure amie pendant les 3 jours, et l'assoupi s'est définitivement endormi.
Le nouvel embauché est le seul à être venu en costard-cravate, beau brushing, et l'œil vif, il épie la moindre conversation pour se glisser dedans et se mettre en avant, même et surtout lorsque le maître de stage prend la parole :
- Alors, concernant la fiscalité de l'assurance vie, cela dépend du nombre d'années d'ouverture et également des versements faits au cours de ces années, si le client a plus de 70 ans, ou moins de… (Bastien s'agite déjà sur sa chaise)
- Ah oui, c'est comme moi, j'ai une cliente, Madame Lavieille qui a souhaité placer 500 000 euros sur son contrat, j'ai fait appel à mon gestionnaire de patrimoine, et après évaluation complète de sa surface, et vérification de son âge, nous avons préféré répartir sur plusieurs contrats afin d'optimiser sa fiscalité en cas de sortie, ou bien pour les héritiers.
- Oui, merci Bastien, et tout dépend de l'année d'ouverture de contrat, car il y a les..
- Oui, les contrats avant 1994, 1994 bénéficiant de réductions voir d'exonérations complètes de fiscalité.

- Merci Bastien.

Le sourire gêné du formateur laisse apparaître un « tu me casses les pieds, et j'en ai pour 3 jours ».
Le nouvel embauché est le seul à vouloir s'imposer pour faire les jeux de rôle avec un air faussement détaché.

- Qui vient pour le jeu de rôle ?

- Moi, si personne ne veut y aller, je veux bien me lancer hu hu hu…

Oui, le nouvel embauché est énervant, agaçant, devant son expérience beaucoup plus fournie en 6 mois que toi en 10 ans, et le pire, c'est que j'ai toujours l'impression qu'il arrive à faire bonne figure face aux autres nouvelles recrues du sexe

opposé qui vont le rejoindre directement à la pause café. Pendant le repas du midi, le nouvel embauché ne perd pas de temps, et expose toute sa science aux yeux et oreilles de tous, se place méthodiquement à coté du formateur afin de le prendre à témoin de toutes ses belles expériences.
Il partit après la formation en saluant tout le monde d'une forte poignée de main en te faisant comprendre qui est le patron, et jura qu'il prendrait des nouvelles afin de partager les bonnes pratiques induites du stage.
Bref, le nouvel embauché m'énerve, et même encore aujourd'hui.

4°) Et enfin, il y a le pré-retraité, 30 ans de boîtes, voire plus, qui a fait tous les postes, que la direction a envoyé dans le stage afin de se remettre à niveau, car ça ne fait pas de mal, mais qui ne voit pas trop ce qu'il fait là, et que nous allons entendre une bonne partie du stage afin de revendiquer ses droits, et ne pas laisser aller la nouvelle génération droit dans le mur. Dès le départ, en général, ça part fort, et on plante les jalons. Il utilise des onomatopées perdues depuis 20 ans, pour montrer qu'il a de la bouteille, et cherche à se faire des alliés.
- Alors, René, vas-y présente toi.
- Alors moi, c'est René, je travaille à Clichy, ex Agence Centrale DP520 du Groupe Dr Nord, s'il y en a ici qui voient de quoi je parle (Heu non René, on ne voit pas du tout ce qui s'est passé avant guerre). Oui, je vous parle d'un temps, que les moins de 20 ans..
- Oui, René, mais c'est quoi ton parcours ? (Non, la question qui ne fallait pas poser)
- Oh ben moi vous savez, j'ai un peu bossé partout, dans toutes les agences, à tous les postes. Du guichetier, au caissier, en passant par le back office, qu'on appelait les Centraux avant, et puis reconversion à nouveau, et me voilà. Ben oui, parce que, que voulez-vous, ils dégraissent aujourd'hui, et ils ne savent pas **où** mettre les gens, alors, pour virer ces personnes ils savent faire, ça.

- Oui, merci René.

René ne fait que très peu de jeux de rôle, sauf quand Jennifer est demandée dans le rôle de la cliente, alors là, le René, faut pas le prier longtemps pour venir «Ro ben je vais dépanner la petiote. A son âge, j'étais comme ça aussi, ben oui, c'est normal, faut bien commencer un jour. Allez, viens Jennifer, t'inquiète pas» (Oh René, calme tes hormones, c'est juste un jeu de rôle, vas-y doucement, c'est mauvais pour ton cœur.)

A la pause, René descend directement se fumer deux clopes (c'est le stress des années, mais vous verrez quand vous aurez vécu autant de trucs que moi), avec trois cafés et c'est reparti pour un tour. Au self, c'est le seul à prendre un pichet de vin, et l'engloutir, sans en laisser une goutte, pour accompagner l'entrecôte-frites. Bon c'est aussi le seul à revenir un peu rouge du repas, et à dormir un petit coup entre 14h et 15h.

Mais René, faut pas l'énerver. Autant il est gentil, sympa, rigolo et lance une ou deux boutades par-ci par-là, en rigolant lui-même, autant quand on parle de vente, là, ça l'agace. Le maître de conférence a du mal à se faire entendre.

- Alors, oui, il faut commercialiser l'assurance vie, car c'est un produit qui convient à toutes les personnes.

Et René intervient :

- Ben j'suis d'accord, mais bon, avec tout ce qu'on nous demande aujourd'hui, les vérifications, les comptes-rendus, les stats, c'est plus du boulot. Et puis les objectifs qu'on a de plus en plus. Non mais c'est vrai, c'est de la bâtonnite. Après, ils voudraient qu'on fasse de la qualité, mais on peut plus. Ben oui, qu'est-ce que vous voulez que je vous dise. Mais vous n'y êtes pour rien..

- Oui, merci René.

- Non, mais attend (oui, il tutoie en premier et parle directement au formateur et à l'assemblée). Je plains les jeunes qui viennent de rentrer. Pour eux, ça va être un enfer. Tu vas voir dans 10 ans ce que ça va être. Oh ben j'aimerais pas être à leur place.

René partira du stage quand même un peu content, n'ayant pas appris grand-chose (oh, pour le temps qu'il me reste, j'vais pas m'énerver le coquillard ouarf ouarf ouarf), mais il aura rencontré Jennifer, ce qui lui aura procuré quelques sensations perdues.

La grande constante reste les formateurs, qui eux, sont dans la quasi-intégralité, assez détendus, et nous font passer une bonne journée, tout en nous apprenant les ficelles de notre métier.
Ils sont sympas, tentent de faire régner l'ordre en tout début de stage (attention, le stage sera assez dense et il va falloir vous accrocher), mais bon, ça tourne toujours un peu en cacahuète après le premier repas.
Sauf une fois, où nous sommes arrivés, après un café cigarette, deux minutes après l'heure, et nous étions relativement contents de ne pas avoir trop dépassé l'horaire. Et là, nous avons été accueillis sans doute par un ancien Général des Armées.
- Bon, je remarque que vous avez déjà deux minutes de retard, vous pensez que le stage va bien se passer à ce rythme-là ? Vous pensez que nous allons finir dans les temps ? Non mais vous vous croyez où ? Je ne veux plus un seul retard, vous m'avez compris ? (Non mais Jean-Claude, t'as craqué ton slip ou quoi ? Faut se détendre, nous sommes en formation !!!).
Seul élément qu'il n'a pas pu gérer, les envolées verbales d'une collègue, Virginie, qui, une fois partie, ne pouvait s'arrêter. Je n'ai jamais vu une personne d'aussi investie défendant ses croyances et revendications bec et ongles.
J'étais tout simplement admiratif. J'ai toujours des contacts avec cette personne formidable, qui est devenue formatrice à son tour, encore actuellement.

Comme d'habitude, je revins du stage gonflé à bloc, prêt à en découdre avec les pires résistants au commercial. Et dans l'ensemble, ça fonctionnait plutôt bien. Mais ça, c'était sans compter les tribulations de René et Gérard. Alors, que je vous explique, dans ma vie, René et Gérard sont les personnes que nous ne voyons jamais, mais qui ont toujours des idées lumineuses. Ceux qui mettent un dos d'âne sur une route de campagne que personne utilise, qui mettent en place des déviations qui ne vous font jamais retrouver le tracé initial, bref, tous ceux qui planchent sur des idées qui ne servent à rien. Et partout, dans toutes les administrations, dans toutes les entreprises, vous avez des René et des Gérard, et j'imagine comment ils en sont arrivés à nous pondre des idées pareilles. Ce fut le cas pour les produits mis sur le marché par la suite. Ok la banque dans laquelle j'officiais se voulait précurseur dans certains domaines, mais des fois, il aurait mieux valut éviter.

- Hey, René, qu'est-ce qu'on fait cet après-midi ?

- Ben j'en sais rien, mais y a Maryline qui fête son départ, elle fait un pot.

- OK, mais c'est à 18h. Mais entre maintenant et 18h on fait quoi ?

- Ben on se prépare au pot ouarf ouarf ouarf.

- Non déconne pas, il faut trouver une idée.

- Hof, t'es lourd, on en a déjà eu une la semaine dernière. Il t'en faut tout le temps maintenant ?

- Ben oui, il faut bien trouver des nouveaux produits.

- J'en sais rien. Attends, je cherche, je cherche. J'ai le cerveau qui fume là.

- Oh, dis donc, je viens d'avoir une illumination. Qu'est-ce que possèdent tous les gens, les clients là ?

- Prrrr ? J'en sais rien.

- Ben un réfrigérateur et un congélateur.

- Ouais.

- Si on faisait une assurance pour congélateur ?

- Pas con.

- Des coupures de courant, n'ayez plus peur, nous assurons votre congélateur.

- Oh la vache, ça envoie ton idée là. Ça a du chien.
- Du quoi ?
- Du chien.
- Et une assurance chiens ? Chiens et chats, qui couvre les dépenses de santé et tout, et tout.
- Waouh, alors là, tu me troues. Deux idées dans la même minute.
- Ouais, t'as vu. Bon on planche là-dessus, et on file au pot de Maryline.

Non mais attendez les gars. Vous savez qu'après, on doit les vendre ces trucs-là, et en ayant l'air convaincus en plus. Faut calmer vos ardeurs et vos idées, sinon, un jour, on va vous envoyer les vendre vos produits. Non mais..

Et c'est comme ça, qu'en cette belle année 2002, je me retrouvais à vendre des assurances chiens et chats, ainsi que des assurances congélateur. Bon je vous rassure, je n'ai pas dû avoir un poids énorme dans la réalisation des objectifs, et n'ai jamais reçu les félicitations du jury. Mais bon, quelle idée aussi…

Mais 2002 fut également l'année du Mondial, qui tomba à peu près en même temps que Rolland Garros d'ailleurs. A cet effet, les matchs de foot passant le matin, car pas sur le même fuseau horaire, et les matchs de Rolland Garros l'après midi, le grand chef installa une télévision dans son bureau afin de suivre toutes les retransmissions sportives.
Lors d'une réunion le midi, après manger, nous suivîmes avec attention un match de la France. Puis lors de l'ouverture, un conseiller en gestion de patrimoine se leva.
- Jean-Louis, j'y vais, j'ai un rendez-vous.
- Oui, ben tu dis au client de monter.
Les clients montèrent, et furent invités à regarder le match de foot. Les autres rendez-vous aussi, et ainsi, nous furent une

bonne vingtaine à regarder le match de foot, conseillers et clients inclus.
Ce n'était pas l'intensité de 1998, mais ça valait son pesant de cacahuètes quand même.
Jean-Louis gérait très bien son agence, nous faisions de belles réussites commerciales grâce à la joie et la bonne humeur qu'il apportait en ces temps compliqués. Même lorsqu'il ramassait les compteurs le soir, il le faisait dans la bonne humeur, même si certains soirs, sa mine dépitée laissait paraître un profond désespoir. Mais nous repartions de plus belle le lendemain.

Début 2003, un samedi, René et Gérard frappèrent encore, pour notre plus grande joie, nous, employés de Banque. C'est vrai, nous assistions, impuissant, à la voracité d'une banque concurrente devenue confrère, dont nous vendions maintenant une partie de leurs produits. Pourtant, l'établissement qui m'employait semblait fort, et là, il se laissait manger tout cru au fur et à mesure que l'État vendait ses parts. Il restait une dernière partie qui fut mise en vente, un samedi matin. Non pas que le samedi se veut être une journée ennuyeuse loin de là, mais ce qui se passa resta dans les annales et nous tint en haleine toute la journée, pour au final avoir une crise de rire assez mémorable. L'État décida donc ce matin- là, de mettre en vente la dernière partie du capital qu'il détenait et dans les bureaux de la banque qui devait finir de nous racheter cela a dû se passer à peu près ainsi.

- René, t'es où ? Renéééé ?

- Crie pas Gérard, je suis là, je répare le photocopieur.

- Mais si, je crie, c'est super important, l'État vient de mettre en vente la dernière partie du capital qu'on doit racheter.

- C'est bon t'affole pas, j'y vais dès que j'ai fini.

- Mais non, c'est tout de suite, le Boss nous a bien dit d'y aller et d'acheter tout. Après c'est fini, il ne leur restera plus rien. On l'aura bouffé tout cru ouarf ouarf ouarf.
- Bon d'accord, j'y vais. Pffffff, on peut pas être tranquille dans cette turne. Mais heu, t'as vu à combien ils vendent ça ? Pfiou, c'est pas des roupies. Hey, Gérard, t'as pas un peu l'impression qu'ils nous ont pris pour des touristes asiatiques là ?
- J'en sais rien, mais t'as raison. C'est pas donné leur histoire. Qu'est-ce qu'on fait ?
- Attend, j'ai une idée. On n'achète rien, on va prendre l'apéro, et puis on revient tranquillou, on les laisse mijoter, et ils vont descendre le prix. De toute façon, on a déjà quasi tout le capital, alors c'est comme si c'était plié. Hé hé hé....
- Waouh, mais t'es pas bête René. J'y avais pas pensé.
- Ben oui, j'ai pas 30 ans de métier pour me laisser avoir par le premier venu. Allez, zou, on file à l'apéro.

Voilà en gros ce qui se passa. Effectivement le reste du capital a été mis sur le marché. Effectivement, la banque confrère n'acheta pas tout de suite, voulant avoir le deal au meilleur prix. Et dans cette négociation, l'État attendit encore un peu, mais un acteur inattendu arriva, une autre banque insoupçonnée rafla les 10 % de parts mises sur le marché. Elle arriva telle une trublionne dans un marché à huis clos.
- Excusez-moi ?
L'État, d'un air perplexe répondit :
- Oui, qu'est-ce que vous voulez ?
- Ben vous vendez un truc là, et on veut bien l'acheter.
- Le capital de la Banque ?
- Oui oui.
- Mais vous êtes sûr ? Vous n'avez pas d'autre participation. Et la Banque X a déjà 90 % du capital.
- Oui, mais on a un truc à faire avec, enfin bon, ce serait trop long à expliquer, mais si vous voulez bien, nous sommes acheteurs.

- A quel prix ?

- Au prix que vous avez annoncé, comme ça, ni plus ni moins ?

- Ben heu… Ok……

Et c'est ainsi que pendant quelques jours, je n'avais plus un, mais trois employeurs, trois banques différentes. Moi je dis, il va falloir vous entendre pour rédiger les fiches de paie les gars. Bonne chance.

La banque confrère dut racheter les parts à la banque trublionne à un prix d'or. Les acheteurs de cette dernière ont dû avoir de belles promotions, et de leur coté, René et Gérard ont dû chercher un nouveau travail. Effectivement, nous assistions à tout ce manège, impuissants, mais cet épisode nous a ravi notre journée. Ils ne cesseront jamais de m'étonner…

Ceci étant dit, la banque confrère finit de nous engloutir, et mon ancien employeur ne devenait plus qu'une vitrine destinée à mourir.

L'ITB en poche, je faisais valoir mes droits afin d'obtenir un poste de responsable d'agence, mais un changement de direction vint tout changer, et demanda à ce que je fasse mes preuves. Malgré ma belle réussite professionnelle, mes premières places à divers challenges, mes appréciations sans failles, mes tenues de postes excellentes, je devais à nouveau faire mes preuves. Sur quelles bases ? Pourquoi ? Les réponses tardaient, non explicites. Je décidai donc de changer d'établissement, et de rejoindre « Popo » et Stéphane, mon ancien chef, au sein d'une « petite » banque parisienne de 900 employés.

19 Désillusion

Nous autres, employés de Banque, pensons toujours que l'herbe est plus verte ailleurs avant de l'avoir broutée. Les salaires, plus confortables, la DRH plus prévenante, la direction commerciale beaucoup plus dynamique et dans l'ère du temps, bref, un Éden perdu nous faisant nous demander comment avons-nous pu rester dans la même banque tant d'années. Au passage, prendre un petit bonus est toujours agréable. Quand je dis « petit », il ne faut pas voir ce métier comme d'autres métiers financiers comme les traders, ou les gestionnaires de fonds ou toute autre branche du même domaine. Les « gap », soit variations de salaires d'un poste à un autre sont relativement faibles, et nous permettent juste d'avoir l'impression d'avoir fait le bon choix et de nous conforter dans notre décision. Si nous faisons un gap de 2000 à 3000 euros brut par an, c'est bien le maximum. De nos jours cela se limite même plus à 1 000 euros. De plus, en région parisienne, cette pratique s'avère courante, et il devient de bon ton d'avoir vu des horizons différents lorsque cela fait plusieurs années que nous sommes dans le même établissement. Ce ne fut pas mon cas. J'avais cette sensation d'appartenir à une grande famille, une maison, même au bout de 8 ans seulement, ce qui semble beaucoup et peu à la fois au regard des personnes s'investissant une trentaine d'années dans un seul et même établissement. Tout se mélange, et l'entreprise n'est plus une simple entreprise, mais devient un parent, une protection avec laquelle nous avançons, grandissons, qui nous permet de fonder une famille, de se construire une vie. Mais les désillusions arrivent lorsque vous n'êtes plus sur la même longueur d'ondes, et rien ne se raccroche à vous pour rester dans cette famille. Plus personne ne vous retient, et les seuls échos s'élevant sont ceux d'un « vous pouvez aller voir un autre établissement si vous le souhaitez ». Et là, vous vous sentez seul, trahi, mis de côté, à l'écart de cette évolution que suit l'entreprise, de ses changements. Elle n'a pas besoin de vous, personne n'a besoin de vous. Vous n'êtes pas indispensable, tout le monde est remplaçable. Ce sentiment est horrible, surtout lorsque l'on a l'impression d'avoir réussi à s'élever un peu, que l'on a eu des gratifications de la part des différentes directions, que l'on a donné le meilleur de nous-mêmes dans toutes les situations. Mais en définitif, ce n'est pas nous qui gagnons. Je comprends aisément les employés des grandes entreprises françaises qui se sentent trahis lorsque celle-ci décide de délocaliser, fermer, ou faire l'impasse sur une bonne partie de ses salariés. Mais dans tout ça, ce que nous oublions beaucoup trop vite, c'est que, quelque soit les circonstances, une entreprise se doit d'être rentable. Un objectif simple, concret, chiffré, clair et cruel, mais réel. Il n'y a pas d'humanisme dans la case de fin, celle du résultat net. Et les grandes entreprises ne sont pas familiales, nous ne travaillons pas dans un village pour aider les habitants, ne faisons pas du social. Cependant, à chacun de nous de rendre cette réalité convenable, agréable pour tous les employés qui nous entourent. La bienveillance est le maître mot. Nous sommes des équipes, des personnes qui vivent ensemble 8 heures par jour, et nous sommes une famille. Enfin, dans presque tous les cas. Car j'allais découvrir que dans le monde professionnel impitoyable, certaines personnes le rendent invivable.

Je signai donc les documents afin d'intégrer cette nouvelle banque, aux prétentions beaucoup plus modestes que la banque nationale précédente. Passer de 30 000 employés à 900 employés, la dimension semblait à mille lieues l'une de l'autre. Cette banque, s'occupant des comptes professionnels et entreprises en majorité, souhaitait développer son activité

aux comptes particuliers. Accroître son champ d'action en matière patrimoniale des clients déjà existants. Mon rôle consistait donc à contacter tous les dirigeants d'entreprises afin de leur faire connaître l'offre offerte par la Banque pour gérer leur patrimoine personnel.
Enthousiaste, je me rendis dans l'agence dont j'allais faire partie, qui se situait à environ 500 mètres de chez moi, en descendant la rue.
Madame Barbelé m'accueillit avec un grand sourire qui ne la lâcherait pas pendant tout le temps que j'allais travailler avec elle, sourire de bienveillance forcé à s'en faire péter les maxillaires, mais marque de fabrique de la super bonne commerciale prête à tout pour avoir un beau paraître.
Elle me présenta Josiane qui occupait le poste de chargée d'accueil, « Lolote », ancienne recrue de l'armée, qui n'avait pas supporté l'autorité, et avait pris son baluchon après quelques années ; Sylvia, son adjointe, et Martine, l'administrative de l'agence. Voilà l'équipe au complet. Fortement réduite par rapport aux agences de 10 ou 12 personnes que j'avais intégré à Paris, cette nouvelle agence de banlieue peu défavorisée me donnait l'impression d'un nouvel avenir plutôt sympathique s'ouvrant à moi. Nous allions former une vraie équipe une vraie famille.
Madame Barbelé me raconta l'histoire de la banque, sans oublier le grand chapitre sur le
« se sentir bien au travail, faire de mon mieux, accompagnement futur, progression et tout ça ». Puis elle m'accompagna vers mon nouveau poste de travail.
L'agence disposait d'un rez-de-chaussée en longueur, avec le sas pour rentrer, l'accueil guichet à gauche, mon bureau à droite, et le bureau de l'administrative un peu plus loin à gauche, en dessous de l'escalier (si si, chaque détail a son importance). A l'étage, l'adjointe, Sylvia est ma chef préférée.

- Voilà votre bureau Christophe.
- Merci, je pose mes affaires, allume l'ordi et je me mets au travail.

- Ah. Heu non, pas tout de suite (avec le même sourire crispé).

- Pourquoi ?

- Nous n'avons pas encore reçu vos codes pour travailler.

- D'accord, ils arrivent quand dans la journée ?

- Ah. Heu pas forcément dans la journée, mais d'ici deux trois jours je pense.

- Deux à trois... ?? D'accord, mais qu'est-ce que je fais pendant ce temps ?

- (re-sourire gelé) Vous pouvez prendre connaissance des dossiers papiers de vos clients, ils sont derrière vous.

- D'accord.

J'ai dit d'accord ! Dès cette première matinée, j'ai su que ça allait être compliqué. Pas au point de ce que je découvris ensuite, mais dès le début, cela semblait mal parti.

Je pris connaissance de mes dossiers papiers, mon portefeuille se composait de 350 clients, à 90 % de comptes secondaires, qui ne servaient plus pour la grande majorité. Il allait falloir un grand travail de prospection, ce qui me motivait encore plus.

Martine m'observa en me faisant un grand sourire, entre deux remplissages de paperasse. Josiane me souhaita bon courage.

Dès le deuxième jour, Madame Barbelé arriva avec un grand sourire (oui c'est un euphémisme dans son cas).

- Christophe, j'ai une très grande nouvelle !

- Ah oui, quoi Madame Barbelé ?.

- J'ai VOS codes de travail.

- Ah.

Ah !! Oui, j'allais faire autre chose que de regarder l'heure passer sur la pendule de Windows.

Oui, car dans une agence classique, vous avez du monde en permanence. Mais dans cette banque, la clientèle se voulait très sélective. Et les allées et venues se faisaient rares.

Je rencontrai donc ma première, et seule cliente de la journée. Elle possédait environ 200 000 euros sur un compte sur livret, je la décidai d'ouvrir un Plan d'épargne logement, pour y verser 10 000 euros. Même à son âge, 70 ans environ, un PEL ne peut pas faire de mal en terme de rentabilité, et aujourd'hui elle doit me remercier, compte tenu des taux de placements hauts à l'époque.
La cliente sortie de l'agence, je reçus un coup de fil.

- Allô ?
- Oui, c'est Madame Barbelé, vous pouvez venir dans mon bureau ?
- Mais avec plaisir, j'arrive.

Ce fut la seule fois que je répondis « avec plaisir », sur les 357 autres fois que je montais dans le bureau.

- Oui ?
- Asseyez-vous Christophe.
- Merci.
- Alors voilà, je voulais vous parler d'une ou deux choses.
- Je vous écoute.
- Vous avez vendu un PEL à une dame.

Oh la vache, ça venait de se passer !!! mais comment avait-elle su ?? Elle devait avoir des pouvoirs. Madame Barbelé cacherait-elle des secrets au plus profond d'elle-même ?

- Oui, effectivement (hé oui Madame, première cliente, première vente, premier placement . Ah Ah, alors c'est qui le meilleur ??)
- Oui, alors à ce sujet, comment vous dire .. Heu.. (sourire congelé). Voilà, je sais que vous venez d'une grande banque, et nous n'avons peut être pas les mêmes usages ici.
- C'est-à-dire ?
- C'est-à-dire que.. Ça me gêne un peu, mais vous n'êtes pas obligé de vendre à toutes les personnes.
- Pardon ?
- Oui, vous aviez l'habitude de vendre, et là, ce n'est pas la pratique de la maison.
- Pas la pratique de la maison ? De vendre ?

- Oui.

- Donc si je comprends bien, vous me demandez de vendre moins ?

- Oui, c'est ça.

- Mais j'ai juste vendu un produit.

- A une personne âgée.

- Pas si âgée que ça, et juste un Plan d'Épargne Logement. L'intérêt versé chaque année est pas mal, même en épargne.

- Hummm, bon vous m'avez comprise.

Alors là, pour le coup j'en restai soufflé. En tant que commercial, je devais vendre moins... J'appris également qu'il n'y avait pas d'assurance IARD à vendre, exit également tous les placements populaires (LEP etc..), que les types de cartes se résumaient à la Carte Bleue ou la Premier (et Premium). Le nombre de produits devient très limité dans ma ligne d'horizon.

Je pris donc ces indications en compte, et retournai à mon bureau afin de faire un peu de phoning histoire de rentrer en contact avec des clients.

La journée se passa, et Josiane vint me voir.

- Excuse-moi Christophe, je sais que tu es occupé (non, non, vas-y je t'assure, j'ai un peu de temps devant moi là), mais tu pourrais m'aider à sortir les poubelles ?

- Pas de souci, lesquelles ?

- Ben toutes les poubelles de l'agence.

- Et on les met où ?

- Sur le trottoir.

- Pardon ?????

- Sur le trottoir, juste en face de l'agence

- Mais les poubelles avec les documents des clients, les trucs confidentiels et tout ?

- Oui oui.

Cela ne semblait choquer personne que des documents confidentiels soient posés sur le trottoir, et lorsqu'un chien, des mois plus tard, décida de mener un combat contre nos pauvres poubelles qui n'avaient pas l'ombre d'une chance, elles se retrouvèrent éventrées, avec tous les relevés de comptes de tous les clients sur le trottoir. Et cela ne choqua pas plus que ça encore une fois. Bref, je sortis les poubelles.
Troisième jour je rencontrai un prospect dans la rue, au cours d'une discussion, et l'engageai à faire une simulation de prêt immobilier. Je l'invitai à venir avec moi dans l'agence, afin de voir si nous pouvions lui offrir nos services. Bien que cette banque offrait réellement des taux hors du commun, un point à un point et demi au-dessus du marché, mon sens du commercial ne s'en écornait pas, et je tentai ma chance. Le prospect fut ravi de cet entretien. Coup de téléphone.

- Christophe, vous pouvez venir dans mon bureau ?
- D'accord. (le avec plaisir s'effaça déjà)

Je gravis ces 22 marches que j'allais user.

- Oui Madame Barbelé
- (Sourire surgelé) Heu, oui, vous venez de rencontrer une personne qui n'est pas cliente ?

Mais c'est pas vrai. Là j'en suis sûr, elle a des supers pouvoirs, ou alors, elle peut traverser les murs. Je me tourne, regarde à droite à gauche. Pas de caméra dans son bureau, ni dans l'agence au niveau de mon bureau, non, non, là, il y avait un truc. Elle me soufflait.

- Heu, oui, un prospect, nous allons voir pour lui faire un prêt immobilier.
- Ah oui. ... C'est bien mais heu..
- Heu quoi ?
- Dans cette banque, nous n'acceptons les prospects que sur recommandation.
- Recommandation de qui ?
- De nos clients.
- Mais les prospects tout court ?
- Heu, non pas de prospect tout court.

- Ah.
- Donc à l'avenir, plus de personnes qui ne sont pas connues, dans l'agence. Compris ?
- D'accord.

Là, mon champ d'action se réduisait comme une peau de chagrin. Je regagnai mon bureau, afin de trier quelques papiers.
- Josiane, j'ai un truc à te demander.
- Quoi ?
- J'ai un truc à te demander..
- Quoi, j'entends rien, parle-moi dans l'autre oreille.
- Ah tu as une oreille qui fonctionne pas ?
- Ben oui. (et Lolotte d'enchaîner)
- A son âge, y a plus grand chose qui fonctionne, hein Ricaud (diminutif de son nom de famille).
- Oh, ça va la bidasse. Bon qu'est-ce que tu veux ?
- C'est quoi l'application pour faire une carte Visa ? J'ai un client qui en veut une.
Elles me regardèrent avec étonnement, puis répondirent à l'unisson :
- Ah ben il n'y a pas d'application.
- Comment ça ?
- Tu remplis un formulaire papier que tu adresses au siège, et il feront la commande.
- Pardon ?
- Tu remplis un formulaire papier…
- Oui, j'ai compris cette partie-là, mais ça veut dire que l'on ne peut pas commander des cartes sur informatique ?
- Non. Et c'est Christine qui passe les commandes.
- Qui passe les commandes de quoi ?
- De cartes. Roh Christophe, tu ne suis pas, ou quoi ?
- Tu veux me dire que c'est une seule personne qui passe à la main, toutes les commandes de cartes pour toutes les agences de Paris et la région Parisienne ?????
- Voilaaaaa. Tu as compris. Bienvenue chez nous.

- Et oui mon pote, me répondit Lolotte. Ah ben t'es pas au bout de tes surprises, accroche-toi, ça va décoiffer... C'est sûr que par rapport à ce que tu as connu, nous sortons tout juste de la Préhistoire ici. D'ailleurs, j'ai oublié de te dire, si tu pouvais me donner ton courrier avant 16h, car je dois le porter à la Poste.

- A la Poste ??? Mais quel courrier ? Non, pas le courrier que l'on doit envoyer aux clients ?

- Si si, je vais le porter tous les soirs à La Poste.

- Ok, je te remercie.

Je revins à mon bureau, un peu sonné, mais toujours confiant. Au bout de ma première semaine, Madame Barbelé me reçut dans son grand et beau bureau du haut, jonché de documents et de dossiers pour rendre un air de je-suis-débordé très convenable au cas où nous entrerions à l'improviste.

- Christophe, comment s'est passée votre première semaine ?

A cet instant très précis, il faut chercher ses mots, rapidement, et les bons.

- Ça va (ok, sur ce coup j'ai pas brillé)

- Ça va ?

- Oui oui, je m'adapte.

- Bon et bien c'est parti pour une nouvelle semaine.

Aïe, ça pique.

Ma période d'essai continuait, et malheureusement, un grave accident de voiture impliquant une personne en état d'ivresse roulant sans permis dans une voiture qui ne lui appartenait pas, roulait à contresens pour me percuter à plus de 100 km/h.

Je ne sais pas comment je m'en suis sorti, mais j'ai eu 3 semaines d'arrêt histoire de retrouver une tête un peu plus convenable. Je fus reçu dans le « bureau » directement. Pas plus mal, ça m'évitait de m'installer trop vite.

- Christophe, j'ai une très bonne nouvelle (sourire de joie et d'allégresse)

- Bien, c'est quoi ?

- Malgré votre accident, votre arrêt, nous avons décidé de ne pas prolonger la période d'essai.. Et de vous embaucher définitivement.

- Ah.

- Vous êtes content ? On vous embauche.

Alors une précision, je ne suis pas d'un naturel très enthousiaste. Il faut savoir que j'ai toujours caché mes sentiments. Lorsque je suis heureux je ne le montre pas. C'est très compliqué de savoir ce que je pense, quelles sont mes émotions. Mais là, pour le coup, l'émotion que je laissai transparaître reflétait ce que je pensais.

- Disons que pour m'embaucher, il faut que je sois d'accord, et là, je ne suis pas sûr d'être d'accord.

- (Sourire cryogénisé). Ah..

- Je vous donne une réponse dans quelques jours.

Bien sûr, j'acceptai cette proposition, en restant sonné par l'accident encore pendant quelques mois. Je sombrai dans une profonde déprime. Cela arrive sans prévenir, comme ça, le cumul de l'accident, du mal être au travail. Mais heureusement, j'appris une superbe nouvelle, quelques mois plus tard, j'allais devenir Papa.

Les journées s'étalaient longuement, très longuement au travail. Pas beaucoup d'activité, pas beaucoup de prospection (non, il ne faut pas..) et des conversations interminables avec Madame Barbelé, sur l'art et la manière de faire les choses, et à bien s'écouter parler aussi. Nos réunions s'avéraient être longues et ennuyeuses également, passant du descriptif de ce que nous mangions, à des réalisations commerciales. L'avantage, avec Madame Barbelé, c'est qu'elle s'étonnait de tout, comme une enfant venant de naître et vivant dans une tour d'argent à l'abri de la pauvreté de ce monde, du monde populaire. Madame Barbelé se situait au-dessus de ça. Elle officiait telle une reine dans son château, et nous nous positionnions en disciples.

- Bon alors nous allons commencer la réunion, et je vous souhaite un bon appétit en même temps.

- Merci Madame Barbelé.

- Mais dites-moi Christophe, qu'est-ce que vous mangez ? Quelle est cette… chose ?

- Ça ? C'est une spécialité de lointains pays, recette ancestrale se composant de feuilles de riz frites, farcies avec des ingrédients divers tels du vermicelle, de la viande, ou des crevettes, de la carotte, et des champignons noirs, accompagnées d'une sauce aux saveurs de la mer.

- Aaaaah, ça m'a l'air délicieux.

- Oui, ben en gros, c'est un nem avec sauce Nuoc-mâm quoi. Le traiteur asiat en bas de la rue en vend plein.

- Aaaaaaah, d'accord.

Je pouvais rester des heures à mon bureau, sans rien faire. Je développais la technique des indiens, se reposer, dormir, tout en gardant les yeux ouverts.

Le téléphone sonne, je saute dessus. C'est une cliente de Madame Barbelé. Je prends la commission, car là, elle est super occupée, en discussion avec le Boss.

Je regarde la pendule électronique de Windows, celle qui se trouve en bas de votre écran, et regarde les minutes passer.

J'entrouvre les doubles-rideaux bleus de l'agence, pour ne laisser que les rideaux de voile transparents, afin de regarder ce qui se passe un peu dans la rue.

Madame Barbelé débarque une minute plus tard montre en main, me regarde, referme les rideaux.

- Ts ts, question de sécurité, on n'ouvre pas les rideaux.

Alors là, il va vraiment falloir que je découvre comment elle fait ça.

Je vais voir Lolotte, et Josiane.

- Hey, les filles, y a un truc là.

- Quoi, qu'est-ce qui t'arrive, t'es pas bien parmi nous ?

Oui parce que Lolotte et Josiane avaient une vue parfaitement objective de la situation, et savaient très bien, qu'honnêtement, cette agence ne tournait pas rond.

- Arrête tes conneries. Mais c'est pas ça. A chaque fois que je fais quelque chose, la mère Barbelé est au courant. Comment elle fait ça ? Elle a des pouvoirs ou quoi ?

- Oui, on te confirme, elle a de grands pouvoirs.

- Comment ça ?

- Elle entend tout, elle voit tout, elle sait tout.

- Mais comment ?

- Par ta voisine de chambrée, Martine !

Ah ok, l'administrative de l'agence, Martine, super gentille, adorable et mielleuse se révélait être une moucharde. Je repris ma place, la regardai, elle me fit un grand sourire. La guerre était déclarée.

Les frasques incessantes de mes deux comparses au guichet me donnaient l'occasion de me divertir un peu.

- Ricaud, t'as rangé le paquet de chèques ? demande Lolotte.

- Hein quoi ? Qu'est-ce que t'as dit ? Parle-moi à l'autre oreille (fallait vraiment penser à se focaliser sur la bonne oreille, sinon niet).

Lolotte soupire, la regarde et se penche vers l'autre oreille en parlant un peu plus fort.

- Les chèques, t'as pensé à les ranger ?

- Oui, oui, t'inquiète.

- Et regarde, mais qu'est-ce que tu as fait à l'imprimante, elle veut plus imprimer.

- Oh Lolotte, tu te calmes, j'ai essayé d'imprimer du recto verso, mais ça veut pas.

- Mais Ricaud tu sais pas le faire le recto verso. Tu ne sais pas te servir de la nouvelle imprimante. Alors comme on dit à l'armée, « Matériel inconnu, touche à ton cul ». Alors, Ricaud, tu touches à ton cul s'il te plaît.
- Mais elle va se calmer la gamine là. Et parle-moi à l'autre oreille je t'ai dit, j'entends rien de celle-là.

Régulièrement j'avais l'impression d'assister au numéro des deux vieux des Muppet Show. Bien que l'âge de Lolotte ne devait pas dépasser la trentaine, elle affichait un léger embonpoint qu'elle acceptait jusqu'à ce qu'un régime arrive afin de la faire fondre un peu. Aux clients de dire :

- Ooooh vous avez maigri, c'est quel régime ?
- C'est le régime t'arrêtes de manger des cacahuètes à l'apéro, et tu prends des jus d'orange à la place du kir.

Quand à Josiane « Ricaud », elle vivait sa propre vie et menait d'une main de fer ce poste. Fallait pas l'ennuyer longtemps, et quelques joutes verbales « off » avaient lieu.
- Mais Madame vous m'avez déjà appelé quatre fois aujourd'hui, il n'y a pas votre virement dit Josiane, puis en raccrochant « oh elle nous fait chier celle-là. »
Mon téléphone sonne.

- Allô, Monsieur, me fit la cliente.
- Oui ?
- Quand votre collègue a envie de dire que je la fais chier, qu'elle assure d'avoir bien raccroché le téléphone.
- Oups, oui effectivement, je m'en vais lui dire de ce pas.

De son côté Sylvia assumait parfaitement son rôle de « sous-chef », n'aimant pas trop Madame Barbelé, mais remplissant sa fonction de j'ennuie-le-monde-aussi.
Lors de mes congés, elle se faisait un malin plaisir à me contacter à 8h30 le matin, afin de m'informer que quelque chose n'allait pas, et qu'elle allait le régler toute seule, mais quand même, c'était pénible. Compte tenu du peu de travail

que j'accomplissais faute de clients, j'étais étonné d'avoir des remontrances. Mais il fallait bien trouver quelque chose.

- Christophe, dans mon bureau.

Et c'est reparti.

- Oui, Madame Barbelé, que puis-je faire pour vous ?
- Heu (sourire emprunté), vous avez eu un client professionnel ce matin en ligne.
- Oui effectivement, il voulait avoir des renseignements sur…
- Ah c'est bien ça. J'aimerais que vous ne traitiez pas les clients professionnels. Ils ont des chargés de compte, et c'est très bien ainsi.
- Mais ce sont des clients je peux leur répondre.
- Oui, mais.. Non. Je vous remercie.

Pas de prospects, pas de réponses aux clients qui n'étaient pas dans mon portefeuille, il ne me restait plus grand chose à faire. Ainsi passaient mes journées, à aider au guichet, et faire attention à ne pas m'attirer les foudres de Miss Barbelé, et son garde Chiourme Martine. D'ailleurs les doubles des clés de l'agence se voyaient être confiée à Martine, qui, en cas de problème, habitait à environ une heure de l'agence ce qui s'avérait être beaucoup plus pratique que moi qui habitait dans la rue d'en face.

Une fois, Madame Barbelé avait perdu ses clés, et restant jusqu'à tard (c'est ça le principe de la chef selon elle, rester jusqu'à 20 h, sinon, on montre que l'on a pas beaucoup de travail), elle dut faire appel à Martine qui venait juste de rentrer chez elle. Elle repartit vers l'agence, et un petit 4 heures de route en comptant tous les allers-retours de la journée, pour satisfaire les exigences de la chef. Qu'est-ce que l'on ne ferait pas pour se faire bien voir.

Remontant peu à peu la pente de ma période dépressive, je me mis en position rebelle, et regardai un peu autour de moi.

Le temps du changement se faisait proche, et je postulai auprès d'autres banques afin de partir de ce piège où je m'étais fourré tout seul. Une seule banque semblait me convenir. J'envoyai mes CV dès la fin 2003.

- Alors Christophe, vous allez être très TRES content.
- Oui Madame Barbelé, et pourquoi ?
- Nous allons faire des travaux et vous allez avoir votre propre bureau.
- Ah chouette.
- Vous êtes content ?
- Ah oui, super. Je peux y aller ?
- (sourire de circonstance) Oui, oui.

Un super beau bureau pour pas faire grand-chose, personnellement, je ne voyais pas trop l'intérêt.
Peu avant Noël, nous avons eu le droit à la super fête de fin d'année, réunissant tous les collègues de la banque, ainsi que les dirigeants, et les plus hauts patrons. Cette banque, comme de nombreux autres établissements français s'étaient fait racheter par un grand groupe étranger, et les dernières heures avaient sonné. Il me fallait patienter, je n'en serai pas capable. Mais nous voici au Grand-Mess, et Madame Barbelé semblait nager comme un poisson dans l'eau entourée de tout ce monde, avec courbettes de circonstances, telle une avancée à un bal princier.

- Bonjooooour, Oooh oui, ça va et vous ??

Et grand sourire partout, je te claque la bise, je te prends des nouvelles, ne s'apercevant pas que chacun semblait avoir développé un don hors du commun pour la fuir, car une fois dans ses filets, la Mère Barbelé ne vous lâchait plus et pouvait passer des heures à parler d'elle-même, ce qui en soi n'avait aucun intérêt. Sa vie, composée de travail, de travail et de brassage de vent devenait triste à pleurer. Elle seule ne s'en rendait pas compte. Ses retours du bureau à des 20h ou 21h se faisaient apprécier de son mari, et je crois comprendre pourquoi. Au moins il avait la paix, pas de moulin à parole

pour l'ennuyer. Pauvre homme, l'arrivée de sa femme à la maison devait le traumatiser.
Je défilai à ses cotés et profitai de sa première déconcentration afin d'aller rejoindre mes acolytes « Popo » et Stéphane. Nous formions les 3 Mousquetaires au fil des différentes banques que nous traversions, pour toujours nous retrouver. Ils me confirmèrent que je n'avais pas forcément de chance et que bien qu'elle ne soit pas méchante, elle vivait dans son monde, et se révélait être très pénible, et ce, régulièrement.
Nous nous retrouvâmes à table, l'ensemble de l'agence, sauf « Ricaud » qui ne souhaitait pas participer à tout ce bazar, et proche de la retraite, nous gratifiait d'un « j'ai autre chose à faire de ma vie » tout à fait compréhensible. Et puis comme elle n'entendait que d'une oreille, les conversations devenaient vite compliquées dans ce genre d'endroit, même avec le mode d'emploi. Mais sinon, nous avions le jeu de cartes au complet. Et bien sûr, la Mère Barbelé se colle pile à côté de moi. Les plats arrivent, et une jolie entrée se pointe devant mon nez avec une belle tuile de parmesan. Je la prends pour la manger et là :

- Tssss. Rooooo. (sourire emprunt de reproches)

Je me tourne vers Miss Barbelé.

- Quoi ? Ça ne se mange pas ?
- Mais si mais roooo….

Je regardai ma tuile de parmesan tentant d'observer quel mal pouvait bien me faire ce petit bout de fromage grillé.

- Mais Christophe, pas avec les doigts… Voyons.

Aaaaaah, ok. Pas avec les doigts. Ben si, je mange le poulet, les frites, les chips, et encore plein d'autres aliments avec les doigts, sans doute des traces non effacées de mon passé d'Homo-Sapiens. Je plaide coupable votre honneur. Bon pour lui faire plaisir, j'ai mangé ma tuile à la fourchette mais je vous le dis, c'est largement moins pratique.
Puis au cours du repas, tentant d'en finir rapidement avec une viande un peu résistante, je pris ma serviette pour m'essuyer

les mains. Et là, mes doigts entrent en contact avec une masse molle, gluante, et humide. Un gros morceau de viande tout mâché dans ma serviette. Je percutai immédiatement. La Mère Barbelé sortie perdante d'un combat avec sa viande, l'avait discrètement mis dans sa serviette, sauf qu'elle s'était trompée de quelques centimètres. Pour quelqu'un qui ne voulait pas manger la tuile de parmesan avec les doigts, je trouve le coup de la boulette un peu plus dégoûtant quand même.

Le reste de la soirée fut consacré à un discours dans le milieu du repas (en guise de trou Normand, peut-être, mais ça n'aide pas à digérer), le dessert, puis en route vers la piste de danse, où Madame Barbelé ouvrit le bal. Elle fut dans son rêve, moi dans mon cauchemar.

Ce fut la dernière fois que j'assistai à ce type de réunion dans cette banque. Ce fut la dernière fois que la banque en organisait, annonçant le glas quelques mois après, qui verrait d'ailleurs son grand directeur être remercié car il n'y avait plus de place pour lui dans la nouvelle organisation.

20 2004 Le grand changement.

- Qu'est-ce que je peux faire pour vous Christophe ?
- Il faut me sortir de là.

Il prit son inspiration la plus profonde. Le DRH semblait ennuyé, non pas de ma situation, mais de la situation de la banque dans sa globalité. L'ancien modèle tombait en ruine, et sa déchéance devait la faire mourir complètement avant l'arrivée du rouleau compresseur anglo-asiatique. Il remit ses lunettes en place et m'écouta encore quelques instants.

Je repris mon discours, pour ma défense.

- Sans rire, vous me payez à rien faire. J'ai pas pour habitude de dire ça, mais il n'y a pas de travail dans cette agence. J'ai besoin de rencontrer du monde, de vendre, de vivre. Et là, ce n'est pas possible.
- Oui, je sais, je connais la situation, je vous comprends. Écoutez, pour l'instant nous n'avons pas de place dans d'autres agences proches.
- Mettez-moi à l'autre bout de Paris, peu importe, il faut que je travaille.
- Je vous tiens informé, et soyez sûr que je vais regarder ce que je peux faire au plus rapide.

Beaucoup d'employés tous postes de travail confondus pensent être happés par les objectifs, le rendement, le stress du quotidien avec un millier de choses à faire, des réalisations commerciales à atteindre, et au bout d'un moment, la cocotte minute explose. Mais je peux vous assurer que le pire est de ne rien faire. Quand on n'attend rien de vous. Que vous avez quelques objectifs réalisables ou non, de toute façon, peu

importe, bref, personne ne compte sur vous, vous n'existez pas, et vos maigres réalisations ne sont récompensées de rien du tout.
Tout être humain a besoin de reconnaissance. Dans le travail, le salaire compte mais ne fait pas l'ensemble de la motivation. Ce besoin de reconnaissance est largement supérieur au salaire. Vous pouvez gagner une somme confortable, si vous n'avez aucune reconnaissance dans ce que vous faites, pourquoi le faire ? Que devient le but de votre vie ? Cela commence par attaquer la confiance en soi, pour jouer sur le moral, et pour finir, avoir l'impression de ne servir à rien.
Je voulais revenir en arrière, avoir des objectifs à atteindre, vendre, rencontrer des clients, vendre à nouveau, prendre la première place dans les challenges, bref, servir à quelque chose. Mais en attendant, je retournai à mon agence, et au travail qui m'attendait, c'est-à-dire pas grand chose.
Les premiers temps, lorsque je revenais de rendez-vous extérieur avec un gros contrat signé, j'arrivais dans l'agence, en criant :

- Waouh, un contrat de 100 000 euros signé !

Et là, la chef et l'équipe me faisaient un sourire, en disant «Hey pas mal…»
Bon la deuxième fois, je fis la même avec 50 000 euros.
La chef me disait « Waouh, pas mal ».
Après, j'ai compris que je pouvais faire n'importe quel contrat avec n'importe quel montant, la même phrase sortait.
Alors un jour, je suis rentré à l'agence et j'ai testé :
«Waouh, j'ai fait un contrat de 3 000 euros du nouveau produit »
Elle me répondit
« Hey, pas mal ».
Bon à partir de ce jour là, je pouvais à peu près faire n'importe quoi, personne n'irait regarder, tout le monde s'en fichait.
Mais les semaines continuaient de s'écouler.
Puis un jour où j'arrivai à l'agence, j'entendis ma collègue préférée, la Mère Martine :

- Oh oui, oui. Non mais oui, je comprends ah ben il n'a pas fait son travail.

Puis Martine, en me voyant, raccrocha directement.

- Je peux savoir ce qui se passe Martine ?

- Heu non, non rien, me répondit-elle en fondant ses yeux dans ses lunettes.

- Si dites-moi, car les « il » à l'agence, à part moi, il n'y en a pas beaucoup.

- C'est juste que vous avez reçu une lettre d'une cliente vous demandant de fermer ses comptes, et ce n'est pas fait c'est tout.

Je pris la lettre et savais exactement de quoi il en retournait. Je lui tendis la lettre.

- Lisez.

- Quoi ?

- Lisez la lettre.

- Mais pourquoi ?

- J'aimerais clarifier un point. Vous pouvez la lire, ou vous voulez que je le fasse ?

- Heu d'accord.

Lolotte et Ricaud suivaient la scène en se régalant, tel un chat mangeant sa pâtée au thon après plusieurs jours d'abstinence.

- Alors, merci de bien vouloir effectuer les virements des comptes épargnes afin de les mettre à zéro, et de mettre ces soldes sur mon compte courant, en vous remerciant....

- Vous voyez le mot fermeture là-dedans ?

- Heu..

- Pas heu, la cliente a écrit qu'elle souhaitait fermer ses comptes ?

- Mais c'est ce qu'elle veut, elle veut tout fermer.

- Est-ce que c'est écrit ou pas ?

- Heu...

- Non, ce n'est pas écrit. C'est peut-être ce qu'elle veut ou peut-être pas. En tout cas, si je n'ai pas d'ordre, je ne ferme pas, c'est clair ?

- Heu… Oui

- Alors maintenant, vous allez arrêter d'épier tout ce que je fais, et vous allez arrêter encore plus d'aller raconter toute ma vie à la chef. Je veux que vous me foutiez la paix, parce que si vous voulez que l'on parle de travail, on peut en parler aussi de ce que vous faites. Est-ce que c'est bien compris ?

- Mais..

Et la phrase se termina dans des sanglots, puis dans des pleurs, et elle alla en direction du bureau de la cheftaine.
On compte : 5,4,3,2,1 « Christophe !!! dans mon bureau ». OK, nous voilà repartis pour un tour.

En ce début d'année, je bravai les interdits et reçus une personne qui souhaitait ouvrir un compte. Ah ah, pas par recommandation, juste comme ça. Je la reçus, et passai une petite heure à lui ouvrir un compte, ainsi qu'à faire son changement de domiciliation, et à rédiger toutes les lettres vis-à-vis des organismes qui prélevaient ou versaient de l'argent sur son compte. Je me retrouvai avec une vingtaine de lettres en direction du 92, ancien département de sa résidence. La cliente partie, je déposai toutes ces lettres près du guichet, endroit où le courrier restait la journée pour partir le soir (Lolotte à la Poste…).
Puis je vis arriver Madame Barbelé qui tournait dans le hall comme un lion en cage. Puis elle vit le courrier, et regarda toutes les lettres, une par une.
Je fis semblant de ne pas la voir, et continuai mon travail comme si de rien n'était. Enfin, plus précisément, je faisais sembler de tapoter sur mon clavier. Puis n'y tenant plus elle arriva vers moi, ne tenant pas compte du fait qu'il y avait quelques clients au guichet.
- Christophe, je vais vous le dire une fois, mais il n'y en aura pas de deuxième. Si vous avez du courrier personnel, vous le postez vous-même, vous ne profitez pas de l'agence pour le faire.

Je relevai ma tête en direction de ses jolis yeux bleus.

- heu Pardon ?

- Vous m'avez très bien comprise. Plus de courrier personnel.

Je me levai d'un seul coup pour me retrouver en face à face.

- Alors vous voyez ces lettres, elles ont quel code postal ?

- Mais que ??

- C'est la CAF, les impôts et autres, du 92 ! Nous sommes dans le 94, j'y habite depuis quelques années maintenant. Donc ces lettres ne sont pas pour moi, c'est pour une cliente qui vient d'ouvrir ses comptes. Mais puisque vous n'allez pas me croire, nous allons les ouvrir une par une afin de confirmer ce que je dis. Première lettre, les impôts.

- Mais Christophe arrêtez.

- Non non, nous allons continuer. Deuxième lettre, ah ben pas pour moi non plus. Ensuite la CAF, pas pour moi.

- Christophe, ça suffit.

- Non puisque vous me traitez de voleur, je vous apporte la preuve du contraire.

Elle remonta au pas de course dans son bureau. Je la suivis un peu moins au pas de course histoire de lui laisser l'avantage. Je rentrai dans son bureau en furie.

- Pour une fois, ce n'est pas vous qui voulez me voir, mais moi. Je peux savoir ce que ça signifie ???

- Noooon, mais Christophe, détendez-vous, il faut que je vous explique (sourire rassurant, mais un peu crispé quand même).

- Quoi ?

- Ce n'est pas pour vous que je disais ça. Mais j'ai parlé un peu fort, exprès pour que tout le monde entende. (et continuant d'une voix chantante) Car certaines personnes ici se servent de l'agence pour envoyer leur courrier, et j'aimerais que cela s'arrête. C'est pour ça que j'en ai profité, mais je savais bien que vous concernant il ne s'agissait pas de cela.

Et bien au moins, je ne pouvais pas dire qu'elle manquait de culot. Parfaite, elle était parfaite.
Les travaux commençant, j'organisai des grandes sorties histoire d'aller voir les clients et de ne pas rester sur place dans le bruit des marteaux piqueurs et autres joyeusetés du même genre.

- Salut Josiane, je pars en prospection.
- Ouais c'est ça, vas–y casse toi (avec un grand sourire). Laisse-nous seules dans le bruit et la poussière. Alors que c'est pour toi qu'on fait tout ça, pour ton JOLI BUREAU.

Devant l'insistance de Madame Barbelé, et mon joli bureau, cela devenait la blague récurrente entre Lolotte, Josiane et moi-même pour mon JOLI BUREAU.

Le lendemain matin, je rentrai à l'agence avec un ou deux produits sous le bras et Josiane me regarda avec un grand sourire.

- Ah ben dis donc, heureusement que tu n'étais pas là hier.
- Pourquoi ?
- Parce que la moitié du plafond est tombé sur ton bureau.

Ah effectivement, ça aurait pu être un peu gênant....

D'un autre coté, j'entamai les tractations avec une banque confrère, au même moment que ma femme accouchait de mon premier enfant. Je revivais enfin. Je pris quelques jours de vacances bien agréables, et retournai à nouveau dans ma si belle agence.
Josiane avait pris une semaine de congé, et Lolotte devait s'absenter une journée. La direction envoya donc Marcel faire le remplacement.
Bon Marcel, tout le monde le connaissait et il connaissait tout le monde aussi. Il connaissait également Madame Barbelé, pour qui il avait un faible très faible. Vêtu de son T-shirt blanc, et de son jeans, il tint le guichet toute la journée, et ce, parfaitement.

Jusqu'au moment où Madame Barbelé toute pimpante, redescendit de sa tour d'ivoire avec un client pour lancer à la cantonade : « Bon je reviens de suite, mon client m'a apporté une caisse de Champagne. Vous m'ouvrirez, hein ».
- Oui, oui, répondit Marcel, concentré sur des tâches bien plus importantes.
Puis Madame Barbelé revint, accompagnée de son client et de la caisse de Champagne, et tous les trois rentrèrent dans le sas. Elle sonna de sa main libre. Marcel se pencha sur le micro.
- Une personne à la fois dans le sas.
Madame Barbelé afficha un sourire interrogateur, haussement de sourcil.
- Enfin, Marcel, ouvrez-moi.
- Oui, bien sûr, mais quand vous serez une personne dans le sas. Nous avons des consignes de sécurité, et c'est une personne à la fois dans le sas.
- Mais c'est fou voyons (elle se retourne vers son client a-d-o-r-r-é) non, mais il va m'ouvrir. Mais enfin Marcel ouvrez-moi.
- Oui. Mais une personne à la fois.
- Alors, Marcel, si vous ne m'ouvrez pas de suite, cela va mal se passer, et nous irons nous expliquer dans mon bureau
- D'accord. Ce sera avec plaisir.
- Alors j'attends !
- Moi aussi.
- Bon excusez-le, dit Madame Barbelé en s'adressant à son client, vous pouvez ressortir, et vous rentrerez après.
Le client s'exécuta.
- Ah ben voilà, là je peux vous ouvrir.
- Et enfin, Marcel débloqua le sas.
J'ai vu Madame Barbelé traverser tout le hall en furie, n'attendant même pas son client, sa caisse de champagne dans les mains, en criant « ha ben ça, c'est inadmissible, INADMISSIBLE ! Et vous montrez dans mon bureau !»
Marcel marmonna d'un air dubitatif, en remplissant sa caisse.

- C'est ça, j'ai que ça à foutre.
Marcel est devenu mon héros ce jour-là.

Il me restera de cette période, quelques très bons souvenirs, comme cette journée de travaux où nous étions seuls avec Ricaud et Lolotte, et tout s'est terminé en bataille d'oranges au travers du hall. Des clients très sympathiques aimant vraiment leur banque, des entretiens très agréables, un fonctionnaire de Police, entraîneur de tir, et officiant dans le monde du cinéma, une esthéticienne qui me déclara sa flamme en m'adressant une lettre que toute l'agence a lu (enfin surtout Ricaud et Lolotte), avant moi, et un chef d'une belle entreprise avec lequel j'avais sympathisé.
Il m'appela ce jour-là, afin que je lui fasse des virements et nous avons discuté. De fil en aiguille, j'arrive à lui faire souscrire des plans pour ses enfants et des contrats d'assurance vie. Je ne touche surtout pas à la partie professionnelle car j'ai bien compris que la chasse était gardée.
Au bout de 45 minutes je raccrochai assez fier de moi. Et de ne pas entendre « Christophe, dans mon bureau », peut-être dû au fait que Madame Barbelé était absente ce jour-là.
Mais ça ne manqua pas, à son retour, je reçus son invitation.
- Christophe vous pouvez venir dans mon bureau ?
- Ça y est. Qu'est-ce qui se passe encore ?
- Venez, venez..

Une vingtaine de marches plus tard, j'entrai dans la fosse aux lions.
- Bon Christophe (la voix chantante commence). Hier, vous avez décroché le téléphone ?
- Heu… (attendez, laissez-moi réfléchir. Ah oui, effectivement. Une erreur de ma part. Ça sonne, je décroche. Merde aux réflexes.)
- Oui, c'était un de mes clients.
- Oui. C'est ça.

- Vous lui avez fait des produits.

- Oui, Mais uniquement sur la partie « particulier », il avait des questions à titre personnel, j'ai répondu, et je lui ai vendu des produits (pff, j'arrive pas à changer ma nature. Je suis incorrigible).

- Ah oui, justement. Donc maintenant, j'aimerais que vous ne décrochiez plus le téléphone.

- Pardon ?

- Oui, ça sera mieux. Vous attendez qu'on vous passe les communications.

Là, je pris une grande inspiration, la regardai droit dans les yeux.

- Alors, déjà, que l'autre moucharde aille tout vous baver dès votre retour, je trouve ça limite. Mais bon, elle est comme ça, elle n'a pas d'amour propre on va pas la refaire. Mais que vous m'annonciez ça, vous êtes complètement frappée ma parole.

- PARDON ???

- Vous ne voulez plus que je vois les clients, plus que je leur parle au téléphone, et que je m'occupe que de ma clientèle. Mais vous avez un problème ??

- Oh Christophe.

- Il n'y a pas de Oh Christophe, Vous me cassez les c....

- OOOOOH.

Je sortis en claquant la porte. Sylvia qui écoutait tout comme à son habitude avec un air de j'ai-rien-entendu ouvrit grand les yeux.

- Oula, ça n'a pas l'air d'être le bon jour.

- Non et pour toi non plus. Salut.

Quelques semaines plus tard, je lui donnai ma lettre de démission, en main propre, rien que pour le plaisir. Elle prit l'enveloppe.

- Merci Christophe, mais c'est quoi ? (c'est une suuuurpriiiiiise)

- C'est une lettre pour vous.

- Ah et pour quoi faire ?

- Pour ma démission.

- (sourire figé-crispé-surgelé-congelé, j'eus la totale). Mais comment…

- Non. Non Madame Barbelé, faites-moi l'honneur de ne pas être étonnée.

- Mais si je vous assure je ne comprends pas.

Avec le recul je crois vraiment qu'elle n'avait pas compris. Elle évoluait tout simplement dans son monde, tellement éloigné du mien. Elle n'avait pas un mauvais fond, mais agissait en tant que chef de l'ancienne génération, voulant avoir la main sur tout, et contrôlant les moindres faits et gestes de tout le personnel.

Ricaud accueillait la nouvelle avec sourire.

- Hé ben dis donc. Elle a dû être embêtée la mère Barbelé. Surtout avec ton nouveau bureau et tout ça. Alors qu'il était presque fini. Ah ça, c'est embêtant alors.

Lolotte me gratifia d'un sourire et d'une tape dans le dos à me faire un lumbago.

Un mois plus tard, je pris mon baluchon une nouvelle fois, et claquai définitivement la porte de cette agence, ayant pour seul regret de ne jamais avoir vu mon si joli nouveau bureau…

La banque disparut quelques mois plus tard, pour faire place à un établissement «nouveau», avec les codes actuels. Fini une seule imprimante pour tout le monde, fini le peu de produits à vendre, fini la vie sans objectif. Je n'eus plus jamais de nouvelles de Ricaud et Lolotte.

21 En Route pour la Nouvelle Aventure

Après avoir passé plus de 4 mois d'entretiens, de tests, de coups de téléphone, la décision fut prise, cet établissement confrère voulait m'embaucher. Deux bonnes nouvelles, enfin je sortais de la banque parisienne, et de cette année et demie morose, et enfin je ré-intégrais une banque aux valeurs similaires à celles de mon premier employeur, avant d'être avalée tout cru. Un établissement de renom, de réputation mondiale, dans lequel je faisais mes premiers pas par la grande porte. Le mot n'est pas vain, car pour mon premier entretien de secteur, j'arrivai à l'Agence Mère à Paris. Non pas que je fasse une page de publicité (non payée), l'Agence Mère est une Banque dans la Banque. Vous arrivez devant les grandes portes de cette agence, qui n'est plus le siège depuis que toutes les activités principales ont été transférées à la Défense, mais qui reste la vitrine de l'entreprise, et j'ai compris pourquoi au premier coup d'œil. Ces deux portes gigantesques vous invitent à la visite, donnant sur un premier hall sur un sol semblant en marbre, avec une plaque gigantesque dorée à l'or fin à votre gauche. Puis la visite se poursuit, donnant sur un deuxième hall afin de se rendre à la salle des coffres, ou dans l'agence en elle-même. Pour l'agence, imaginez-vous un bureau avec deux hôtesses d'accueil, géré par un prestataire, accompagnant les clients vers l'un des 25 conseillers particuliers, répartis sur les cotés de l'agence, ou dans son milieu, dessiné par un rond appelé couramment « Le Fromage ». Au centre du « Fromage », 5 conseillers professionnels. Au fond de l'agence, le guichet, avec ses 5 ou 6 guichetiers. En tout, il doit y avoir une centaine de personnes vivant la même expérience, de se retrouver sous un dôme à 23 mètres de hauteur. A chaque coin de l'agence, la date affichée en anciennes plaques étonnamment lourdes indiquant le jour, le mois sont changées tous les jours par un petit bonhomme arrivant avec son sac à dos et son échelle. Les murs sont ornés de vitraux avec les noms des principales villes jouant dans l'économie française et le développement industriel. L'Agence Mère possède une superficie de 2600 M2 répartis sur 4 étages et 4 sous-sols. Les vitraux du dôme donnent une couleur intense à chaque moment de la journée, et cette couleur évolue au gré de la météo. Au sol, de grandes plaques en bronze révèlent un système de chauffage au charbon qui n'existe plus (heureusement pour nous et nos pauvres poumons), et le sol entier est revêtu d'une mosaïque parfaite. Cette mosaïque d'époque perd quelques carreaux parfois, que nous collections et adressions à l'entreprise chargée de la restauration à l'année. De l'autre coté, les coffres. La salle des coffres avec ses 8100 compartiments est gardée par une porte Fichet-Bauche datant du début 1900 lourde de 18 tonnes et épaisse de 40 CM. Elle fut apportée de la gare de la Villette par convoi exceptionnel tiré par une dizaine de chevaux. La porte ne passant pas dans les escaliers, les ingénieurs de l'époque décidèrent de creuser un trou dans le sol afin de pouvoir descendre la porte. Les traces sont toujours visibles. Une fois passée cette porte, dans un état quasi neuf, vous avez accès aux 4 étages desservant ces coffres. Vous pouvez y accéder par escalier ou par ascenseur, où est même installé un petit fauteuil pour vous faire patienter pendant la descente de ces 4 étages. De l'autre coté souterrain du bâtiment, la continuité des 4 sous-sols, changement de décors. Excepté la salle de pause aménagée, et les toilettes, ce sont 4 sous-sols faits de couloirs gris, sombres, afin de desservir des pièces en tous genres, plus utilisées pour la grande majorité. Lors d'une visite complète, je

fus amené à découvrir quelques salles, dont une grande chaufferie, et générateur servant pour l'agence et plusieurs autres pôles autour de l'agence. Enfin, lorsque vous descendez au dernier sous-sol, vous pouvez, au détour d'un couloir, entrevoir une trappe. Si vous l'ouvrez, vous découvrirez un ruisseau passant en dessous de l'agence, c'est la Grange Batelière. L'eau est particulièrement présente, et c'est d'ailleurs pour cette raison que le socle de ce bâtiment fut construit en forme de coque de bateau, pour résister à la pression de l'eau de la nappe phréatique. Un service de sécurité s'assure que personne ne se perd dans les couloirs en faisant des rondes régulières.
Les 4 étages au-dessus de l'agence comprennent la gestion de la clientèle fortunée, et les services centraux, avant qu'ils ne soient tous concentrés dans des pôles services clients.
L'atmosphère est particulière, nous projetant dans les années 1900. Rien ou presque n'a bougé, les murs, le sol et le plafond sont les mêmes et le mobilier semble sorti d'une autre époque. Très peu de signes de la banque sont présents. Et j'ai vite compris qu'il y avait la Banque, et à côté, l'Agence Mère.
Après mon entretien avec le directeur de secteur, je fus pris en main par le DRH qui, après un discours de convenance, m'accompagna jusqu'à mon bureau « Christophe, le directeur d'agence va venir vous voir, mais pour le moment, voici votre bureau, vous pouvez commencer à travailler ».
Comment dire ? Je veux bien travailler, mais je n'y connais rien. Ma voisine me fait un grand sourire, routarde de la Banque, je sens qu'elle va avoir des trucs à m'apprendre.
On m'expliqua dans un discours quelque peu incompréhensible qu'il y avait deux équipes, une du matin, une du soir. Celle du matin arrivait à 8h30, et finissait à 17h30 et ceux du soir à 9h pour finir à 18h. En gros. Et comme moi, je paraissais plutôt sympa, et que je venais d'arriver, même si je m'étais présenté à 8h30 ce matin, je serai quand même dans l'équipe du soir terminant à 18h pendant le premier roulement, qui durait un mois.

Ma première journée se passa agréablement, et j'appris tous les rudiments de la banque, retrouvais mes mnémoniques préférés, afin de pouvoir passer mes premiers virements, et autres opérations sur les comptes. Je déjeunai avec le directeur d'agence, Fabrice, qui venait également d'une autre banque.
Le soir, terminant quelques dossiers déposés par les clients dans la journée, je me décidai à regarder cette fabuleuse coupole au-dessus de moi. Les couleurs s'assombrissaient au fil du coucher de soleil, et la luminosité de l'agence devenait étrange, sombre, voire inquiétante. Puis un bruit sourd, un vrombissement, devenait plus intense, et je vis la totalité de mes collègues partir. Il était 17h30. Cette chevauchée fantastique dura deux minutes grand maximum, puis le calme plat, inquiétant. Je me retrouvais seul, dans cet espace immense. Plus aucun bruit, plus de mouvement. Je mis un moment à bouger, et tentai un appel au secours, tel un Robinson coincé sur son île.

- Ou hou…..

Rien, pas un bruit..

- Ou hou….
- Oui, qu'est-ce qui t'arrive ?

Mon collègue de droite, Régis, vint à mon secours.

- Ben je sais pas, mais je suis pratiquement tout seul ??? Il m'ont expliqué qu'il y avait un roulement, et tout ça !!!
- Ahaha… Personne le fait le roulement, tout le monde part à 17h30. Ce ne sont pas les rois des heures supp ici.
- Ah…

Effectivement, le roulement connaissait ses dernières heures et fut supprimé quelques semaines plus tard.
Je compris également combien il devenait difficile de gérer une agence au-delà d'un certain nombre d'employés.

Je ferai partie des 14 conseillers de la ligne des comptes particuliers, pendant un peu moins de deux ans. Le directeur me prit sous son aile, afin de me faire découvrir le management, et prendre en charge les nouveaux arrivants afin de leur apprendre le travail, les façons de faire, les us et coutumes, la gestion des comptes, la vente, et plein d'autres ficelles du métier. Entre collègues, mon entrée se fit aux forceps. Il fallait faire front face aux « dinosaures » de la banque, en poste depuis 10 ans, et employés depuis 30 ans, voyant d'un mauvais œil les nouvelles recrues. La banque n'avait pas embauché depuis de nombreuses années, mais devant ce gouffre creusé par cette non embauche et le départ en retraite d'une partie importante des employés, les nouvelles recrues arrivaient de plus en plus. Alors, moi, nouveau, et venant d'une banque confrère (concurrente), je n'attirais pas forcément des sympathies. Étant bon commercialement, les jalousies s'attisaient. Peu importe, je continuais mon travail, et au fur et à mesure, me créais un entourage professionnel agréable. Le fait de travailler en « open space » obligatoire de par la structure, améliorait les contacts entre conseillers.

Complètement amoureux de cette architecture dans laquelle je travaillais, je participais activement aux journées du patrimoine, au cours desquelles je faisais une présentation succincte de l'agence à des visiteurs. Pour la petite histoire, mon tour de chauffe s'accompagna d'un trac immense lorsque je fis visiter l'agence à trois promeneurs égarés le dimanche matin. Je passai 20 bonnes minutes à leur raconter l'histoire de l'agence, ses évolutions, ses transformations, pour enfin les diriger vers la salle des coffres. Le soir, mon trac s'évanouissait complètement, fourbu de la journée, et des groupes d'une cinquantaine de personnes s'enchaînaient à vitesse grand V.

Je garderai de cette agence quelques anecdotes plutôt sympathiques, comme ce vieux monsieur dont je gérais le compte depuis quelques mois maintenant, qui vint me voir un jour tout paniqué... Son âge avancé lui causait des difficultés, et nous aurions dû lui remettre une médaille d'honneur rien que par le fait de se rendre déjà à l'agence tout seul.

- Monsieur (essoufflé), Monsieur, j'ai demandé à vous voir rapidement, car il y a des fraudes sur mon compte.

- Ah oui ? Installez-vous, nous allons voir ça ensemble.

- Oui, regardez mon compte, regardez, vous allez voir.

Je sors les relevés de compte, et effectivement, je vois un bon nombre d'opérations suspectes, les fraudeurs se sont bien amusés.

- Monsieur, rassurez-vous, nous allons faire le nécessaire. Nous allons pointer les opérations sur votre compte. Alors, dans les opérations suspectes, je vois sex toys.net, Goodgirls.com, Playboy.com, et prettyRussian, et....

- Ah non, non.

- Quoi, non non ?

- Ben ces opérations sont à moi, ce sont les autres, des abonnements à des magazines que vous voyez un peu plus bas...

- Aaaaaah d'accord.

- Oh que voulez-vous, jeune homme, à mon âge, il faut bien passer le temps.

- Mon travail ne me permet pas le jugement, lui dis-je avec un grand sourire complice. (Mais fais attention quand même, nous avons tous l'âge de nos artères, et un arrêt cardiaque, c'est vite arrivé !!!)

Situé proche de l'accueil, mes collègues de la réception m'accueillaient souvent en sauveur, car j'acceptais de recevoir n'importe quel client, n'importe quand, ce qui est à la base du métier, lorsque nous n'avons pas de rendez-vous. Je ne savais jamais ce sur quoi j'allais tomber, un hypothétique gagnant du Loto, une personne fortunée ayant des sommes immenses à placer, ou que sais-je encore. Mais les locaux abritant également la partie « Banque Privée », je vous laisse deviner où allaient ces clients. Non, moi, j'avais plutôt une autre sorte de tout-venant.

- Excusez-moi. S'il vous plaît, Monsieur ?
Je me retourne et vois une femme devant mon bureau, la quarantaine, cadre très dynamique, visiblement Working Girl jusqu'au bout des ongles, même le matin en se réveillant à la douce sonnerie de son portable (mon Dieu, mes dossiers, mon projet à présenter, ma mise en place, ma mise en plis, les fournisseurs, chéri, amène les enfants à l'école).
Je me retourne, d'un air méfiant…

- Bonjour Monsieur, quels sont vos taux pour les prêts immobiliers en ce moment ?

- Bonjour Madame, asseyez-vous, nous allons voir ensemble votre…

- Non merci, j'ai juste besoin de vos taux.

- Bien sûr, je comprends (je suis poli, hein !!). Mais avant ça, j'aurais besoin de connaître votre projet pour..

- Peu importe le projet, j'ai juste besoin de connaître vos taux, comme ça, à la louche. (oui, j'adore cette expression des clients, à la louche, comme si j'officiais en tant que marchande de beurre ou de lait)

- Je ne peux pas vous dire, il faut une durée, un montant, et..

- Écoutez, nous n'allons pas y passer la journée, vous me donnez un taux, oui, ou non.

- OK, heu… 5,9 %

- Quoooooiiiiiii ???? 5,9 %, Non mais ça va pas ? Vous vous moquez de moi ?

- Non pas du tout Madame, vous me demandez un taux, je vous donne un taux. Mais j'aurais pu dire aussi, 4,7 % ou 6,2 %. J'en ai peut-être d'autres.

- Oui, vous vous foutez de moi.. Ça ne va pas se passer comme ça, je vais aller le faire ailleurs.

C'est de cette façon que je perdis toute trace de cette inconnue, sans plus aucune nouvelle de son projet, ni de la réussite de celui-ci. La vie est cruelle parfois.

Puis vint le jour qui changea la Banque. Je ne pourrais pas vous dire la date exactement, mais cela se situait courant 2005. Nous faisions participer les clients à diverses opérations d'ouverture de capital d'entreprises nouvellement créées, ou de privatisations. Cela se comptait en nombre de souscriptions. Des challenges s'organisaient autour de ces ouvertures, afin de mettre en avant ces actions qui rapportaient au client, comme à la Banque. Nous ne touchions que très peu de commissions dessus, pas de quoi arrondir nos fins de mois. Plutôt que de gagner de l'argent, le challenge nous motivait en lui-même. De plus, les investissements se voulaient réduits face à la demande, et l'on se situait bien loin des films sur Wall Street. Alors oui, à cette époque, nous faisions confiance aux clients, les souscriptions se passaient par téléphone pour beaucoup et les clients venaient signer ensuite. Et de mémoire d'employés, je n'ai jamais eu de réclamation à ce sujet, comme toute autre situation, la confiance se gagne et perdure.. Ce ne devait pas être le cas partout, car un jour, l'Autorité des Marchés Financiers, l'AMF a débarqué à l'agence. Une vingtaine de personnes, costards cravates noires, tels des employés de Pompes Funèbres, sont arrivées envahissant complètement l'activité de l'agence. Elles épluchèrent les souscriptions, les demandes des clients, les travaux des conseillers. Je fus appelé au parloir, comme dans les experts, une chaise, une table, et maintenant, nous allons jouer au jeu du bon/méchant flic. Waouh, ça en jette quand même.
- Bonjour Monsieur. Nous allons vous poser quelques questions. Vous y répondrez par des phrases simples. Nous cherchons simplement à connaître la vérité (ça sent le roussi là).
- Oui à quel sujet ?

- Au sujet des souscriptions par exemple. Vous avez participé à ces actions ?

- Heu, oui, depuis quelques années.

- Très bien. A quels types de clients faites-vous signer ces souscriptions ?

- A mes clients.

- Mais encore ?

- Ben heu, à tous mes clients .

- Vendez-vous aux personnes âgées ?

- C'est subjectif le terme « âgé », ça veut dire quoi pour vous (Christophe, arrête de jouer le malin) ?

- Vous savez très bien, des personnes de 80 ans par exemple.

- Oui, parfois, mais elles ont toute leur tête..

- Et des personnes invalides ?

- Là, je n'en sais rien, je dirais que non.

- Y a-t-il des challenges ?

- Ha, heu… Ben heu..

- Oui, ou non ?

- Ben un petit peu.

- Et des primes, des récompenses ?

- Alors là, les récompenses, elles sont toutes toutes toutes petites, hein (et là, ils auraient pu me passer au détecteur de mensonge, c'était la vérité).

- Donc il y en a.

- Oui, mais toutes petites. Petites comme ça (court espace entre le pouce et l'index)

- Est-ce que tous les ordres sont signés ?

- Oui, enfin, oui, tous, enfin presque tous.

- Vous pouvez nous les montrer ? (Aaaaaah ben non.. Retrouver tous les ordres sur 2 ans alors que mon classement est un peu fouillis, ça va être dur).

- Ben je ne pense pas.

Après une vingtaine de minutes, je sortis du rendez-vous/matraquage de questions, et mes réponses furent les mêmes que tous les employés. Cette constatation amena par la suite le scanner, qui nous facilitera la tâche afin de scanner directement tous les documents dans le dossier informatique du client. Un pur bonheur…

Des grands moments faits par les clients, l'AMF mais également par les collègues. Dans une agence de 5, de 10 ou de 20, le personnel se gère. Dans une agence de 70 personnes, ça devient plus compliqué.
De retour de mon heure de repas, je commence le travail. Après une demi-heure, j'entends un grand bruit. Idem au bruit du soir lorsque tout le monde part, mais là, en pleine journée. Effectivement, je relève la tête et ne vois plus personne. Enfin, plus personne de sexe féminin, pour être exact.
Je vais voir mon collègue d'à-coté, Régis (le seul qui m'avait aidé le premier jour, vous savez, celui de la rotation horaire à 18h).
- Hey, Régis, fais gaffe, mais j'ai l'impression qui se passe un truc du genre 4ème dimension.
Régis me regarde et commence à sourire.
- Quoi comme truc ?
- Ben fais comme si de rien n'était, et regarde autour de toi, il n'y a plus une seule fille. (Enfin sauf Josette, qui, depuis son arrivée, ne lâchait plus son bureau, depuis qu'elle voulait y venir à l'Agence Principale.)
- Ah, ça t'inquiète pas. Il y a une démonstration de Chippendales, aux Galeries Lafayettes.
- Non sans dec ???
- Ben oui, alors, toutes les filles y sont…
Bon, nous ne faisions pas le poids face à ces messieurs si bien bâtis.
Régis s'avérait être un collègue hyper sympa, toujours présent, et aidant, attentif, n'hésitant pas à me donner de multiples conseils. Il faisait partie d'une ancienne banque, qui fut absorbée par la banque actuelle et plus particulièrement par l'Agence Mère, dont certains employés officiaient encore.

Placé à ma droite, je me faisais un plaisir de le déranger régulièrement afin d'avoir des tuyaux, et aussi pour prendre soin de sa santé. Marié et papa, il avait de gros soucis, et avait déjà un arrêt cardiaque à son tableau de chasse des symptômes et autres choses qui ne vont pas bien. Tout ennui de santé prenait des proportions importantes, et face à un hypocondriaque comme moi, nous formions un beau duo.
A ma gauche, nouvellement arrivée, Isabelle se démarquait des autres conseillères, ne se conformant pas trop au moule maison. Elle ne perdait aucune blague, et nous en faisait profiter régulièrement, entre deux batailles d'eau après fermeture, ou de chanson lancée à la volée dès les portes fermées (My Heaaaaaaaaart will goooooooo Oooooonnnnn).
Le fait d'avoir le DG à l'étage ne l'ennuyait nullement, et nous participions à sa bonne humeur légendaire.

Cette dame de fer qui se nommait Agence Mère en avait vu défiler, des équipes, des personnes, des entretiens, depuis 1905, et nous n'étions que poussière dans sa vie. Elle nous faisait participer aux Lundis glaciaux d'hiver, quand le chauffage marchait au ralenti le week-end, et nous couvrait de sa grande coupole pour nous faire sentir combien nous n'étions que de petits êtres.
Penché sur mon ordi, je levais souvent la tête au plafond, pour admirer les vitraux, les couleurs changeantes, lorsque les nuages arrivaient. Et ce jour-là, les nuages s'annonçaient plutôt gris, du genre gris noir, pas super sympas. Je voyais le dôme s'assombrir, et le hall avec. Je continuais de scruter ce monument architectural, fin de journée vers 16h45.

- Hey, Isabelle.
- Quoi ?
- Hey, isabelle ?
- Mais quoi ?
- Je viens de me recevoir une goutte sur le nez.
- Mais qu'est-ce que tu racontes ? T'as fumé ?

- Non, je viens de me recevoir une goutte sur le nez. Et une autre dans l'œil.

- Oh, j'en ai reçu une aussi.

En quelques instants, des gouttes de pluie tombèrent partout, sur les bureaux, les ordinateurs, l'électricité, et bien sûr, sur nous.

Les personnes de la sécurité arrivèrent, et l'électricité fut entièrement coupée. Un Vooooommmmm, puis le noir complet.

Pour votre sécurité, vous pouvez rentrer chez vous.

Bon, ça, il ne fallait pas nous le dire deux fois.

Ce colosse de fer et de vitraux montrait une faille. Ce violent orage perçait sa carapace. Les récentes tombées de neige avaient affaibli la coupole. Une entreprise spécialisée répara tout ça en une nuit.

Pour la fête de fin d'année, le rituel s'installait depuis de nombreuses années. Toutes les agences alentours faisaient un spectacle, appris de longues semaines à l'avance, hors des heures de travail, et le volontariat se voulait de mise lorsqu'il s'agissait de se représenter devant les collègues pour animer la fête. Lors de ma première année, mon directeur apprit par un pur hasard que je chantais et composais. Il m'a demandé de faire une chanson pour cette fête. Il fallait que je montre patte blanche pour cette première occasion, et j'acceptais le défi.

A ma grande surprise, j'arrivai le soir, avec ma guitare et deux ou trois chansons de circonstance, mais je ne savais pas que le personnel d'une dizaine d'agences serait présent, ainsi que tout le personnel de la direction, des attachés de comptes professionnels, des comptes entreprises, du marketing, toutes les assistantes, mais également les services centraux situés dans les derniers étages de l'agence devant représenter en tout et pour tout environ 300 personnes. Tous ces yeux rivés sur moi me déstabilisaient un peu. J'entonnai alors «Hey

Jude» des Beatles. Et à la fin, j'entendis 300 voix (ou du moins à peu près je ne les ai pas comptées), entonner le refrain « laaaaaa, laaaa, laaaa, lalalala ».

Voici ma nouvelle maison, à nouveau un directeur d'agence hors du commun, des collègues proches très sympathiques, et je retrouvais mes repères de mon ancien employeur définitivement disparu. Ces deux années furent passionnantes à tout point de vue.

Ces derniers mois de 2005 à mon poste furent marqués par l'abandon définitif du Franc, les derniers échanges se firent en février.

Mais un autre fait plus macabre survint. Dans la rue parallèle à celle de l'agence, un hôtel où logeaient de nombreuses personnes dans des situations précaires, et d'autres sans papiers, prit feu une nuit. 24 personnes dont 12 enfants y laissèrent la vie. De nombreux débats sur les sans-papiers s'entamèrent. Mes souvenirs de l'Avenue Brochant remontaient à la surface.

22 2006 Chez Lorette…

Ces deux années passèrent alternées de réussites commerciales, de rencontres avec des clients et des collègues, d'apprentissage de la Banque, et ma formation envers les nouveaux arrivants.

Au bout de 23 mois exactement, on me contacta afin de prendre le poste d'adjoint de directeur d'agence à 500 mètres de là, rue Notre Dame de Lorette, en bas de la rue des Martyrs. Si l'on remontait cette grande rue sur environ un kilomètre, nous débouchions directement sur Pigalle. Ce quartier de Notre Dame de Lorette, quartier très prisé de Paris, s'apparentait à une parenthèse provinciale des beaux jours. Une pléiade de commerces de quartiers ouverts six à sept jours sur sept, des petits restos agréables, aux terrasses ensoleillées, se plaisaient à ravir la population parfaitement appelée « bobos Parisiens ».

Ma carrière de manager pouvait commencer. Je n'imaginais pas la tâche qui m'attendait.

J'emménageai donc dans mon nouveau bureau, n'ayant rien à voir avec l'Agence Mère. Je me retrouvais dans un préfabriqué, agence nouvelle génération, des murs épais comme des feuilles de papier, où je pouvais profiter

tranquillement des conversations de mon voisin, Benjamin, nouvellement entré dans la Banque, un jeune homme du genre 1m75, propre sur lui, cheveux aux vent, grand sourire, démontrant une assurance hors normes, qui masquait quelques lacunes au niveau de ses entretiens, mais qui seraient bien vite effacées au fur et à mesure des années.
Patricia accueillait les clients de son sourire à toute épreuve et sa bonne humeur légendaire, jamais un mot plus haut que l'autre, secondée de Marine, qui gérait un portefeuille dit « grand public ». A l'étage, Catherine, qui, je le découvrirai plus tard, n'était pas son vrai prénom, mais détestant celui qui lui avait été affublé à la naissance, avait pris ce prénom d'emprunt, et sa voisine, la directrice d'agence, Claudine, à deux postes de la retraite, le type même d'employée chef à-qui-on-ne-la-fait-pas, mais une vraie mère poule avec son équipe.

- Christophe, bienvenue dans l'équipe, tu vas t'occuper du commercial, de la gestion de l'équipe et moi, je m'occupe de tout ce qui est paperasse et des clients professionnels.

Ça m'allait très bien, n'ayant aucune appétence pour ce marché, et adorant le commercial.

J'installai donc mon carton, définition du petit tas de choses inutiles que nous trimballons de postes en postes, comprenant les tampons encreurs avec l'ancien intitulé dont on ne se servira plus, les anciennes cartes de visites périmées que nous ne donnerons plus, les stylos fétiches, les cartes de visites des anciens clients « au cas où », mais qui seront vite oubliées, les agendas avec les produits que nous avons faits jour par jour, de l'année dernière, de l'année d'avant, et encore celle d'avant, et encore tout un tas de choses futiles. Bref, si ce carton est perdu entre les deux postes, nous en ferions une déprime, mais rien ne nous manquerait.

Je plaçai donc mon pot à crayon, mes nouvelles cartes de visite, allumai mon ordinateur sur lequel j'allais travailler pendant quatre ans, jusqu'en 2009, et inspectai mon nouveau bureau. Je m'installe, c'est moi le semi-directeur.

Un client entre dans l'agence, en trombe, passe la porte de mon bureau.

- Bonjour, je suis pressé, c'est vous le nouveau directeur ?

- Heu oui, bonjour.

- Je suis Monsieur Claude. Je suis garé en double file, je vous laisse juste ce chèque, comme d'habitude, vous le placez sur mon assurance vie, avec les conditions habituelles, je n'ai pas le temps de regarder, mais ils ont l'habitude ici. Je vous ai marqué tout ça par écrit pour éviter le blabla habituel. Bon je vous laisse. On se revoit très vite.

- D'accord, merci, et à bientôt.

Bel entretien de 45 secondes, je prends l'enveloppe, ouvre la lettre contenant ses instructions, et prends le chèque à déposer sur son compte. Je regarde. 400 000 euros. Quatre cent mille Euros.

Je regarde deux fois, ouvre grands les yeux, des picotements au bout des doigts. Un placement de 400 000 euros en 45 secondes. Je cours vers l'accueil.

- Heyyyyyyyy Monsieur Claude, revenez.........

Patricia me regarde avec un grand sourire.

- Ah ben il est comme ça Monsieur Claude. Faut être rapide.

- Je comprends, mais il vient de me faire un placement de 400 000 euros.

- Oui oui, on a l'habitude. Mais il est adorable.

Je veux bien croire qu'il est adorable. Je lui ferais bien une pirouette avec un triple axel pour lui montrer ma reconnaissance, mais il est déjà parti. Ce sera pour une autre fois.

Je commence les rendez-vous en binôme avec ma chef, et je rencontre Monsieur Entrepreneur, qui nous raconte les difficultés à maintenir la tête hors de l'eau par ces temps difficiles, avec les impôts qui lui prennent tout, et ça joue sur son couple, l'ambiance n'est pas au beau fixe.

Je fais des points réguliers avec ma nouvelle équipe, les sensibilisant sur l'importance des résultats, de la tenue à avoir vis-à-vis des objectifs fixés à chacun, et leur apporte mon soutien. Je leur ouvre la porte de tous temps, en sachant qu'ils peuvent venir me voir à n'importe quel moment, dès qu'ils ont besoin. Et ça, Catherine l'a bien compris. Femme adorable, elle n'hésite pas à faire part de ses moindres états d'âme, émotions, ou simplement nouvelle à n'importe quel moment de la journée. Et ça commence dès le matin, à son arrivée, où elle siège dans mon bureau, prenant le journal du matin, et me lisant les nouvelles une par une .

- Bon Christophe, ça va pour cette nouvelle journée, tu prends tes marques ?

- Oui merci Catherine.

- J'arrive avec un café, tu en veux un ?

- Non merci je ne bois jamais de café mais c'est gentil.

- Alors.. Oh lala, De Villepin est nommé Premier Ministre. Ça va changer, moi je vous le dis. Remarque, il est pas mal comme homme, hein, quand même, quand on le regarde comme ça.

- Ah là, j'avoue que je ne peux pas trop me prononcer.

- Oh ben moi je l'aime bien. Et puis il a l'air grand.

- Oui, il a l'air.

- Ça me rappelle un client, lorsque j'étais dans l'agence de Custine....

Alors, un point est nécessaire. Outre le fait que j'appris la vie entière de Catherine en trois ans de poste avant qu'elle prenne sa retraite, sans omettre aucun détail, j'ai également été informé de tout ce qui s'était passé dans les agences où elle officiait naguère, mais surtout Custine. Je ne connais pas cette agence, ni où elle se trouve à Paris (sans doute Rue Custine, mais n'ai jamais eu le courage de chercher), cependant, je connais cette agence de long en large. Y compris les clients qu'elle gérait. Elle nous parlait régulièrement d'un homme de Théâtre Français très célèbre dont elle gérait le compte, ainsi que celui de son Papa. Connu pour ses apparitions télévisuelles très remarquées partant dans un lyrisme incontrôlé, il en était de même à l'agence. Je

dois aujourd'hui connaître la vie de cet homme de long en large, encore plus intimement que des personnes de sa famille.
Si bien que son nom s'apparentait dans mon esprit, au nom de ma collègue Catherine.
Un jour, sortant de l'agence pour fumer une cigarette, je tombe, par le plus pur des hasards, nez-à-nez avec cet homme. Je restai immobile durant une seconde, lui aussi (vous savez, quand vous ne savez pas de quel coté passer, et que vous faites un gauche droite, et que la personne devant vous fait exactement pareil), et une seule chose m'est venue à l'esprit : CATHERINE.
Je me ruai dans l'agence en criant CATHERINE, CATHERINE, il est en bas, je l'ai vu, il est en bas !!!!!!!!!

Je dois dire que les premiers mois furent très agréables, autant avec les collègues qu'avec les clients. Il régnait un climat doux de province, qui faisait oublier l'Agence Mère, sorte de rouleau compresseur de la Banque par sa taille impressionnante. Les clients semblaient calmes, sereins, à l'écoute. Je fis connaissance de familles entières. Des clients Portugais que j'affectionnais particulièrement.
- Bonchour Monsieur. Ché vous présente ma fille. Elle a oune po do mal à s'en chortir avec lo travail. Il paye pas beaucoup. Mais attentione, pas touche.
- Promis Monsieur Rodriguez, je ne toucherai pas à un cheveu de votre fille…

J'avais rencontré sa fille, qui élevait seule son petit bout de chou qui devait avoir à peu près 4 ans. Nous nous rencontrions une fois tous les quinze jours environ pour faire le point sur le compte, minimiser les frais bancaires, et prévoir l'avenir. Clara me faisait des dessins sur le bord du bureau. Je pris soin de regarder le dessin à la fin de l'entretien.
- Voilà, Monsieur. Là, c'est toi, avec la cravate, sur le bureau, là, c'est ton bureau, l'ordinateur, et là, devant, c'est nous.

Je fis la collection de tous ses dessins pendant quatre ans.

Je fis la connaissance également d'un couple d'environ soixante-dix ans. Ils possédaient un appartement dans le 9ème arrondissement, et une maison dans le Sud-Ouest, où ils passaient les plus beaux mois de l'année. Madame désirait me rencontrer avant son départ.

- Bonjour Monsieur, je voulais faire le point, parce que vous savez, après, on ne revient plus avant 4 mois, au moins. Nous allons à Anglet, pour profiter du soleil.

- Bien Madame. Nous allons faire le point avec vous et Monsieur.

- Oh vous savez, Monsieur ne dit pas grand chose. Il n'aime pas s'occuper de tous les papiers de la banque. Hein Roger, tu n'aimes pas ça..

- Pfffffffffff

- Voilà, il n'aime pas ça. Et pour tout vous dire, ça le fatigue. Hein, ça te fatigue tout ça.

- Pfffffffffff

- Bon alors commençons. Nous allons voir s'il y a assez de réserve pour les 4 mois à venir. Et qu'est-ce que vous pensez des comptes épargnes que nous avons ? On devrait peut-être en déplacer un peu ?

De cette façon nous fîmes le point pendant un petit quart d'heure, et au bout de ces quinze minutes, je commençai à entendre un bruit, à peine perceptible, comme un ronronnement de fonctionnement de climatisation. Je regardai au-dessus de moi, mais la clim était éteinte. Pas de bruit dans l'agence, mais le ronronnement se fit sentir de plus en plus, pour devenir un Roooooonnnnn Pcchhhhhhh. Je regardai devant moi, et vis Monsieur qui piquait un bon gros roupillon. Madame me regarda en haussant les épaules.

- Ah ça je vous l'avais dit. Ça le fatigue ces histoires…

Nous fonctionnions en binôme avec une autre agence qui se trouvait à une dizaine de minutes de marche de là. Ça peut paraître peu, mais à Paris, cela représente beaucoup. D'ailleurs, cette agence, personne n'y allait. Idéalement située à une rue de la rue de Rivoli, l'équipe fonctionnait en nombre réduit, 4 personnes dans mes souvenirs, et surtout, une personnalité forte au guichet, Jean-Jacques. Jean-Jacques avait un handicap. Il n'avait qu'un seul bras suite à un accident de moto. Très gênant me direz-vous. Peut-être. Mais toujours est-il qu'il maîtrisait la délivrance des chéquiers et des cartes à merveille, allait plus vite que nous pour taper sur le clavier de l'ordi, et surtout, surtout, les clients ne voyaient que par lui. A Noël, les chocolats, c'était pour lui ; les cartes de vœux, pour lui ; les compliments, pour lui. Lorsque le client venait au guichet, le directeur pouvait envahir son espace, et proposer ses services, peu importe, il préférait avoir affaire à Jean-Jacques.
Pour être directeur dans cette agence, il fallait avoir son ego bien accroché. Cependant, à bon escient, il pouvait tout déclencher. Les ventes pénibles, les accords des clients indétrônables, bref, tout.
Remonter la rue à midi avec lui revenait à sortir faire du shopping avec Brad Pitt. Tout le monde le saluait, les gérants des magasins sortaient de leurs boutiques, les mamies lui faisaient la bise, il nous fallait bien une demi-heure pour faire 100 mètres.
Pour les réclamations des clients, l'exemple restait splendide. Dans le bureau du directeur cela donnait à peu près cette scène.
- Je ne suis pas d'accord pour payer ces frais, Monsieur le Directeur. Je vous préviens, je vais faire une lettre de réclamation. Ça va aller très loin.
(Le joker Jean-Jacques arrivait.)
- Bonjour Madame Râleuse. Comment allez-vous ?
- Ooooooh. Jean-Jacques, mais ça va bien et vous ?
- Bien, mais je vous entendais parler des frais.

- Bah oui, écoutez, ce n'est pas normal, ces frais de dossier pour le crédit.
- Mais si c'est normal, c'est dans tous les dossiers. Mais c'est inclus dans le prêt, vous en faites pas, Madame Râleuse. Et puis, regardez, vous vous mettez en colère, mais vous êtes tellement plus jolie quand vous souriez.
- Rooooh, merci. Bon hé bien, si c'est normal, j'accepte. Merci Jean-Jacques, et je vous revois en sortant.
- De rien Madame Râleuse.

Oui, parce qu'au-delà du fait de connaître les clients sur le bout des doigts depuis de nombreuses années qu'il officiait dans l'agence, il usait de son charme d'une façon extrême. Ne croyez pas que la gente féminine avait une quelconque pitié pour lui. Il arrivait à charmer n'importe quelle femme, jusqu'au bout. Il ne comptait plus ses conquêtes, de 18 à 50 ans.
Suite à une importante déception amoureuse, il tomba dans une petite dépression. La fête de fin d'année se déroulait, et nous ne savions pas si Jean-Jacques allait venir. Les pontes furent présentes, la fête battait son plein, et la musique résonnait dans l'Agence Mère. Toujours pas de Jean-Jacques à 22h.
Puis il arriva. D'une façon improbable. Il entra tel un prince, de corpulence svelte, les cheveux grisonnants très bien coiffés, les lunettes donnant un air sérieux, le sourire au coin des lèvres, un pardessus sobre, cachant un costume bien taillé, saluant tout le monde, au bras d'un superbe modèle à peau d'ébène, le portrait de Naomi Campbell pour les plus jeunes d'entre nous.
La direction le regarda. Quant à nous, nous avions les yeux qui sortaient de la tête, surtout dominés par la surprise. Puis il but un verre, et alla rejoindre une autre soirée. Il nous adressa un salut, puis disparut.
Sacré Jean-Jacques.

Peu de temps après fut créé un poste de chargé de portefeuille professionnel sur l'agence Notre Dame de Lorette. Géré par Damien, qui aimait son métier, d'un point de vue professionnel, mais un peu moins pour s'occuper de l'aspect particulier. Nous formions un beau duo, moi étant pareil, mais à l'inverse.

Un samedi matin vers 11 heures, Damien me briefait dans mon bureau, afin de savoir comment nous pouvions développer des relations, et trouver des nouveaux clients. Il m'expliqua son plan d'attaque dans l'autre agence où il officiait également.
- Bon j'ai demandé à Jean-Jacques qu'il voit parmi ses connaissances, et qu'il essaye d'avoir des touches, pour ouvrir des comptes de commerçants.
	- Ah oui, pas mal, mais moi je n'ai pas de Jean-Jacques à l'agence.

Et là, Jean-Jacques pointe le bout de son nez.
	- Salut les hommes, ça gaze ?
Nous nous retournons, et le voyons au bras d'une blonde splendide, une vingtaine d'années à tout casser, avec un sourire adorable, mais qui laissait penser que personne ne lui avait donné encore de grandes responsabilités.
	- Salut hi hi hi nous adressa t-elle.
	- Mais c'est qui Jean-Jacques ? lui demanda Damien.
	- Ah, Clémentine, c'est la vendeuse de la bijouterie sur la place Vendôme. Tiens, Clem, tu peux aller dans le hall s'il te plaît ?
	- Oui Jean-Jacques.
Elle partit.
	- Ben quoi les gars, vous n'êtes pas contents ?
	- Mais Jean-Jacques, on t'a dit de faire de la prospection, pas de sortir avec toutes les vendeuses que tu vois.
	- Ah ben faut ce qu'il faut, d'ailleurs, la patronne veut ouvrir un compte maintenant. Et elle n'est pas mal du tout.

- Mais tu ne vas pas te taper la patronne non plus, lui dit Damien.

- Roooh, vous n'êtes jamais contents.

- Ah oui, et puis une chose, ajouta Damien. Je t'ai demandé des petits commerces. T'as pas trouvé plus petit qu'une des plus belles bijouteries de Paris ?

- Oh ben écoute, je fais ce que je peux…

Je regardais la scène incrédule pendant que notre adorable blonde Clémentine attendait patiemment à l'accueil en train de feuilleter les dépliants des tarifs bancaires. Elle adressait de temps en temps un coucou adorable à son nouvel amant.

Dans les challenges commerciaux, tout le monde mettait la main à la pâte dans cette agence de 4. Lorsque cela devenait trop difficile, ou qu'un coup de pouce semblait indispensable, on le convoquait dans le bureau.

- Bon, Jean-Jacques, il faudrait que tu nous fasses une vingtaine de comptes épargnes, c'est possible ?

- Hum, je vais te trouver ça.

Après trois ou quatre coups de fils, il retournait voir le directeur, et lui apporta les conventions de comptes signées.

Le problème, c'est que Jean-Jacques sortait beaucoup. Souvent. Le vendredi soir devenait synonyme de fêtes. Mais il se faisait un point d'honneur à arriver à l'heure au travail. Un samedi matin, il arriva même en avance. Son directeur le regarda.

- Heu, ça va Jean-Jacques ?

- Ha oui, impeccable et toi ?

- Ben ça va, mais t'es habillé pareil qu'hier.

- Ha oui.

- Et tu n'es pas trop rasé ?

- Ah non, pas du tout même. En fait, hier soir, je suis parti boire un apéro, et j'ai retrouvé des amis, nous avons continué au resto, et en boîte.

- Ah. Et alors ?
- Alors, j'en sors à l'instant. Bon, on se met au boulot ?

Il paraissait increvable, et je pense qu'il l'était réellement. J'ai dépanné l'agence quelques fois, en manque de personnel, et j'ai vraiment pu admirer ses qualités, serviable, attentionné, compétent, bref, le rêve des clients. Il n'a jamais souhaité évoluer vers d'autres postes, il gérait son royaume, dans lequel nous n'étions que des êtres de passage.
Il poursuit actuellement sa carrière toujours à la même place, au même poste. Je pense réellement qu'il contribue énormément à la bonne image des employés de banque, serviable, humain, attentionné, prêt à rendre service, à rassurer, et à aider n'importe quel client de n'importe quel milieu social, les jeunes, comme les petites mamies qui viennent faire leurs versements après le marché.

23 La montée en puissance !

L'équipe changea. Nous accueillîmes une jolie jeune fille des îles prénommée Stéphanie, qui domicilia son bureau à coté du mien (nous ne lui laissions pas trop le choix). A l'accueil, restait encore Patricia, notre rousse incendiaire qui avait déclaré lors d'une soirée cocktail, ne jamais abuser de la boisson, car elle ne se contrôlait plus et pouvait tomber dans les bras de n'importe quel homme (notre défi pendant ces années restantes fut de la faire boire un maximum), à l'étage, Nathalie, qui s'occupait des comptes avec un peu plus de patrimoine, secondée par Maryline, en remplacement de Catherine, qui partit à la retraite et Claudine, notre maman-Patronne, veillait sur nous, toujours comme la plus adorable des mères.

- Christophe, il faut que je te parle, me dit Claudine. Voilà, tu vas devenir tuteur. Tu auras sous ta coupe un BTS en Alternance, pendant deux ans, afin de l'aider dans ses études, et lui faire connaître le métier de Banquier. Il se peut fortement qu'il parte dans une autre agence au bout d'un an, mais je compte sur toi pour le former.

- Bien, ça m'intéresse, ça va être sympa.

Ça va être sympa. Voilà ce que l'on dit lorsque l'on ne connaît pas encore la tâche qui nous attend. C'est donc avec cet optimisme que j'accueillis Jordan, un jeune homme plutôt petit, mais visiblement musclé (j'appris plus tard qu'il faisait des sports de combat), brun, les cheveux courts, propre sur lui, avec un œil vif, et l'autre un peu moins. Il se présenta à moi tout penaud « Bonjour je m'appelle Jordan. » m'offrant une poignée de main plus flasque que celle d'un personnage du dessin animé « Les Barbapapa ».

- Salut Jordan. Tu connais un peu le monde de la Banque ?

- Non non.

- Mais tu as envie de tout découvrir ?

- Ah oui oui.

- D'accord, alors je vais te donner « la Bible », c'est un livre où tu as tous les produits de la Banque. Tu devras les connaître par cœur pour les vendre.

- Bien.

- Tu vas aussi découvrir le guichet avec Patricia. Tu vas t'installer avec elle et l'observer.

- D'accord.

- Je t'emmène.

Les présentations faites, il prit une chaise et observa. Observa. Et observa encore.

- Ça va Jordan, tu observes tout ? demandai-je.

- Ah oui, oui, je regarde.

- Ok mais tu te souviendras de tout ?

- Comment ça ?

- Ben tu ne prends pas de note ?

- Ah. Ah oui, c'est peut-être mieux.

- Ben oui. Va prendre un cahier et un stylo.

- D'accord.

Le premier pas venait de se construire vers un avenir radieux. Il observa et pris des notes.

- Jordan, voici un livre. Ce livre recense tous les produits et services de la Banque. Nous appelons ça « la Bible ». Il faudra que tu connaisses pas cœur ces produits, comme je l'ai fait avant toi, et comme ça tu pourras les vendre. Commence par les plus faciles. Tu vois, au début, ça commence par la convention de compte, ainsi que la carte et l'assurance en cas de perte ou de vol.

- Ah d'accord, chef. Je vous remercie.

Il reçut la bible comme un cadeau précieux, et monta à l'étage étudier un peu. Bon départ.

Allez, il faut bien se lancer, et donc, je l'encourageai à se placer au guichet, sous le regard bienveillant de ma guichetière favorite, tout en lui ayant appris les services de base, à savoir les remises de chèques, délivrances de chéquiers et de cartes.

- Alors, voilà, dis-je, à chaque personne que tu rencontres, tu regardes dans sa fiche client et vois ce qui lui manque des produits que tu as appris.
- Bien Chef.
- Jordan, arrête de m'appeler Chef.
- Ok.

Une cliente se présente.

- Bonjour Monsieur, voici une remise de chèque.
- Merci Madame. Ah je vois que vous n'avez pas de carte, est-ce que vous en voulez une ? (bon d'accord, nous étions juste à l'étape une de la vente)
- Heu je me posais la question justement (Bingo !) Mais est-ce que vous pouvez me dire comment ça fonctionne exactement ? Et quels sont les plafonds chez vous ?

Jordan prit la Bible, et tourna les pages, tourna et tourna encore…

- Heu… (page qui tourne page qui tourne), Heu….

Là je suis venu à son secours.

Une fois l'entretien terminé, je lui conseillai de faire des fiches synthétiques de chaque produit de la bible. Je lui laissai libre gestion de ses fiches. Et là, j'ai eu tort.

Ma Chef Claudine arriva dans mon bureau, son œil vif, et son air un peu inquiet.

- Heu Christophe, qu'est-ce que tu lui as dit de faire ?
- Ben des fiches récapitulatives pourquoi ?
- Parce que ça fait trois heures qu'il est en haut, et il a déjà vidé la photocopieuse, et ensuite... Heu viens voir, ça sera mieux.

J'arrivai dans la salle d'archive où officiait mon alternant et le vis entouré d'une tonne de papiers découpés. Il redressa la tête à mon arrivée, les ciseaux bien droits en l'air d'une main et un bâton de colle de l'autre.

- Ça va Chef ?

Je restai là à tenter de comprendre un peu la scène, puis me jetai à l'eau.

- Ça va, mais qu'est-ce que tu fais ?
- Vous m'avez dit de faire des fiches, alors j'ai photocopié tout le livre, et ensuite, produit par produit, je découpe et je colle sur des fiches.

Claudine me regarda en secouant la tête et retourna dans son bureau. Je le regardai. Bon patience.

- OK Jordan, bon on va arrêter les fiches.

Deuxième essai, je le place au guichet. Allez, on va tenter une vente, après être OK sur un produit.

- OK Jordan. Par contre, la cravate..
- Oui, qu'est-ce qu'elle a ?
- Ben c'est autour du cou, mais c'est mieux quand elle est dans les pans du col de chemise.
- Ah, je me disais aussi.
- Ben oui, allez lance-toi.

Une dame arrive, je retourne à mon bureau et le laisse seul en le regardant attentivement du coin de l'œil. Cette dame ma foi assez jolie se place devant lui. Il se redressa fier comme un coq.

- Bonjour Madame, que puis-je faire pour vous ?
- Voilà, j'ai fait 3 codes faux dans le distributeur, et je voulais savoir si vous pouviez me la débloquer ?
- Bien sûr Madame, je vais vous le faire de suite.
- Mais... Je ne suis pas sûre que vous puissiez car je suis à la BNP et il n'y en a pas sur la place.
- Si si Madame, je vais pouvoir.

(Nooon, tu ne peux pas. Cartes BNP = BNP)
Il tape sur les touches, j'arrive de suite.

- Jordan, tu veux un coup de main ?
- Oh non je me débrouille, pas de souci.
- Oui mais...
- Non non ça va aller.

Retripatouillage de clavier, cherche, cherche. Puis il dit :

- Je ne retrouve pas votre carte. C'est quoi votre nom ?
- Madame Labelle, mais ....

Re tape, Retape, et trouve pas..
J'approche discrètement, le regarde d'un air triste et lui fais signe qu'il ne trouvera pas.

- Ah bon, vous êtes sûr ?
- Ben oui, Jordan, tu pourras pas.
- Ah...Ben je suis désolé.
- Oui moi aussi, dis- je afin de ne pas le laisser seul face à la cliente.

Bon, il fallait passer à l'étape parallèle, pas forcément l'étape supérieure. Je l'invitai dans mon bureau quelques semaines plus tard.

- Jordan, je vais t'apprendre à faire du phoning.
- Merci Chef. Ça va me changer.
- Oui, donc nous allons voir ensemble ce matin comment faire, puis je passerai des coups de fil, tu regarderas et ensuite, tu feras pareil.
- Ah super. Merci.

Je lui expliquai donc tous les rudiments du contact téléphonique.
- Tu regardes la fiche de ton client sur informatique, et surtout tu t'en imprègnes bien. Son âge, là où il vit, son métier, et tout ce que tu peux prendre comme information. Ensuite, tu le contactes. Nous allons faire les mouvements exceptionnels. Je t'explique. Lorsqu'un client reçoit un mouvement supérieur à 3000 euros, il ressort là. Idem que ce soit pour le crédit ou le débit.
Je vois à l'œil perdu de mon alternant que tout n'a pas été enregistré.
- OK Jordan. Si un client fait un chèque de 3000 euros, on le voit. On lui téléphone pour des raisons de sécurité pour savoir si c'est bien lui qui l'a fait.
    - Aaaaah d'accord.
- Voilà. Et s'il reçoit un chèque ou virement de plus de 3000 euros c'est pareil. Sauf que là, on lui demande s'il veut les placer.
    - Aaaaaah oui, c'est simple (t'emballe pas, t'emballe pas.)

Je prends un cas simple pour lui montrer. Je décroche le téléphone et contacte un client au hasard.

- Bonjour Monsieur, je vous contacte car vous avez reçu un virement de 3200 euros sur votre compte. Le solde s'élève à 6000 euros. Je voulais savoir si vous souhaitiez en placer sur l'un de vos comptes épargne, afin que cela puisse vous rapporter un peu d'intérêts ?
- Oui, je veux bien, vous pouvez mettre 2000 euros sur mon livret si vous le souhaitez.
- Parfait, je le fais de suite. Je vous remercie et vous souhaite une bonne journée.

Moment débriefing.
    - Alors, Jordan, qu'est-ce que tu en penses ?

- Que vous vous débrouillez super bien Chef.

- Oui, je te remercie, mais qu'est-ce que tu as vu qui pourra te servir ?

- Alors plein de choses, vous avez été direct, avec le sourire. C'est très important, vous aviez le sourire au téléphone. Et vous avez fait une vente. Super, non bravo.

- OK Jordan, allez, maintenant, à toi.

Je lui cède ma place et en profite pour prendre quelques dossiers à classer. Je le vois devant l'ordinateur, qui tape le nom d'un client. C'est bien, ça.

Je vais classer mes dossiers, discute avec Claudine des avancées, puis repasse devant mon bureau. Je le vois, immobile devant l'ordinateur. Ne voulant pas le troubler, je vais voir le guichet, savoir si tout se passe bien, en profite pour prendre le courrier dans la boite aux lettres, et repasse devant mon bureau. Jordan est toujours là, immobile. Je rentre dans le bureau, doucement, ne voulant pas casser sa concentration, et parle d'une voix basse.

- Jordan ?

Il me répond à voix basse.

- Oui ?

- Qu'est-ce que tu fais ?

- Je regarde la fiche d'un client.

- Ah c'est bien. Et ?

- Et je m'en imprègne.

- Ah. Mais depuis 20 minutes ?

- Oui, je veux être sûr de ne rien louper .

- D'accord. Et tu penses avoir fini dans combien de temps ?

- Hum, encore 5 minutes je dirais, Chef.

- D'accord, je te laisse.

- Oui.

Il retourna à l'écran de son ordinateur. Au bout de 10 minutes, je m'installai devant lui. Je le regardai. Il me regarda. Je regardai le téléphone. Il continua de me regarder.

- Hey, Jordan.
- Quoi Chef ?
- Ben tu peux y aller.
- Ah.
- Ben oui, ça se finit toujours comme ça.
- OK.

Je lui fis un petit briefing sur la situation. Le client venait de recevoir 4500 euros. Son solde s'avérait être tout le temps positif, donc il pouvait placer 4500 euros. Au pire, lui dis-je, tu prends un rendez-vous.

- OK Chef, j'ai compris.
- D'accord. Et arrête avec tes « Chef ».
- OK.

Il décrocha le téléphone, et les gouttes de sueur perlèrent sur son front. Le client décrocha au bout de 3 sonneries.

- Allô, dit le client
- Oui, bonjour, je suis Jordan, je travaille avec votre conseiller, et vous venez de recevoir un virement.
- Oui, je sais.
- Bien et ...
- Un virement de combien ?
- 4500 euros.
- De solde ?
- Non de virement.
- J'ai 4500 euros sur mon compte ?
- Non 6000 euros.
- Le virement de 6000 euros ?
- Non de 4500 euros.

Aïe, si le client s'y mettait aussi, ça n'allait pas être simple. Je lui fis signe de prendre un rendez-vous, nous allions gagner du temps. Il reprit.

- Alors, voilà, je voulais savoir si vous souhaitiez les placer ?

- Ah justement, j'y pensais. J'aurais voulu voir mon conseiller pour avoir des conseils sur les placements. Et...

(Dans le mille, ça allait lui donner de l'assurance de décrocher son premier rendez-vous.)

- Effectivement, ce serait super. Hé bien écoutez, il se tient à votre disposition, vous l'appelez, et il vous dira quand il pourra vous recevoir. Je vous souhaite une bonne journée. Au revoir.

Jordan raccrocha. Il me regarda avec un grand sourire.

- Hey, c'était pas mal non ?

Je le regardai, tentant de comprendre quelque chose à cette conclusion.

- Ben heu, le rendez-vous ?
- Ah il va vous recontacter, c'est sûr. Je l'ai bien senti là.
- Ah tu crois ?
- Mais oui, vous verrez, Chef.
- D'accord. Je te redirai, hein.

Ce n'était que le début, malheureusement, il s'avéra que la suite fut pire. Il présentait bien, s'habillait d'une très belle façon, mais trop stressé pour sortir le moindre mot. Puis les erreurs s'enchaînèrent. Claudine me pria de faire quelque chose, mais je ne pouvais rien faire de plus. A part lui parler en face à face.

- Bon, Jordan, il faut que je te parle.
- OK chef, vous vouliez me parler de quoi ?
- Voilà, tu as sans doute vu que cela devenait de plus en plus compliqué, au guichet, au téléphone, pas de vente, mais beaucoup d'erreurs administratives également.
- Oui, je sais mais je m'améliore.
- Hum, pas beaucoup.
- Oui, d'accord. Je suis d'accord.

- Bien. Tu fais cette formation pour intégrer un poste de chargé de compte.

- Oui.

- Alors, tu as le week-end, mais demande-toi si tout ça, le poste, la Banque, le commerce, c'est fait pour toi. Tu sais, on peut se tromper, mais il faut réagir pour rebondir.

- Oui, d'accord, promis je vais réfléchir.

- Merci, car là, je vois que tu te donnes, mais c'est très, trop compliqué, et tu n'as aucun résultat.

- D'accord Chef.

- Et nous en parlerons mardi matin.

- D'accord.

Claudine apprécia cet échange, et attendit la suite avec impatience.

Le mardi matin, j'attendais Jordan.

Je l'invitai à s'asseoir dans mon bureau.

- Alors, tu as réfléchi Jordan ?

- Oui Chef, j'ai réfléchi et vous aviez raison.

- D'accord (un signe du ciel, il a compris…)

- Oui, je pense que ce ne sera pas bénéfique pour moi d'intégrer un poste de chargé d'accueil ou gestionnaire de compte dans une banque.

- Bien. Et puis il y a plein d'autres métiers qui pourront te convenir.

- Oui, j'y ai pensé aussi. C'est pour ça que je vais continuer mes études, afin d'intégrer un poste de gestionnaire de patrimoine.

- Quoi ???

- Ben oui, je me suis dis qu'il était inutile que je perde du temps au guichet, ou en agence. Autant viser plus haut dès le début.

Sa main montra le niveau qu'il souhaitait atteindre. Je l'imitai.

- Jusque-là.

- Oui, jusque-là chef. Je vous remercie vraiment je pense que vous m'avez remis sur le droit chemin.

24 Une page de tournée.

Je me souviens, c'était en avril 2010. Comme tous les matins, je m'étais préparé chez moi, sur les coups de 6h30 du matin, toilette, petit dej chocolat chaud et gâteaux au chocolat, puis pris le bus pour rejoindre la gare de RER. Tous les gens pressés se marchent dessus. Nous sommes à un dépôt de RER sur la ligne qui amène les touristes à Disneyland. Une fois sur deux, le RER continue vers le parc aux mille rêves, une fois sur deux, il s'arrête à notre station. Le matin, nous avons donc une chance sur deux d'avoir un RER vide, dans lequel les voyageurs se pressent afin d'être les premiers à avoir une place, afin de continuer leur nuit, de regarder un film sur leur ordinateur portable (les téléphones n'étaient pas encore si performants qu'aujourd'hui), ou de lire un bon bouquin. Il pourrait se passer n'importe quoi, un tremblement de terre, un tsunami, un arrêt complet pendant une heure, ou pire, une femme enceinte qui demande une place, personne ne bouge et tout le monde reste cloué à son siège. Non, c'est le mien, j'ai couru pour l'avoir, j'ai joué des coudes, débattu, je le garde. La technique de la femme enceinte, c'est simple, il suffit de porter des écouteurs, même si vous n'écoutez pas de musique, vous regardez attentivement les personnes qui rentrent dans la rame, et dès que vous voyez une femme enceinte se tenir le ventre, et se dresser devant les sièges, et demander « excusez-moi, est-ce que vous pourriez me libérer une place ? », alors surtout, surtout, vous faites semblant de dormir. Il y a bien un bon samaritain qui va se dévouer.

Pour le reste, suivre le même régime, feindre l'indifférence, se foutre de tout, faire comme si de rien n'était.
Lors d'un de mes déplacements en transport le lundi, j'emmenais mon fils à Paris, j'avais même acheté un billet. Après une journée harassante, pendant le retour, mon fils s'endormit sur son siège, à coté et devant moi. Une dame passablement énervée m'a pratiquement insulté parce que mon fils prenait toute la place de son siège et que cela pourrait servir à un adulte.
Une autre fois, je pris le RER à 9h, journée off pour moi. Un RER vide arrive du dépôt et tout le monde se pousse pour rentrer et avoir une place. Puis un homme trébuche, et sa jambe se coince entre le quai et le marche pied du wagon. Les autres poussent, rentrent, et lui reste bloqué. Il tente de se remonter, et une autre personne finit par l'aider, et le remonte. Il a la jambe en sang, ce même sang coule à grande giclées sur le quai. Souvenir horrible.
C'était dans cet univers que j'évoluais. Parfois même je ne me reconnaissais plus. Tout me passait au dessus. Il fallait faire vite, encore plus vite et ne s'occuper que de soi. On devenait champion dans cet exercice.

C'est ce jour d'avril qui a tout déclenché. Je lisais mon livre, comme d'habitude, dans ce RER qui m'emmenait au travail. Les stations défilaient, comme d'habitude, également à la vitesse d'un escargot au galop (oui, le matin, le RER est lent, il faut le savoir). Quand nous arrivâmes à Nation, la voix du conducteur nous apprit qu'il y avait eu un accident voyageur à Gare de Lyon, et que le RER ne marquait pas l'arrêt.
En terme clair, il y avait eu un mort.
Le train arriva à hauteur de Gare de Lyon, puis traversa la gare très lentement. Je vis les Pompiers, la Police, puis une couverture de survie, fermée, l'homme à l'intérieur.
J'appris plus tard dans la journée, que cet homme, ce père de famille, se rendait à son travail vers 6h30, quand un déséquilibré l'a poussé sur les rails. Sans raison aucune.

Juste par désordre mental. Cet homme a perdu la vie. Sa famille a perdu leur père. Un matin. Comme ça, en un éclair.

- Bonjour Christophe, qu'est-ce qui vous amène ? dit mon Grand Directeur dans son Grand Fauteuil, dans son Grand bureau.

- Voilà, je suis en fin de poste. Je souhaite partir.

- Bien, mais pour aller où ?

- En Bretagne.

- En Bretagne ?

(Heu oui, vous savez, le pays d'Astérix et Obélix, visible sur la petite carte de France, en première page de chaque album.)

- Oui, en Bretagne.

- Mais qu'est-ce que vous voulez faire là-bas ?

- Ben la même chose qu'ici, mais à un poste au-dessus, compte tenu de mes résultats.

- D'accord. Mais vous passez en mobilité, et vous pouvez être muté partout en Bretagne. La Bretagne c'est grand, et notre direction régionale comprend de grandes villes comme le Mans par exemple, ou Laval.

- Hum, mais pour moi, Le Mans, ce n'est pas trop en Bretagne. Un peu comme Laval d'ailleurs.

- Aaaah, ben c'est pour ça, il faut être précis.

- Ben pour être précis, dis-je en m'appuyant un peu sur le bureau, moi, je voyais plutôt Rennes, ou Saint-Malo, ou Dinard.

- Ah ah, vous choisissez uniquement les bons coins !

(J'hésitai à choisir un trou complètement paumé mais quitte à choisir autant se faire plaisir.)

- J'avoue bien aimer ces villes.

- Je comprends mais vous serez en mobilité, ça veut dire que vous pourrez aller n'importe où.

- Qu'importe, je tente le coup, et s'il y a une place à Rennes, tant mieux.

- D'accord. Donc, vous finissez votre poste, et en décembre, vous pourrez partir.

Ce fut quelques mois très longs, cependant, ma femme enceinte, les mois se succédèrent entre l'attente de ce nouvel enfant, et les projets de déménagement.
Décembre fut vite arrivé.
Je contactai ma DRH.

- Voilà, nous sommes en décembre. Je voulais savoir, si je trouve quelque chose, je peux faire ma demande pour partir ?
- Oui Christophe c'est ce que nous avons dit.
- D'accord, je vous remercie.

Quelques jours plus tard, je vois une offre proposant un poste de directeur d'agence à Rennes. Heu ça fait court comme délai ? Allons, je tente ma chance.

- Bonjooooour, c'est Christophe, j'ai trouvé quelque chose.
- Déjà ??
- Ben oui, mais c'est le fruit du hasard.
- Hé bien postulez.

Et c'est ainsi que courant Mai 2010, je me retrouvais Directeur d'Agence à Rennes. A la tête d'une équipe de 3 conseillers, un chargé d'accueil, deux gestionnaires de Patrimoine, et deux chargés de comptes professionnels, ces deux dernières spécialités dépendant directement du chef au-dessus de moi, et surtout dans le bureau d'à coté.
Pour le coup, cet homme respirait l'archétype du «Patron». Grand, chauve, bedonnant, tout le monde l'appréciait. Il semblait être aimé de toute son équipe. Il restait très tard le soir, à discuter avec eux, se mélangeant parfaitement dans la foule du petit peuple, lui-même étant arrivé là où il était, à la sueur de son front.
Il m'accueillit à bras ouverts.
- Aaaaah Christophe, ça faisait longtemps que nous attendions un directeur d'agence, tu es ici chez toi, je te laisse les clés, tu fais ce que tu veux.

Oups. Alors, dans ce moment d'égarement, il faut absolument le décodeur, disponible dans toutes les bonnes quincailleries provinciales, et surtout Bretonnes.
Le « ça fait longtemps que nous attendions un directeur » veut dire « tu as intérêt d'être performant », le « tu es ici chez toi », veut dire « l'intégration va être longue et très difficile », et enfin, le « je te laisse les clés » veut dire « je serai toujours là, et c'est MOI le patron ».
Cependant, venant de m'installer, je n'avais acheté aucun décodeur. Pourtant, l'équipe s'était préparée à mon arrivée, et avait même scruté mon compte FACEBOOK détaillant la moindre de mes photos disponibles au grand public, celles où je suis assez beau gosse dessus (ben oui, nous mettons toujours les photos où nous sommes beau gosse dessus, sinon, ça ne sert à rien).
Les filles se plaisaient à imaginer ma vie, femme, enfants et toutes les histoires qui vont avec.
Au bout de quelques jours, je remarquai le fossé entre l'équipe « agence », se composant des chargés d'accueil et de comptes, et de l'autre coté, la bande de spécialistes, en compte PRO et gestion de patrimoine. Cela n'a rien à voir avec le métier, loin de là. C'est que dans la seconde équipe ils avaient fait leurs études ensemble, se voyaient régulièrement et semblaient aussi proches du directeur que moi et ma couette en hiver.
Ils se faisaient des journées piscine, barbecue et tout et tout. Trop cool.
Je fis donc le tour des bureaux, et parlai avec mes nouveaux collègues, et surtout de leur manie de rester très tard le soir. Je leur dis que mon but était de les aider un maximum dans leur travail, et ainsi les faire profiter de la vie au dehors, en les faisant quitter plus tôt.
Le lendemain, j'arrivai à l'agence et passai devant le bureau de mon grand chef.

- Tiens Christophe, bonjour, entre, entre, je peux te parler ?

(Ah ben c'est toi le chef, et au bout de 4 jours je me vois mal dire non.)

- Bien sûr Jean-Marie.
- Christophe, les collègues m'ont dit que tu étais allé les voir.
- Oui, effectivement, j'ai fait le tour des bureaux.
- Et ?
- Et je leur ai dit que j'allais les aider dans leur travail, leur organisation afin qu'ils aient des horaires plus légers
- Oui, ben tu oublies ce genre de discours.
- Pardon ?
- Oui, ce ne sont pas des choses à dire.
- Ah et pourquoi ?
- Parce que.

(Ah oui, sa théorie se défend, effectivement, et bien appuyé de cette façon, je ne trouvais rien à redire).

Bon, résumons, j'arrivais dans une ville que je ne connaissais pas, avec une équipe, dont un chef vieux dinosaure qui voulait tout gérer, tout regarder et être maître de tout ; un conseiller en gestion de patrimoine largement plus gradé que beaucoup de chefs à la ronde, y compris les chefs de secteurs, et qui fonctionnait comme un électron libre ; sa collègue, jeune sortie des études, mais qui en voulait, et ne se laissait pas marcher sur les pieds ; et le duo gagnant des gestionnaires de comptes pro, dont l'une adoratrice des cancans et des on-dit, celle qui m'avait dressé le portrait Facebook, et l'autre ayant une tendance amère à suivre les 4 premiers. Bref, je ne pouvais compter que sur mon équipe, dont un guichetier qui avait demandé sa mutation, et trois conseillers : Carine, revêtant des habits toujours un peu décalés style hippie, Pierrick à 6 mois de la retraite et enfin, Patrick, toujours de très bonne humeur, pas un mot plus haut que l'autre (et lui, avant qu'un client l'énerve, fallait y aller).

Bref, cela allait être compliqué.

Le Big Boss dinosaure est resté deux mois, un peu avant l'été, avant de partir vers d'autres horizons, dernier poste avant la retraite. Départ à la retraite que j'ai suivi en direct il y a peu de temps, au milieu de plein de collègues, où ce bel homme doté d'un sens aigu de la reconnaissance, a fait un discours pitoyable, enfonçant la direction et l'entreprise qui l'avait nourrie pendant de nombreuses années. La direction a tenté de prendre ça sur le ton de l'humour. Connaissant le bonhomme, je savais qu'il n'en était rien. Cela me conforta dans l'image bienveillante que j'avais de lui.

Une femme le remplaça, jeune, dynamique, qui voulait prendre les choses en main.

Le clan des quatre vit l'opportunité de se rapprocher d'elle pour en faire une alliée. Et oui, les stratégies sont reines...

Je ne me sentais pas à ma place. En effet, j'avais fait un poste d'adjoint, mais rien ne me préparait à un poste de directeur, qui plus est, de la plus grande agence de Rennes, en terme de capitaux.

Je ne maîtrisais rien, je le sentais. Il me restait la maîtrise de l'équipe, des personnes, du management pur et dur.

J'assistai à ma première réunion des directeurs d'agence. J'arrivai vers 8h30, comme annoncé sur la convocation. Le tableau, que des jeunes de 20 à 25 ans, ou des dinosaures, sortant de la classe de mon ex-chef éclair préféré. Et moi au milieu. Je ne sais pas si vous pouvez vous imaginer. Je me sentais aussi à l'aise qu'en bermuda sur un Iceberg en plein Pôle Nord.

Bref, personne n'est venu me parler, je n'ai pas osé aller vers les autres. Ça s'est remarqué.

Ma nouvelle chef me cueillit dès le lendemain matin.

- Ben alors Christophe, tu es resté dans ton coin ?
- Hum oui, c'est pas évident.
- Il faut que tu t'intègres, il va falloir que tu fasses un effort.

Oui, j'aurais dû crier au milieu du hall, «Aimez-moi, s'il vous plaît, aimez-moi, et parlez-moi ». Mais non. Pas le cran, pas l'envie, et un peu de peur aussi face à cinquante personnes dont vous ne connaissez rien, et eux, se connaissent parfaitement entre eux. Bref, il est vrai que je prenais des distances non voulues, mais naturelles, et rien n'aidait. Il fallait que ça évolue, mais je ne savais comment faire.

Christian, au guichet, avait demandé sa mutation. Ça on le savait. Et il le criait haut et fort. « A 50 ans, j'ai pas envie de m'embêter » disait-il.
Ça peut se comprendre. Mais ce que j'adorais chez lui, c'était sa capacité à parler aux objets.
Lorsqu'il servait un client, et que, malencontreusement le téléphone sonnait, il regardait le téléphone et lui disait (sans décrocher bien sûr), « ah, là je peux pas, je n'ai que deux mains, je ne peux pas tout faire » sur un air chantant.

- Heu oui Christian, mais tu peux décrocher et mettre en attente quand même ?
- Ah oui, mais non.
- Ah, et pourquoi ?
- Parce que je suis en train de servir le client.
- Oui, mais tu peux décrocher.
- Non je ne peux faire qu'une seule chose à la fois.
- Ah d'accord. Bon ben j'oublie mes stats sur les appels perdus ?
- Oui, là, faut pas compter sur moi.

D'accord, ça je l'intégrai très vite. Il fallait tourner à son rythme.
Mois de juillet, seul aux commandes, sans ma directrice, qui dirigeait les 6 agences de notre groupe, je n'en menais pas large. Je savais quelque part que j'allais me faire manger. La loi, ce n'était pas moi qui la dictais. Je n'avais même aucun soupçon de management, je ne trouvais pas l'accroche. Je passais donc régulièrement dans chaque bureau, pour m'entretenir avec mes collègues afin de savoir ce que je pouvais améliorer dans la gestion de l'agence, si ça leur convenait actuellement, si tout était ok.

Ils me répondirent presque à l'unisson « oui, oui, c'est pas mal, on te dira s'il y a quelque chose ».
Au retour de la directrice, je fus convoqué pour m'expliquer sur le management désastreux que j'avais eu. Les chiffres étaient bons, cela tournait, simplement tout le gang des spécialistes s'était plaint. De quoi, je ne sais pas.
L'équipe directement dirigée par mes soins, à savoir 3 conseillers et le guichetier (qui avait demandé sa mutation, rappelons le...comme il nous le rappelait chaque jour) n'en menait pas large devant l'équipe de spécialistes, et ne voulait pas se mêler à la bataille de peur de perdre. Ce que je peux largement comprendre. Je ne leur en ai jamais voulu.
Je passe sur ce moment désagréable, où je fut rappelé à l'ordre par ma directrice et aussi par les grands directeurs du moment, qui n'avaient pour autre vocation, que de faire rentrer les étrangers dans un moule, non pas de la Banque, mais régional. Je ne sais pas encore en quoi consistait ce moule, même aujourd'hui. Toute la ligne hiérarchique y passa, des directeurs, aux grands directeurs, au DRH, le même son, ce métier n'était pas fait pour moi.
Je remplissais parfaitement mon contrat à Paris avec des lettres de reconnaissance sur mon travail, des prix remportés, seul au début, puis avec mon équipe en tant qu'adjoint. J'avais toujours fait la fierté de mes directeurs, avec lesquels j'ai encore d'excellents contacts. Et là, tout à coup, en deux mois, le gouffre complet. Plus aucune crédibilité, ni vis-à-vis de l'équipe, ni vis-à-vis de la direction.
Je plonge dans un gouffre noir long et horrible. Je ne maîtrise plus ce que je fais, ce que je veux faire. Plus aucune aide.
Le pire, après être passé par tous ces entretiens (en une seule journée) grâce aux adorables reporting de mes collègues, il a fallu que je fasse ma réunion hebdomadaire.
Tous étaient assis face à moi, me regardant, en attendant. Huit personnes attendant de savoir comment j'allais réagir, et très content de leur mutinerie. J'avançai vers la table, je pris

mes papiers, les regardai tous les uns après les autres dans les yeux. Je posai mes mains sur la table et je commençai :
- Bon nous allons commencer la réunion. Mais avant je voulais vous dire un mot. Vous savez que j'ai été convoqué. Je vous rassure, j'ai eu le savon auquel vous vous attendiez. Tout a été parfait, je tenais à vous le préciser. Surtout, comme quoi le management n'était pas au rendez-vous. Mais juste une chose. Je suis surpris, parce que je suis passé parmi vous de nombreuses fois. Et jamais, vous ne m'avez dit qu'il y avait quelque chose qui n'allait pas. Alors, oui, je suis surpris voilà tout. Maintenant, je ne veux pas rentrer dans des phases d'explication, et je vais commencer la réunion. Merci.

Voilà comment j'avais ravalé ma fierté.
J'ai pensé à partir, à tout laisser tomber, à quoi bon. Et cela ne me faisait pas peur non plus. Je me sentais blasé. J'ai passé des entretiens dans d'autres banques. Aux plus hauts niveaux.
Lors d'une discussion avec l'un des directeurs, j'ai retenu une seule phrase dans tout le paquet de fausses notes de management avéré. Mais une seule phrase avait résonné à mes oreilles.
« Christophe, la victoire n'est pas dans la fuite. »
Oui, la victoire n'œuvrait pas dans la fuite. Je valais plus que ça. Je devais leur montrer, à l'agence, à la direction, que je n'étais pas ce qu'ils croyaient. Il fallait que je leur en mette plein les yeux. Et puis, je ne pouvais pas laisser tomber mes collègues comme ça, Carine, Pierrick, Patrick, et même Christian qui avait demandé sa mutation et qui devait arriver dans pas trop longtemps.
Alors, avec l'aide de collègues, pendant quelques mois, j'ai travaillé à fond. J'ai appris le métier de directeur d'agence, les contrôles, les aides, les connaissances. Et j'avais une force, le commercial. Je tirais toujours mon épingle du jeu grâce à ce point.

Mes collègues furent ravis de voir que le bateau commençait à avancer. Et le groupe de spécialistes commencèrent à baisser un peu la garde. Je pus m'engouffrer dans la brèche. J'apportai ma contribution dans leur domaine également. Les résultats s'amélioraient largement. A tel point qu'en 2012, pour la première fois, l'agence arriva vers le haut du classement régional. Tout le monde se prit au jeu, emporté également par le départ de Christian et l'arrivée de Guenièvre, qui tenait le guichet d'une façon épatante.
Je commençais à avoir les félicitations de ma chef qui se prit au jeu également. Puis l'agence passa première avec une autre agence de son groupe. La guerre très agréable fut déclarée entre nos deux agences, et pour le plus grand plaisir de tous, nous avons passé la plus grande partie de l'année, première agence du groupe.
Oui, ce fut ma victoire, elle s'avéra agréable. Nous avions enfin un esprit d'équipe. Peut-être pas soudé au plus haut point, mais nous avancions ensemble, avec nos différences. Certes, je gardais toujours un goût amer de cette aventure mais de voir cette avancée effaça, atténua pas mal de choses. Puis un jour, pendant un RTT je reçus ce coup de fil. Ma collègue chargée de comptes professionnels m'annonça que le Chargé de gestion de patrimoine s'était suicidé le matin même chez lui.

Ce coup de fil fut surréaliste. Il faisait partie de l'équipe des gestionnaires de patrimoine dans l'agence. Même si les débuts furent compliqués, il s'est pris au jeu, et nous avons évolué ensemble pendant ces années. Totalement distant au début, nous nous sommes même rapprochés. J'ai appris à le connaître lui, sa famille, sa femme, ses enfants. Comment une personne que nous voyons tous les jours peut en arriver à commettre cet acte irréparable. Nous fûmes sous le choc. Le soir même, toute la direction se retrouva dans l'agence, fermée. Je me souviens, peu importe le grade, le titre, nous errions là, dans l'agence, ne sachant quoi faire.

Dans mes souvenirs, Guenièvre, notre maman de l'agence, n'ayant pas de nouvelles, a cherché à le contacter sur son portable, puis, sans réponse, elle est allée avec sa femme, chez lui, et elles ont fait cette découverte macabre.

Pendant les mois qui suivirent, nous sommes passés de nombreuses fois devant son bureau, et de mémoire, personne ne rentrait. Nous voulions conserver cet espace privé. Comme si un cordon invisible nous empêchait d'entrer.

Nous voyons souvent, malheureusement ce genre « d'incident » arriver, mais nous sommes loin d'imaginer le traumatisme que cela génère au sein d'une équipe. Tout est brisé et part en fumée.

25 Les bons moments…

A l'écriture de ce livre, je me suis longtemps demandé si je devais parler de ce passage compliqué entre les collègues et moi-même, les complications de l'intégration, et tout ce qui peut tourner autour. Mais finalement, dans ces écrits divertissants, j'ai trouvé que ce passage avait sa place. Pour plusieurs raisons. La première, c'est que même dans les moments les plus bas, nous pouvons remonter la pente. Même quand tout le monde est contre nous, vous trouverez toujours quelqu'un pour vous aider. Et c'est dans la force et la détermination que vous ferez vraiment vos preuves.
Je ne vais pas vous dire que tout s'est passé formidablement bien et j'ai eu une année de départ très compliqué.
J'ai d'ailleurs croisé les filles il y a quelques temps. Lorsque nous montions les marches pour aller à une convention, elles m'ont dit :

- Ooooh Christophe, je me souviens quand tu es arrivé. On t'en a fait voir quand même.
- Oui, effectivement, mais maintenant que tout ça est passé, je voulais vous demander juste une chose. Pourquoi ?
- Pourquoi quoi ?
- Pourquoi vous avez fait ça.
- Juste comme ça, pour s'amuser.

Et oui, la nature humaine est cruelle quelques fois. Mais il n'y a rien à comprendre. Juste accepter et aller plus loin. Seul, ou de préférence en amenant le monde avec vous.

La deuxième raison est qu'il y a eu des bons moments. Des moments magiques je dirais. Comme le jour de l'enterrement. Un nouveau directeur de groupe d'agence avait pris ses fonctions peu de temps avant. Un féru de travail. Adorable, mais qui travaillait sans relâche, tout le temps. Ce jour-là, nous avons fermé l'agence et toute l'équipe s'est rendue à l'enterrement, moment dur, compliqué, où nous avons versé nos larmes. Notre directeur nous a laissé des consignes. Ok tout le monde va à l'enterrement, et vous rouvrez à 14h.
Nous avons tous mangé à l'agence, et nous avons raconté des souvenirs d'agence, de l'équipe, ce que nous avions vécu avec cette personne qui avait un caractère trempé, mais un très bon fond. Puis d'histoires en histoires, l'heure tournait et nous étions rendu à 14h. Nous nous sommes tous regardés, puis nous avons fait un signe de la tête, et nous avons repris nos histoires. Il était hors de question que nous rouvrions. Nous n'avions pas la tête à ça. L'agence fut fermée jusqu'au lendemain. A cet instant précis, nous étions devenus une vraie équipe.

Heureusement, dans ce poste, j'ai vécu des moments très sympathiques, qui venaient des clients, mais également des collaborateurs que j'ai pu rencontrer. A commencer par notre BTS en alternance. Projeté chez nous par son père, qui voyait en lui un grand banquier d'affaire, j'eus pour mission de le coacher pendant deux ans. Quand il était présent.
Un grand nounours adorable qui faisait une fois et demi ma taille. Son costume et sa cravate ne semblaient pas à leur place. Il faisait preuve d'une bonhomie assez déconcertante.

Il partagea son temps entre Guenièvre, pour son apprentissage au guichet, et moi-même pour suivre ses actions BTS.
Bon je dois dire que de suivre ses actions BTS ne me prenaient pas énormément de temps, compte tenu du fait que je ne les voyais pas venir. Mais je pensais secrètement, qu'il

travaillait en sous-marin. Je lui demandais une fois ou deux ses dossiers, qui étaient toujours rangés dans sa voiture, et sa voiture était garée loin. Très loin.
Je passai à la phase deux, le téléphone.
- Bon, Loïc, voici une liste de personnes à téléphoner, pour prendre des rendez-vous, à l'agence.
- D'accord, je les appelle tous.
- OK. Attention, ce sont des gens du personnel. Ils travaillent tous dans les bâtiments au-dessus.
- Ah oki, bon ça va être simple.

Je lui laissai le temps de s'adapter, de prendre connaissance de la fiche client (hé oui, certaines choses ne changent pas), et passai régulièrement devant son bureau.
- Ça avance Loïc ?
- Oui, oui tranquillement, je défile la liste.
- OK je reviens dans une heure (ben oui, parce que l'air de rien, j'avais un peu de travail de mon coté.)

Une heure plus tard, je me décidai à aller le voir, en lui demandant ses résultats. Au moins quelques rendez-vous. En me présentant devant lui, je me doutais que quelque chose n'allait pas comme il voulait.

- Loïc, ça ne va pas ?
- Oh, si si tout va bien.
- Mais ?
- Mais je n'arrive pas à avoir de rendez-vous.
- Ah mais comment ça se fait. Ils te disent quoi, les clients ?
- Ben rien, justement. Je n'arrive à joindre personne.
- Personne ? Mais tu appelles sur quels numéros ?
- Ben le numéro de leur domicile, je me disais que j'avais le plus de chance.
- Tu sais quelle liste je t'ai donné ?
- Ben oui, la liste des collègues du personnel.

- D’accord. Et pendant qu’ils travaillent au-dessus, tu les contactes chez eux ?

- Ben… Oui…

- Et ça te semble bien ?

- Aaaaaaaaaaaaaaah

- Ah ben oui.

- Ah ok. Il vaut mieux que je les contacte sur leur poste de travail.

- Ça me semble pas mal effectivement.

Bon cet éclair de lucidité a été de courte durée, et malheureusement, rien ne décollait. Le contact avec les clients était catastrophique, même si Loïc s’avérait être un garçon gentil, serviable et un peu feignant.

Un matin, j’entendis sonner à la porte. Seul, dans l’agence, je allai ouvrir. Je vis Loïc, en avance, en costume cravate. Épaté par sa promptitude inhabituelle, je le félicitai d’être plus qu’à l’heure, c'est-à-dire, en avance. Il me regarda, me serra la main, et m’arrêta dans mon élan.

- Heu Christophe, je suis venu ce matin, pour te dire que je ne peux pas venir.

- ………………..

- Oui, je me sens pas bien, et je vais retourner chez moi.

- Ah, et tu as quoi ?

- Ben j’en sais rien, je me sens extrêmement fatigué.

- Va consulter le médecin, et tu me passes un coup de fil pour me dire.

- OK.

Et voilà notre Loïc qui part voir son médecin habituel, qui doit avoir une liste d’excuses en béton depuis que mon cher BTS le consulte. Une excuse différente à chaque fois, ça force le respect, et là, j’attendais avec impatience, de connaître la nouvelle affection exotique dont serait victime mon jeune candide.

Fidèle à sa parole, il me téléphona pour me dire qu'il était arrêté une semaine. Qu'il avait un gros coup de fatigue. Je compris qu'il ne voulait pas m'en dire plus par téléphone.
Soit. La semaine passe, et je retrouve Loïc, paraissant un peu mieux, le mardi matin à la porte. Je décide de le recevoir dans mon bureau afin de faire le point sur son état de santé.

- Alors, Loïc, ça va mieux ?
- Oui, merci.
- OK (attention, c'est le coté assistant social qui va ressortir, prépare-toi, tu peux te confier, je suis ton ange gardien). Bon, tu peux me dire si quelque chose ne va pas. Après ton état de santé te regarde mais nous sommes là aussi pour partager des choses.

Loïc me regarda avec des yeux grands ouverts et baignés d'incompréhension.

- Heu merci Christophe. Mais en fait, j'étais juste un peu fatigué.
- C'est tout ?
- Ben oui.
- Et le médecin t'as arrêté une semaine, parce que tu étais un peu fatigué ?
- Oui.
- OK.

Je reprends mes esprits l'espace de quelques secondes, puis souffle, inspire et souffle à nouveau, puis demande :

- Mais là, tu vas mieux ?
- Ah là, oui, oui, ça va impeccable.

Ouf, si tout va bien…

Pendant ses cours, je reçus un appel de son école.
- Bonjour Monsieur Sommelier, nous voulions savoir si vous aviez eu des nouvelles de Loïc ?
- Bonjour. Ah non. Pas de nouvelles. Bon il faut dire que même pendant les périodes de travail, des fois, je n'ai pas de nouvelles pendant quelques jours, alors à l'école…

- D'accord. Parce qu'il n'est pas venu depuis plusieurs jours.

- Non désolé, mais tenez-moi au courant.

Oui, Loïc séchait quelque peu les cours, et aussi les jours de travail. Mais cette fois, les jours se transformèrent en semaines et les semaines en mois. Pour le voir réapparaître trois mois plus tard, devant la porte de l'agence. Je le fis entrer dans mon bureau.

- Bon Christophe, il faut que je te parle.

- Oui Loïc, rien de grave ?

- Non rassure-toi, ça va bien. Mais bon je me disais un truc.

- Oui ?

- Ben nous sommes en fin de période scolaire, et je dois rendre mes travaux et cas d'étude des deux ans.

- D'accord. Et ils sont bien ? Parce que je n'en ai vu aucun.

- Justement. Moi non plus. Je n'en ai pas fait.

- Oui, je m'en doutais un peu, quoique j'espérais…

- Oui, mais non. Il n'y a rien. Alors je me disais que je pourrais faire des travaux sur des choses que je n'ai pas fait.

(L'un dans l'autre effectivement, il y avait plus de choix dans ce qu'il n'avait pas fait que dans ce qu'il avait fait.)

- D'accord et ?

- Et tu me les approuves, comme si je les avais fait.

- Ah oui. Et comme ça, tu peux passer l'examen.

- Oui, ça me rendrait service.

- Écoute, pas de souci. Ou alors, j'ai une autre idée, encore meilleure.

- Ah oui ? (ses yeux s'écarquillèrent d'un coup) Quoi ?

- Ben il te reste quelques jours, pour bosser vraiment, et prendre un ou deux cas que tu as vraiment fait en agence, comme du phoning par exemple. Et comme ça, tu peux passer les examens, avec de vrais travaux, sans tricher.

Loïc me regarda, un petit sourire en coin.

- Mouais. Bon. Je me doutais que tu allais me dire ça.
- Ah Loïc, je vois que tu me connais depuis deux ans maintenant.
- Bon ben je vais travailler.
- Impec.

Loïc se remit au travail, et fit quelques devoirs et cas d'études. Il travailla d'arrache-pied, et en quelques semaines il eut suffisamment de travaux pour passer ses examens, et suffisamment d'intelligence ou de chance pour le réussir. Bravo Loïc. Il alla sévir dans un autre établissement bancaire.

26 Dernier Arrêt

C'est fin d'année 2013 que la direction m'a convoqué afin de me proposer un poste de directeur d'agence, dans un point de vente au sein d'une équipe de 7 personnes, y compris le directeur. J'hésitais compte tenu de la distance, environ 40 minutes en voiture, et je décidai de rencontrer l'équipe au complet, qui naviguait sans directeur depuis 6 bons mois.
J'arrivai à l'agence et découvris les membres de l'équipe. Quentin au guichet, qui venait de notre filiale d'assurance ; Carine, qui s'occupait des comptes grand public ; Jean-Yves, en charge des comptes professionnels et bientôt à la retraite ; Florence, des comptes avec un certain patrimoine, et mon adjoint, Lénaïc, qui tenait la boutique depuis 6 mois seul.
Le chef des 6 agences locales m'attendait. Avec sa bonhomie habituelle, son embonpoint, et son allure de dinosaure des Banques qui avait parcouru tous les échelons, il me faisait un peu peur quand même.

- Bonjour Monsieur, dis-je en lui tendant la main.
- OK alors je t'explique tout de suite, y a pas de Monsieur, tu m'appelles Patrick.
- Heu, oui Patrick.
- Allez viens, on va dans mon bureau.

Je le suivis en adressant un bonjour aux probables nouveaux collègues. Je me retrouvai dans un bureau, au fond de l'agence. Son discours rodé de vente du poste commença à se mettre en marche. Je me suis douté qu'il avait répété depuis de nombreux jours afin de me rendre la tâche du refus compliqué et me vanter les mérites du job. Pour se faire, il m'adressa une phrase, une seule.

- Bon alors, tu le prends le poste ou pas ?

(Bon au moins c'était direct.)

- Ben Patrick, je ne sais pas car c'est assez loin de chez moi quand même.

- A combien ?

- Ben 35 minutes en voiture.

- Et alors ?

- J'ai mes enfants, je les amène à l école, et je ne voudrais pas être trop juste le matin et partir trop tôt le soir.

- Et alors, tu t'en fous t'es le patron. Tu arrives un peu plus tard le matin, et tu pars plus tôt le soir, et c'est plié. Bon tu le prends le poste ou pas ?

- Ben je ne sais pas.

- Bon écoute, tu te décideras plus tard, là, on va boire un coup. Jean-Yves ???

- Oui Patrick ? répondit en écho Jean-Yves qui se situait dans le bureau collé au nôtre.

- On va boire un coup ?

- Ben oui.

Et voilà, parti pour le premier de mes nombreux coups à boire. Ne buvant pas d'alcool, je sentis que je décevais dès le début. Afin de me fondre dans la masse, je commandai un Orangina.

Lors de mes discussions avec chaque membre de l'équipe, je sentais qu'ils avaient tous un potentiel énorme. Mais minés par l'absence de chef depuis de nombreux mois, il leur fallait un leader. Je n'ai pas la prétention d'être le meilleur, loin de là, mais je voyais exactement ce qu'il fallait faire. Dans quelle direction aller, et comment les mener jusqu'à l'excellence. Comment il pourraient obtenir la reconnaissance qu'ils méritaient.

27°) L'ère du Management.

Voilà. L'heure venait d'arriver. Tel un prétendant au trône de fer qui revêt enfin la couronne, je devenais le capitaine du navire. Seul aux commandes, une équipe à l'écoute, qui m'observe, me regarde et attend mes ordres. Je rentre désormais dans l'ère du management.

Alors qu'on se le dise. Dans le monde il y a deux camps. Ceux qui donnent des ordres, et ceux qui écoutent. Attention, il n'y en a pas un meilleur que l'autre et je me défends bien de dire qu'il est plus aisé de faire partie de l'un ou de l'autre. Simplement, la vie est ainsi faite. Regardez, dès la naissance ou l'enfance, il y a vous, et de l'autre coté, les parents. Sans cesse à vous donner des ordres, quoi faire, quoi manger, quand aller à l'école, ou comment faire les devoirs. Ensuite, arrive la grande période scolaire. Encore une fois, la classe, avec les élèves d'un coté, qui écoutent et qui obéissent (enfin, normalement), et de l'autre coté, le maître ou le professeur qui donne des ordres.

Et dans la vie professionnelle, c'est exactement pareil. J'avais toujours été du coté de ceux qui écoutent, qui font, et qui obtiennent un certaine reconnaissance grâce à leurs actes. Mon dernier poste m'avait donné un avant goût du management, mais entouré par des personnes compliquées dans une agence pas facile, avec un chef sur place, je n'avais pu me rendre compte de ce que c'était réellement. Et voilà que du jour au lendemain, on me donne réellement les clés, et tout pour réussir. Une équipe dynamique, motivée, une belle agence, et moi au milieu de tout ça.

Je me souviens d'un ancien directeur, lors de mon précédent poste, qui est venu me rencontrer et m'a dit « Alors Christophe, vous êtes enfin le patron de cette agence ? ». J'ai trouvé ses mots violents, et lui ai répondu « Non, je ne suis pas le patron, je ne le serai jamais. Je suis manager, et je tente d'aider, de faire des collaborateurs une équipe, pour les mener vers la réussite ».
Discours convenu, peut-être, mais je ne me suis jamais vu comme le Directeur avec un grand D assis dans le bureau du fond, les mains posées sur le ventre bedonnant à force de restos trop arrosés, qui inspire le respect uniquement par peur de sa colère. Je ne me transposais pas dans cette image.
C'est pour cela qu'en arrivant à l'agence, je me dirigeai vers Jean-Yves qui s'était octroyé le bureau du fond, celui du directeur, en son absence.

- Jean-Yves, c'est le bureau du directeur celui-là ?
- Heu oui oui Christophe, mais je prends mes affaires et je te le laisse.

Sa vue imprenable sur une terrasse magnifique au-dessus des remparts de la ville en faisait un bureau exceptionnel.

- Non Jean-Yves, tu le gardes, je préfère être au milieu de l'agence, pour voir ce qui se passe.
- .... C'est vrai ?? Je peux le garder ??
- Oui oui, je t'assure.
- Hou, super. Je te remercie. Merci vraiment.

Voilà. Mon dernier poste commençait. Je prenais la mesure de l'agence, de sa grande fréquentation en centre ville, sa caisse, sa salle des coffres, et Quentin qui gérait tout ce flux. Je laissais Lénaïc gérer cette fin d'année comme il menait sa barque depuis quelques mois, ne voulant pas arriver tel un rouleau compresseur écrasant tout sur son passage.
Je prenais la température, et aidais Quentin au guichet. D'une trentaine d'années, avec un air d'adorable nounours au crâne rasé, il ne perdait aucune occasion de faire une blague au client ou de chanter la chanson de la Reine des Neiges.

- Alors, Christophe, j'ai une super idée. Comme nous allons commencer le mois de décembre, je vais mettre un calendrier de l'Avent, et le premier client qui rentrera, il prendra le chocolat du jour.

- Cool, Quentin, tu commences quand ?

- Ben aujourd'hui.

- Super, je vais regarder ça.

- Attend, la première cliente arrive. Bonjour Madame Lèvetot.

- Bonjour Monsieur. Je viens déposer une remise de chèque.

- Parfait. Voilà, elle est encaissée. Et comme vous êtes la première cliente, vous avez le droit de prendre un chocolat, dit-il en montrant le calendrier de l'Avent, fier comme s'il venait d'inventer la lampe à pétrole.

La cliente regarda le calendrier, lui adressa un grand merci, prit le calendrier, et se dirigea vers la sortie. Quentin me regarda, puis il courut après la cliente en hurlant.

- Heyyyyyy, mais non, c'est juste un chocolat par jour. Faut pas prendre tout le calendrier !!!!!

Carine arriva dans mon bureau. Carine, malgré son jeune âge, restait dans une époque qu'elle n'avait pas connu, les années 50 – 60. Une vraie Betty Boop, malgré sa fine taille, elle semblait tout droit sortie de la série Happy Days. Ses robes, sa coiffure, tout. Elle se mit devant mon bureau, s'allongea dessus, et dit :

- Bon niveau des résultats, on en est où ?

J'appris très rapidement que Carine prenait des poses extrêmement complexes et bizarres lorsqu'elle parlait à quelqu'un.

- Je vais faire le point pendant la réunion. Mais il faut que nous forcions un peu en assurance.

- OK. Pff sinon, je reçois Madame Bonvent.

- Et ?

- Ben elle est handicapée. Elle est en fauteuil roulant. D'ailleurs, c'est la seule qui se sert de l'accès handicapé.

- Ah, ben c'est bien tu me la présenteras.

- Ha ben ça, pas de souci, si tu veux tu peux même faire le rendez-vous à ma place.

- Si tu veux. Avec plaisir, ça me donnera l'occasion de me présenter.

Et là, j'ai compris. Madame Bonvent arriva dans son fauteuil roulant en ruminant des mots qu'elle seule pouvait comprendre. Du «humf 'tention» au «brr passe pas», et autre « ga-ga-ga ffe aux portes», le rendez-vous s'annonçait bien. J'observai du coin de l'œil cette dame. Elle avait des cheveux aussi gras qu'un bain d'huile à nuggets de chez Mc Do, des vêtements qui semblaient sortir d'un autre âge, et surtout, m'avait dit Carine, ne regarde pas ses pieds, ce que je fis bien entendu. Et je découvris des pieds à l'air, ayant plus de mycoses qu'une champignonnière hors compète. Elle s'installa dans mon bureau, et mes collègues fermèrent la porte avec un grand sourire, et là, l'odeur arriva.
Une odeur de renfermé, de crasse, de sueur et autres arômes que je n'aurais su décrire.

- Bon-bon-bonjour. Je viens pour des-des-des frais.

- Oui, pas de souci je vous les rembourse.

- Et ma-ma-ma CAF elle a été ver-ver-versé ?

- Oui oui. Voilà Madame Bonvent, on en a fini ?

- Non je voudrais que vous me rédigiez une lettre.

Ce fut parti pour une heure d'entretien voyant mes collègues passer devant mon bureau, me faisant des grands signes et grands sourires. Je sortis une fois chercher du papier. Je repris mon souffle cela faisait du bien. Erreur, c'est encore pire lorsqu'on rentre à nouveau.
Le rendez-vous terminé, je regarde Carine.

- Carine, la prochaine fois, les rendez-vous, c'est à deux, histoire que tu partages mon bonheur.

Je prenais en main le poste, et passais aussi du temps avec mes collègues en entretien ainsi qu'au guichet, afin de découvrir les clients. Lorsqu'une femme arriva avec sa fille d'une dizaine d'années.

- Bonjour Monsieur. Je voudrais voir quelqu'un pour mon compte j'ai peur d'être à découvert.

- D'accord, venez dans mon bureau, je vous en prie.

Je fis un point et vis que la cliente possédait des comptes privés ainsi qu'une association. Je m'aperçus qu'elle était interdite de chéquier, pour deux chèques d'une somme modeste. Je l'encourageai à faire le nécessaire, afin de bloquer la provision, pour qu'elle ne soit plus dans cette position. La cliente me remercia, elle partit. Je fus satisfait d'avoir donné des petits conseils qui lui arrangeront la vie.

Une heure plus tard, Quentin arriva dans mon bureau.

- Heyyy Christophe, alors comme ça il paraît qu'on drague les clientes ?

- Comment ça ?

- Ben tu as reçu Madame tout à l'heure, et Monsieur m'a dit que si tu pouvais passer moins de temps à draguer tes clientes, ce serait pas plus mal.

- ????

Je décroche mon téléphone.

- Bonjour Monsieur, vous venez de contacter l'agence ?

- Oui je viens d'avoir votre collègue au guichet, je n'ai plus de chéquier.

- Ah très bien. Et ?

- Bien il m'en a commandé un, c'est bon.

- Et ?

- Il m'attend la semaine prochaine tout va bien.

- Et ?

- C'est tout ? (je sens dans la voix du client, une hésitation coupable)

- Vous ne lui avez pas dit autre chose au sujet de Madame ?

- Aaaaaah si (il a cherché dans sa petite mémoire !!), oui, effectivement, je lui ai dit que ma femme avait été vraiment mal à l'aise. Et ma fille aussi, vu comment vous avez dragué ma femme.

- Dragué votre femme ?
- Oui, elle a été choquée.

Choqué, je l'étais aussi. Un entretien simple peut avoir d'autre tournures. Et surtout de le clamer haut et fort à l'agence. Me rendant compte des conséquences, surtout de nos jours, j'invitai le client à se rendre à l'agence. Je contactai mon chef afin qu'il assiste à l'entretien. Je reçus donc le client afin qu'il s'explique et Patrick, mon chef, avait pris place à coté, même si je voyais qu'il n'était pas follement emballé par le fait de suivre cet entretien.

- Bon, j'aimerais vos explications, parce que ce sont des accusations graves, et surtout dites à mon équipe.
- Voilà, ma femme est venue la dernière fois, vous l'avez reçue dans votre bureau, et vous l'avez draguée.
- Avec quels mots, qu'est-ce que j'ai dit ?
- Ben.. Non, aucun mot. Mais vous l'avez regardée de façon insistante.
- Ah.
- Ben oui, un peu comme vous me regardez moi.
- D'accord. Et vous pensez que je vous drague ?
- Heu. Non, mais vous regardez les gens bizarrement quand vous leur parlez. Vous les regardez dans les yeux.
- Oui effectivement, c'est la base du métier, on m'a toujours dit de regarder les gens dans les yeux quand je leur parle.
- Aaah, oui, d'accord, vous ne la draguiez pas.
- Ben non.

Mon chef sortit de son demi coma.

- Bon allez, de toute façon, on ferme le compte.

Voici une affaire rondement menée par notre chef adoré qui n'aime pas passer trois heures à régler les problèmes ou faire quoique ce soit d'autre. Il passa le repas avec nous, et en

profita pour fêter son anniversaire avec Jean-Yves. J'en profitai pour lui souhaiter également un joyeux anniversaire.
L'après-midi, le moment de la réunion. Tout est préparé, et il faut assurer pour capter l'attention après le repas. Tout le monde est là. Quentin vérifie toutes les 5 minutes la minuterie du coffre pour ne pas louper le déclenchement de la porte, Carine qui prend une position bizarre sur sa chaise, les jambes toutes entortillées, Jean-Yves qui peine à se remettre du repas, et Lénaïc qui apporte tous ses dossiers avec les résultats. Afin de les commenter, il met à fond « Jump » de Van Halen sur son portable, ce qui a pour effet de sortir Jean-Yves de son demi sommeil, et de casser les oreilles de Carine.
Je continuais la réunion avec l'importance des actions actuelles, quand tout à coup, dans un silence profond j'entendis un bruit sourd, de plus en plus prononcé, du genre « rrrrrrr pffff , rrrr pffff ». Je regardai autour de moi, et vis Jean-Yves qui piquait un énorme roupillon affalé dans son siège. Afin de ne pas troubler d'un coup son sommeil, je chuchotai « Jean-Yves ». Rien, pas de réponse « Jean-Yves ». Rien. « JEAN-YVES », et là, il sursauta d'un coup.
- Oh pardon Christophe, pardon, je suis désolé. Vas-y continue, continue.
Merci Jean-Yves. Nous avons pu continuer la réunion.

L'année 2013 se termina entre les fêtes de Noël et les calendriers à donner une fois de plus, chacun se battant pour avoir son propre agenda.
Le début de l'année 2014, le manque se fit sentir.
- Bonjour Monsieur le Directeur. Je veux des calendriers. Et votre collègue du guichet me dit qu'il n'y en a plus
- Oui, Monsieur, c'est vrai. Tout a été donné.
- Bien, et comment faites-vous pour un client de plus de 20 ans ?
- Ben, y a plus rien. Tout a été pris.
- Ce n'est pas ma question.

- C'est ma réponse, je n'ai plus rien, je ne peux rien faire je suis désolé.

- Très bien, et bien je vais aller en face, voir s'ils en ont encore. - Le client revient dix minutes plus tard.

- Voilà Monsieur, j'ai mon calendrier du LCL.

- Oui, dis-je désemparé.

- Donc je ferme mes comptes.

- Pour un calendrier ?

- Oui oui…

Voilà comment nous arrivons à des situations impossibles, mais celle-ci fut la plus belle. Un jour, j'entendis Florence commencer à élever la voix au guichet. J'allai voir ce qu'il se passait. Elle se tenait devant un couple de personnes âgées d'environ soixante-dix ans.

- Mais Monsieur, je vous dis que ce n'est pas pareil.

- Comment ça pas pareil ? Tout ce que je vois, c'est qu'après autant d'années à être client, je n'ai pas de cadeau.

- Mais vos enfants sont venus ouvrir des comptes pour vos petits-enfants.

- Oui, et ils ont eu un cadeau. Vous savez qui je suis moi Madame ?

- Oui, je le sais, je gère votre compte depuis 3 ans. Mais ça n'empêche, je ne vais pas vous offrir le même cadeau.

- Je n'ai pas de cadeau, c'est tout ce que je vois.

Tout à coup, je vois Florence partir dans la réserve, et revenir avec une boite.

- Voilà dit Florence en tendant le paquet de pâte à modeler. C'est le cadeau qu'ont eu vos petits-enfants.

Dommage, nous n'avions plus de Monsieur Patate. C'est moche.

- Bon, dis-je. Jean-Yves, il faut que nous fassions de la prospection externe.

- Mouais. Mais promis, je finis un dossier et je suis à toi.

Son bureau succombait sous les dossiers, quelque peu en désordre. En clair, il y en avait partout.

- Mais comment tu t'y retrouves ?
- Je m'organise, je m'organise.
- Bon, deux choses, il faut que tu apprennes à te servir de la nouvelle interface....
- La nouvelle quoi ?
- Le nouveau truc pour gérer les fiches clients, informatiques. Et puis scanner ces documents.
- Mouais. Bon, je demanderai à Carine qu'elle vienne me filer un coup de main.
- Et la prospection externe.
- OK, on fait tout aujourd'hui.

Après l'heure du repas, je finissais tout juste un dossier lorsque je me décidai à faire sortir Jean-Yves. J'allai vers son bureau, et trouvai Carine, complètement allongée sur le ventre, sur son bureau, pointant du doigt l'ordinateur.

- Bon, après tu vas sur l'icône du scan, et tu mets ton papier dans le scan.
- Jean-Yves me regarda avec un grand sourire et me dit :
- Hé bien tu vois, là je comprends un peu mieux.
- Oui oui, je me doute Jean-Yves, je me doute.. Allez, Jean-Yves, au boulot. En prospection.

J'amenai Jean-Yves devant la porte, nous sortîmes tous les deux, pleins de bonnes résolutions. Puis une pluie arriva au même moment. Un pas dehors. Ça mouille trop. Nous rentrons.

Pas facile la prospection en Bretagne.

Enfin, début 2014, arriva Romain, trentenaire, hyper supra nerveux, ne cessant de bouger ses jambes en entretien clientèle. D'un naturel aussi radieux qu'une journée de décembre, ses éclats de rire se matérialisaient par un ah ah intime. Un grand stressé, anxieux, mais aussi un collègue adorable qui faisait tout pour l'agence où il œuvrait.

28 Une dernière danse.

L'engouement général dura toute une année, où l'agence se dressa parmi les meilleures agences de la région. Pas une once de vantardise, mais plutôt de la fierté d'avoir vu cette belle équipe se démener à chaque instant pour faire de son mieux, vis-à-vis des clients, de la direction et de moi-même. Chaque jour, nous allions un peu plus loin ensemble, et chaque jour, nous nous dépassions. Et lorsque l'un d'entre nous avait un coup de blues, de déprime, les autres arrivaient. Jamais une histoire, jamais un « on-dit », juste soudés les uns aux autres pour faire face, et s'entraider. Et je dois dire que ces personnes m'ont donné la vraie notion d'une équipe.
Mais comme toutes les bonnes choses ont une fin, plusieurs personnes partirent de l'agence.
Tout d'abord Jean-Yves, qui, à 6 mois de la retraite, arrêta ses efforts surhumains, et partit en pré-retraite. Puis Quentin, au guichet, qui alla retrouver un poste de conseiller dans cette belle agence en bord de mer, puis Florence, qui s'envola dans la même agence que Quentin, et enfin Lénaïc.

De mon côté, je savais que cette étape marquait mon dernier tour dans une agence bancaire, en sédentaire. Je n'avais connu que ça, et ce serait mon dernier poste.
Mais pour ce dernier, la vie m'avait réservé une belle surprise. Trois nouveaux membres arrivèrent.
Janice, brune, les cheveux mi-longs, appréciant la mode hippie baba-cool, et surtout, vivant sur une autre planète que la nôtre ; Florence (hé oui, une nouvelle Florence), reconversion qui avait découvert le monde bancaire deux ans auparavant et qui prit la direction de l'accueil ; et Betty, nouvelle chargée de comptes professionnels.

Je découvris ces personnes au fur et à mesure.

Bon, alors, autant jusqu'à présent, le livre narrait et commentait (souvent) les anecdotes clients, autant, je pense qu'il faut faire un arrêt sur image concernant ces 3 personnes. Cela vaut son pesant de cacahuètes.

La première, Betty, une belle blonde de 25 ans, qui sévissait déjà dans un poste de directrice d'agence avant son congé maternité, avait décidé, sous l'insistance de la direction, de prendre ce poste de chargé de comptes professionnels. Je la contactai avant son arrivée pour lui annoncer la bienvenue.

- Betty, nous t'attendons donc dans 15 jours, lui dis-je. Mais tiens, si tu veux, nous faisons le repas de Noël, et tu serais la bienvenue.
- D'accord, par contre je suis avec ma fille, parce qu'elle n'a pas encore de nounou.
- Pas de souci, amène-la, nous la verrons.
- Ok.

Donc Betty pointa le bout de son nez pour le repas de Noël, un midi, accompagnée de sa poussette, avec, accessoirement, sa fille à l'intérieur. Salutations, présentations, embrassades avec l'équipe, et elle me regarde, avec sa fille dans les bras.

- Ah je crois qu'elle a faim. Il faut que je lui donne son repas.

Betty trouve une chaise à coté, et hop, au biberon. Enfin, non, pas de biberon, justement, plutôt l'allaitement.
Au moins nous avons fait connaissance rapidement. Ensuite, nous avons enchaîné sur le repas, et là, il faut que je sois franc. Betty possède une dentition parfaite. De belles dents, rangées de manière bien droites, avec un joli diamant sur l'une d'elles. Mais la nature l'a dotée d'un problème technique. Sa bouche fuit. Tout passe au travers. Aussi bien taboulé que petits pois, tous les ingrédients possibles et imaginables. Ce

qui fait qu'elle marque son territoire à chaque repas. Lorsqu'elle ne mange pas, ce sont les postillons qui se chargent de prendre la relève.
Voilà comment nous fûmes partis pour une collaboration de deux ans et demi.

A coté, Florence venait d'une autre agence où tout ne s'était pas terriblement bien passé, la reconversion professionnelle s'avérait douloureuse. Donc elle avait décidé de ne pas être forcément aimable, mais de respecter à la lettre tout ce que je disais.

Enfin, Janice arrivait, après un congé maternité, d'une agence où elle fut Directrice.
Lénaïc fut remplacé par Laure, une ex-directrice d'agence qui venait de Bobigny. Bon Bobigny Bretagne, le changement allait être rude.

Et c'est ainsi que je me retrouvai avec une belle brochette d'ex-directrices d'agences et moi aux commandes.

Nous nous retrouvâmes de nombreuses fois à manger le midi dans le bureau de mon adjointe Laure.
Betty dégustait une énorme salade pleine de bombes à désamorcer, c'est-à-dire, taboulé, maïs, tomates. A coté, notre gestionnaire de patrimoine mangeait un sandwich pain-beurre.

- Merde Betty, franchement c'est pas cool, lança le gestionnaire de patrimoine.
- Qu'est-ce qu'il y a ?
- Il y a que j'ai une tomate sur ma cravate.
- Attend, fais voir ? Ah oui. Ben fais attention.
- Attention ? Mais c'est toi qui l'a faite sauter là.
- N'importe quoi, elle est tombée de ton sandwich.
- Mais c'est un pain-beurre.

- Oui, ben ils ont du rajouter une tomate. Dans ma salade, il n'y a presque pas de tomates. D'ailleurs, y a pas de vinaigrette, je vais en mettre.
Et devant le sachet de vinaigrette récalcitrant, elle tira un coup sec sur l'ouverture facile pas si facile, et toute la vinaigrette tomba sur le bureau de Laure, la nouvelle adjointe, et particulièrement sur le sous-main, où elle rangeait tous ses papiers.

- Oh Betty, tu me saoules. T'en a mis partout, lui dit Laure.
- Oui, ben j'ai pas fais exprès, vous n'allez pas m'en faire une pendule.

Pendant plus de deux mois, Laure conserva des traces de vinaigrette. C'est traître la vinaigrette.

Betty enchaîna les rendez-vous avec les professionnels, et sur mes conseils, elle apprit à se détendre. Le relationnel commençait à être vraiment bon avec les clients, et son naturel reprenait le dessus. Cela faisait plaisir à voir et elle commençait à s'amuser dans son poste. J'assistai à une grande partie des entretiens. Et les surprises allaient bon train.

- Bonjour Monsieur, moi, c'est Betty, et voici mon directeur, Christophe. Que pouvons- nous faire pour vous ?
- Bonjour, alors, je souhaiterais ouvrir un commerce pas très loin de l'agence.
- Ah parfait. Et vous avez de l'expérience ?
- Oui, j'ai ouvert un commerce précédent en Vendée.
- Aaaah, en Vendée, mais où ça, car je suis de Vendée aussi.
- Près de Challans dans le centre commercial.
- Dans le centre, mais je connais très bien.

Et nous voici entrés dans un long moment de solitude pour moi, qui ne connais pas trop Challans et encore moins le centre commercial.

- Mais oui, je me situais juste au fonds, à coté du cordonnier.

- Ah mais je vois bien, parfait. Ça me rappelle des souvenirs. Bon, c'est très bien tout ça, mais on va pas y passer trois plombes, et on va parler surtout de ce qui nous intéresse…

Médusé, je regardai le client qui reprit naturellement.

- Oui, oui, pas de souci, nous allons parler de notre commerce.

Le naturel se présentait aussi lors de prospections. Bon le problème, c'est que Betty inventait des mots voire des expressions. J'eus le droit à des grands moments (de solitude). Lorsque je me retrouvai face à ce restaurant dans lequel nous allions manger parfois, je dis un jour : bon il faut que nous allions le démarcher. Et comme Betty se voulait toujours disponible et enjouée, c'est avec grand plaisir qu'elle me suivit. Je commençai l'entretien.

- Bonjour Monsieur.

- Ah bonjour, vous allez bien Monsieur le Directeur ?

- Parfait. Je suis passé avec Betty, simple visite de courtoisie. Nous voulions savoir si vous aviez des besoins ou autre ?

- Non tout va bien avec ma banque actuelle, elle m'a suivi dès le début. Donc je la conserve. Le restaurant fonctionne bien, et nous allons vers la fin, je pense à vendre. Mais avec le chiffre, ça ne devrait pas être trop difficile. Et puis je vais toucher un héritage, et il faut que je vois comment le placer.

(Et là, le Joker Betty entre en jeu. Lors de ses prises de paroles, je la regarde toujours du coin de l'œil pour savoir à quoi m'attendre.)

- Ah ben effectivement, avec tout ça, vous devez être convoitisé par les collègues.

(Ah là, non, ça n'existe pas… Un instant de latence dans la conversation, le client la regarda un peu perplexe, et décida de poursuivre)

- Oui, effectivement, je suis très… convoitisé.
Betty me regarda, je sentis qu'un doute venait de naître dans son esprit.

- Heu, ça n'existe pas ? me demanda-t-elle
- Non Betty, ça n'existe pas.
- Ah, et courtisé ça fonctionne ?
- Oui, courtisé, convoité. Mais pas les deux à la fois.

Le restaurateur nous regarda et lança :

- Ah oui, courtisé c'est ça.. Je me disais aussi…

L'avantage venait du fait que nous ne nous ennuyions pas. Et parfois, cela venait même des clients. J'incitais Betty à s'intéresser aux marchandises vendues par les clients, et même parfois, à réaliser quelques achats, cela leur faisait toujours plaisir. Nous entrâmes donc chez une cliente commerçante d'habits plutôt à la mode, et étonnants compte tenu de son âge, puisqu'elle goûtait à la retraite depuis quelques années et faisait ça pour son plaisir. Nous entrâmes dans le magasin, notre cliente s'occupait déjà de quelques acheteurs.

- Je suis à vous dans une minute, nous héla-t-elle.
- Oui, ne vous en faites pas, lui répondit Betty, nous allons regarder ce que vous vendez.

Et elle se mit à inspecter toutes les affaires. En même temps, lâcher une femme dans un magasin d'habits, je n'avais point d'autre effet à attendre qu'un immense plaisir. Alors, comme avec ma femme, j'acquiesçai à ses trouvailles et demandes d'avis.

- Hé regarde Christophe, c'est pas mal non ?
- Oui, oui, ça t'irait bien (oui, je sais je suis un mari parfait.)
- Et regarde la jupe, elle est super sympa.
- Aussi.
- Hou, et le pantalon leggins, pas mal. Ah oui, là, c'est pas mal du tout. Attend, je vais lui demander le prix.

Et elle se dirige vers notre cliente.

- Excusez-moi Madame, le leggins est à quel prix ?
- Oui Betty, alors, il est à 20 euros mais c'est pour vous ?
- Oui, oui, lui répondit-elle fièrement.
- Ah oui, mais là, je vais avoir un problème, je crois que nous ne l'avons plus en grande taille.

Bon ce jour là, Betty ne fit pas d'emplettes.

Mais le plus savoureux venait lors des débriefings en agence, après ses rendez-vous.

- Bon Christophe, l'entretien, vraiment compliqué là.
- Ah oui, pourquoi ?
- Mais le client ne disait rien. Je n'ai pas réussi à l'accrocher. A peine quelques mots. Il était aussi froid qu'une baraque à frites.
- Ah ben non.
- Ah ben non quoi ?
- Ben une baraque à frites, c'est chaud. Chaud bouillant quoi.
- Ah oui, et là, ça ne marche pas.
- Ben non.
- Ah oui, ok.

Son coté maladroit devenait savoureux, au fur et à mesure du temps. Et bien que le scanner, la souris, l'écran d'ordinateur n'y aient pas survécu, les nombreux cafés renversés eurent raison de mon sous-main, le plus dangereux se présentait surtout pour elle, puisque invariablement, elle tombait tout le temps. Certes, dans notre belle ville médiévale, les pavés n'aident pas. Et ses chaussures à talons non plus. Mais j'ai beau regarder autour de moi, aucune personne ne tombe aussi souvent. Elle se rattrape bien à mon bras quelques fois, mais je ne peux pas tout le temps être derrière elle.

Lors d'un montage de dossier, un samedi matin, peu de clients. Laure, mon adjointe étudiait un cas avec l'un d'eux. Le

bureau de Betty se situait juste à coté. Silence rare dans l'agence. Puis j'entendis un cri violent.
« Meeeeeeeeeerdeuuuuuuux.... Aiiiiiie »
Je mis quelques secondes à réaliser. Puis je m'empressai d'aller dans le bureau de Betty. Et là, la scène fut particulière. Je vis tout d'abord Betty, assise dans son fauteuil, se massant frénétiquement le pied posé sur un autre fauteuil devant elle, les chaises de devant par terre, et une très belle et longue trace sur le sol, formant un S laissé par ses chaussures lors de sa chute.

- Mais qu'est-ce que t'as fait ?
- Ben, j'suis tombée ça ne se voit pas ?
- Si, si, mais il n'y avait pas d'obstacle là.
- Aïe, aïe, aïe, mais pas besoin d'obstacle, ça arrive comme ça.
- Ah ok. Tu... tu veux quelque chose ?
- Non, ça va, je vais me masser un peu.

Le week-end, Quentin, notre ancien guichetier, venait souvent près de l'agence, habitant à quelques kilomètres de là. Un jour, il passa en voiture avec sa femme, quand cette dernière lui dit d'un coup.
- Hey, mais c'est ton ancienne collègue. C'est Betty, attend on va lui dire bonjour.
Le temps de baisser sa fenêtre, Betty trébucha sur un pavé, et tomba de tout son long par terre. Quentin dit à sa femme en accélérant.
- Non, non, laisse, remonte ta fenêtre, fais comme si nous ne l'avions pas vu.

Au petit matin, j'arrivai à l'agence, avec le temps de janvier m'accompagnant, c'est-à-dire, la nuit et la pluie. Je rentrai, seul, et m'installai à mon bureau.
Je vis Janice arriver avec son vélo (car, Janice vient toujours à vélo, qu'il pleuve, qu'il vente, qu'il neige). Son maxi-vélo l'accompagnait partout. Elle me dit « bonjour » en traversant

l'agence, histoire de ranger son deux-roues dans la réserve. Je lui rendis son « bonjour » (ben oui, je suis sympa), et je sortis. Je vis alors toutes les traces des roues par terre. Je pris un essuie-tout, et lavai les traces de son passage.
Betty arriva, avec un grand sourire et surtout, un haut vert très joli. Elle prit un café, s'installa à mon bureau, et commença à me parler en faisant de grands gestes, afin de mimer sa soirée d'hier, et les péripéties qui lui étaient arrivées. Oui, car il ne se passait pas un seul jour plat chez Betty. Et lors d'un geste un peu plus grand qu'un autre, elle renversa son café.

- Roooo, c'est pas grave, attend, j'essuie.
- Oui, mais tu en as mis une goutte sur ton haut vert. Juste là.
- Ah oui, en plus il est tout propre. Bon, je vais essuyer ça aussi.

Arrivée de Florence, au guichet, qui accueillit son premier client puis son deuxième. Puis je vis dans l'écran situé à mon bureau, qu'elle laissa rentrer un client avec un casque de moto. Je décidai de prendre Florence à part, après avoir servi le client.

- Bon Florence, ton dernier client, tu l'as laissé rentré comme ça ?
- Oui, pourquoi ?
- Parce qu'il avait un casque de moto. Ça il ne faut jamais laisser un client rentrer avec un casque de moto.
- Ah bon.
- Ben oui, ils sont susceptibles de nous braquer.
- D'accord.

Carine vint me voir :

- Hey Christophe, tu vas être content, je t'ai pris rendez-vous avec Madame Bonvent. Elle s'est trouvée un copain. Et ils voudraient ouvrir un compte joint.
- Madame Bonvent ? Notre Madame Bonvent, elle s'est trouvée un homme ?
- Oui oui. Bon je l'ai vu, comment dire.. Enfin, non tu verras.

- Et tu viens à l'entretien ?
- Heu non, je te laisse faire. Tu l'as bien en main..
- OK je te remercie.
- Oh je t'en prie ça me fait plaisir. Ils passent cet après midi.
- Meeeerci.

Un peu plus tard, je croisai Betty qui tentait désespérément de faire partir sa tâche, mélangée à une autre petite tâche de dentifrice que je n'avais pas identifiée le matin même.
Dans l'après-midi, je reçus Madame Bonvent, avec son nouvel ami. Nous déclenchâmes le plan hors sec, et descendîmes du monte-charge pour personnes handicapées.
- Bon-bon-bonjour Monsieur le Di-directeur. Voici Monsieur Louis, mon ami.
- Ravi de vous rencontrer.
J'avais donc face à moi, ma très chère Madame Bonvent, avec son jogging habituel, son tee-shirt, et ses cheveux gras, ainsi que ses tongs laissant apparaître ses splendides doigts de pieds pleins de mycoses (non, ne regarde pas, ne regarde pas.)
Son homme, brun, trapu, des mains de bûcheron savoyard, abîmées par je ne sais quels travaux.
- Bonjour, je suis Monsieur Louis.
- Enchanté.
Et je ne sais pas si le bonheur de me présenter ce nouvel et unique ami générait un stress, mais toujours est-il que Madame Bonvent s'agitait sur son fauteuil roulant, et bégayait encore plus qu'à l'accoutumée. Je tentai de continuer le dialogue en la voyant tanguer de gauche à droite, en commençant vaguement à sentir le mal de mer m'envahir. Tous 3 enfermés dans le bureau, et sûrement dû au fait que la dernière douche remontait à quelques jours maintenant, l'odeur de transpiration se faisait très présente. Puis, son ami, en ayant assez de la voir bouger, la regarda, et lui dit :

- Arrête de bouger comme ça. Tu sais bien que quand tu bouges et que tu as tes règles, ça pue.
Je les regardai l'un après l'autre, estomaqué, écœuré, et moi, ayant toujours un mot d'appoint, là, je ne trouvai rien à dire. Mais rien de rien. Et Madame Bonvent d'ajouter :
- Roooh mais Monsieur le-le-le Di-directeur n'a pas besoin de savoir que j'ai mes règles.
- Ah non, je confirme, j'ai vraiment pas besoin de le savoir.

Après ce rendez-vous haut en couleur, Betty vint me voir dans mon bureau, l'air décontenancé.
- Christophe, mon rendez-vous, il était bizarre..
- Raconte-moi, qu'est-ce qui s'est passé ?
- Ben non, le rendez-vous, impeccable, mais c'est le client, il n'arrêtait pas de regarder mes seins.
- Moui, lui répondis-je, après avoir observé aussi sa poitrine, mais c'est peut-être dû à la tâche de dentifrice café que tu tentes d'enlever depuis ce matin, et qui prend maintenant tout ton haut non ?
Elle jeta un coup d'œil à l'auréole qui avait pris la taille d'un plateau de fromage.
- Ah oui, tu as peut-être raison.
- Oui, peut être…

Le lendemain, même temps pluvieux, dans cette belle contrée, je rentrai dans l'agence, prêt à me mettre quelques minutes en hibernation afin de reprendre un semblant de vie. Je m'installai seul dans mon bureau, quand Janice ouvrit la porte, toujours guide de son super vélo. Elle m'adressa un « salut », puis alla jusqu'à son bureau, afin de ranger son vélo dans la chaufferie.
Je regardai, et vis encore toutes les traces des roues de son vélo sur le sol de l'agence.
- Janice, tu peux venir 5 minutes s'il te plaît ?
Janice accourt.
- Oui, qu'est-ce qu'il se passe ?

- Rien, c'est juste que j'aimerais que tu essuies les traces de ton vélo s'il te plaît, car ça ne fait pas terrible.
Janice me regarda, regarda le sol, puis me regarda à nouveau.

- Ah, je vois. Mais bon ce n'est pas moi ça.

Je la regardai perplexe, et fis un rapide calcul du nombre de personnes actuellement dans l'agence. J'arrivai rapidement au résultat d'une addition simple, moi et Janice ensuite, cela faisait deux. Pensant véritablement que mes chaussures ne pouvaient faire des traces aussi droites, fines et continues, je penchais réellement pour ses roues de vélo.
J'osai donc une question aussi simple que stupide.

- Heu, c'est à qui alors ?
- Ah, ça je n'en sais rien. Mais ce ne sont pas mes traces.
- Ah. Et pourquoi ?
- Ben parce que, les roues d'un vélo sont parfaitement alignées, et là tu vois bien que ce sont des traces qui vont en zigzag.
- Hum, oui, mais tu tournes bien ton vélo dans les couloirs. D'où le fait que les traces soient en zigzag.
- Mouais. Bon, je vais nettoyer, mais.. Ce ne sont pas mes traces.
- Je te remercie Janice.

5 minutes après l'ouverture et l'arrivée de l'équipe, Betty arriva en courant.

- Rolala, désolée je suis en retard.
- Tout va bien ? Qu'est-ce qui t'arrive ?
- Tu sais, ils font des travaux dans la rue principale, ils font des trottoirs.
- Oui ? Et ?
- Ben ils ont construit des trottoirs, mais ils ont laissé les anciens marquages au sol.
- Oui ? Oh non, quand même pas ?
- Ben si, j'ai suivi les anciens marquages au sol, et je me suis pris le trottoir.

Ces quelques moments passés avec mes collègues m'amenaient vers la galette des rois, moment privilégié organisé par la direction, où tous les employés se retrouvent, environ 200, à manger une part de galette. Bon je n'ai jamais eu la fève, et je pense qu'il n'y en a pas, mais les galettes sont super bonnes, et c'est le plaisir de se revoir tous.
Retrouvant à nouveau mes collègues directeurs d'agence, je me mis à raconter les frasques de Betty, qui se trouvait devant le buffet et le champagne en plein milieu de la salle.
Certains avaient du mal à me croire et d'autres riaient.
- Mais elle n'est pas si maladroite que ça quand même, me dit une des collègues.

- Ben disons que souvent, plusieurs fois dans la semaine, les cafés sont renversés, et les bureaux sont dans un état pitoyable après son repas, mais sinon, ça va.

Et là, un grand bruit de verre brisé raisonna dans toute la pièce. Je me retournai en sachant ce que j'allais voir sans grande surprise, et vit Betty se faire toute petite jusqu'à se mettre au niveau de la table en me faisant signe « c'est pas moi », pile devant les coupes de champagne qu'elle avait cassées.
Mes collègues se sont retournés vers moi.

- Ah oui, tu avais raison.

Si bien que ma grande crainte, lors de nos entretiens extérieurs, était que notre hôte lui propose un café. Je me disais toujours que ça allait mal finir, à un moment ou un autre.
Ce jour-là, une service administratif de la ville nous recevait, représenté par un homme et sa secrétaire. Ils nous invitèrent dans la salle où nous rentrâmes pour nous asseoir.
Et là, il nous proposa un café.

- Heu non, merci, je ne bois pas de café.
- Et pour Madame ?
- Non ça ira pour elle aussi merci.

- Mais si, dit Betty, si, si vous pouvez m'en mettre un.

- Ah vous voyez qu'elle en veut un, me dit l'agent… Et ben voilà, vous l'aurez cherché.

L'homme lui servit un café dans un gobelet carton. Le gobelet posé, Betty attendit environ 10 secondes pour prendre un dossier, et dans un grand geste, fit se renverser le gobelet, qui se mit à tournoyer sur lui-même, à droite, à gauche, puis encore à droite. Tout se passa en quelques secondes, je regardais le gobelet, en même temps que Betty qui le fixait elle aussi. Il continua de tanguer pendant quelques secondes supplémentaires afin de laisser le suspens, puis reprit sa position initiale. Nous soufflâmes tous les deux, et elle me regarda.

- Hééééé non, pas cette fois.

Le lendemain, une de mes collègues arriva dans mon bureau, avant l'ouverture.

- Heu Christophe, j'ai croisé Janice ce matin, en venant au travail. Elle aura un peu de retard…

- Ah bon, qu'est-ce qu'il lui arrive, elle est malade ?

- Ben non, mais elle n'avait pas mis les mêmes chaussures.

- ???

- Ben oui, elle avait mis une chaussure de paires différentes à chaque pied.

Le pire, c'est que chaque jour apportait sa nouvelle péripétie, catastrophe, et l'ennui ne faisait pas partie de notre quotidien. C'est à partir de ce jour où je me suis mis à rédiger des chroniques régulières sur un site internet, afin de témoigner de ce vécu.

29 Les départs.

Je n'ai jamais vu des collègues arriver le matin, partir le soir. Nous vivons trop de choses ensemble pour n'être que des collaborateurs de travail. Nous connaissons tout de notre famille, voire des amis. Concernant notre personne, chaque collègue connaît les habitudes de l'autre, les envies, les dégoûts. Le quotidien est fait de pleurs, de rires, d'ambitions, de déceptions, de séparations, de réconciliations, de réconfort, d'écoute.

Nous passons plus de temps avec nos collègues qu'avec notre propre famille. Certes, il ne faut pas oublier que ce n'est que du travail. Des êtres réunis dans un même endroit, afin d'accomplir une tâche. Mais compliqué, même pour un manager, de s'arrêter là.

Concernant mon équipe, j'ai passé énormément de temps à les écouter, à les épauler, mon bureau toujours libre à la moindre envie de se confier, de se confesser.

Pour élever leurs compétences, les faire progresser, et aussi les faire décompresser.

Mais un beau jour, il arrive qu'une personne vienne vous voir. Elle vous annonce tout simplement que ce travail ne lui correspond plus, qu'elle a d'autres attentes, d'autres aspirations, qu'elle souhaite évoluer dans un autre milieu.

Alors on se questionne, mais rien ne vient. Une remise en question ? Non, Christophe, ça ne vient pas de toi, mais de moi. Alors je m'en vais tout simplement.

C'est de cette façon que j'ai perdu Janice, qui a décidé de faire le tour du monde en prenant une année sabbatique, et Betty, qui a souhaité quitter le monde bancaire.

Alors, un jour, on arrive à l'agence, seul, et l'on sait que l'on ne les reverra pas, que cette page est terminée, tournée.

Effacée, non, jamais, mais on ne pourra la relire que dans ses souvenirs.
Et quelque part, au fond de soi, égoïstement, on espère avoir contribué un peu à faire grandir ces personnes, leur avoir apporté quelque chose dans leur vie.
On sait aussi que leur nom s'effacera. On retrouvera leur coup de tampon, leur signature sur un papier, une demande d'autorisation, et l'on se rappellera le bon temps.
Puis un jour, c'est la direction qui vous contacte. La direction qui a une proposition de poste. Poste quelque peu inattendu, qui ne sera plus en agence dans un poste fixe, comme je l'ai toujours connu.
Plus d'agence à ouvrir le matin, plus de liste à traiter, plus de reporting global à faire, de suivre les comptes sans adresse retour, de conformité de masse. Plus dans la vie d'agence au quotidien.
A l'heure où j'écris ces lignes, je n'ai pas encore intégré le nouveau poste, et vis mes dernières heures au sein de l'agence. Les collègues ne comprennent pas forcément ce que je ressens. D'avoir investi autant, et tout quitter, d'un coup. Vendredi soir, lorsque je franchirai le pas de la porte, ce sera la dernière fois dans ce rôle si ingrat et pourtant si intense et épanouissant de directeur d'agence.
Plus rien ne sera comme avant, et c'est peut-être aussi pour cette raison que j'ai souhaité écrire mon vécu à ce moment précis.
Alors je verrai de près ou de loin, la vie de cette agence continuer sans moi, parce que nul n'est irremplaçable, bien heureusement.
Que ce soit dans celle-ci, ou lorsque je retourne à Paris, et passe devant les agences où j'ai travaillé, je regarde toujours avec nostalgie les devantures, en pensant à tout ce que nous avons bien pu faire. Mais les temps changent, les lieux évoluent, certaines agences sont détruites, fermées, ou d'autres sont méconnaissables.

C'est ainsi que va la vie. Tout bouge, tout change. Alors moi aussi, je partirai.

30) Extrait des chroniques publiées en 2016 - 2017

21 décembre 2016

Bon, deuxième journée à flux tendu à 3 au lieu de 8, et là, c'est plutôt ma charmante collègue (qui a encore renversé son café aujourd'hui - oui oui) qui me faisait remarquer à juste titre que nous vivions au travers des JE VEUX !!!!

Et c'est vrai que dans le désordre eu aujourd'hui ou avant (mais pas mal aujourd'hui)

- Je veux déposer mon chèque (dit le client de 8h10 quand l'agence ouvre à 8h30).
- Je veux mon chéquier (qui n'est bien sûr pas encore arrivé avant le week-end).
- Je veux ma carte (qui est coincée dans le distributeur mais nous disons qu'il n'y a que la Brinks qui a les clés du local pour pas s'ennuyer à ouvrir le local, le distributeur et demander un accord de restitution parce que ça prend des plombes avec d'autres clients mécontents qui attendent leur tour).
- Je veux un verre d'eau (pour la cliente qui crache ses poumons sur ton bureau) suivi d'un je veux aller au toilettes (épidémie de gastro et congé à prévoir pour le personnel).
- Je veux mon calendrier ET mon agenda en cuir (celui-là remporte la palme évidemment).
- Je veux renégocier mon prêt sans contreparties sinon je change de banque (et ailleurs ils ne t'en demandent pas des contreparties ?).
- Je veux un découvert autorisé de 80 k€ de suite, les fonds devraient arriver pas tard (eu il y a 2 mois).
- Je veux voir un conseiller de suite - aussi - (bien sûr j'en ai justement un sous la main qui n'attendait que vous depuis ce matin).
- Je veux voir le directeur (sans déconner, arrêtez de regarder les PUBS ça devient lourd).
- Je veux faire un placement en assurance vie (très rare).
- Je veux 0 % de droit d'entrée (très courant).

- Je veux 100 % de sécurité qui rapporte (un classique !!!).
- Je veux le remboursement des frais (l'indémodable tel le catalogue de la Redoute qui revient tous les ans).
- Je veux mes relevés de compte sur les 24 derniers mois (à raison de 30 euros par relevé, ils repartent chez eux, et bizarrement ils les retrouvent de suite roooh).
- Je veux savoir où en est mon crédit (quand c'est ta collègue qui est en vacances qui s'est occupée de tout et que tu n'as pas la moindre idée d'où ça en est sauf que tu as légèrement entendu que ça avait merdé grave, mais comme ce n'était pas le tien, tu as laissé la porte de ton bureau fermée).
- Je veux que le virement soit fait au notaire de suite car je signe aujourd'hui (voir commentaires ci-dessus, c'est le même client).
- Et enfin, Je veux déposer mon chèque (ça c'est le client de 18h30 quand l'agence ferme à 17h30, ben oui, y a les lève-tôt et les lève-tard).

Bref, la liste pourrait être longue, mais juste pour dire, Madame, Monsieur le client, vous nous prenez sûrement pour des magiciens ou le Père Noël, mais avec un "j'aimerais" en début de phrase "et un s'il vous plaît" en fin de phrase, nous pourrions vous livrer tellement de bonheur.

22 décembre 2016

Le DA prend le guichet Jour 3.
Je m'étais pourtant préparé, avalé un bon bol de Nesquick, et pris mes choco BN. J'avais enfilé mon jeans (au bout d'un moment quand tu gères l'urgent, les réclamations, et le flux, le costard cravate, ça ne sert plus à rien), et partais à l'assaut de cette belle journée (qui n'a duré finalement qu'une matinée). Hé bien, ils ont réussi à m'étonner encore une fois. Et de voir ce renouvellement force le respect. Je ne garderai que quelques anecdotes :

- Bonjour, j'ai fait un virement vers l'étranger y a 3 mois, bon, c'était la merde. Ça a mis 3 plombes. Ben j'aimerais faire le même mais en rapide. Et puis, vous prenez l'ancien et c'est les mêmes coordonnées, vers l'Australie.
- Bien Monsieur, pourriez-vous me transmettre un courrier ou un mail ?
- Je peux pas, j'suis sur l'autoroute.
- Sans demande écrite de votre part, avec les coordonnées, je ne peux rien faire.
- OK ben je peux m'arrêter et vous envoyer un texto.
- Hum non, de plus, je ne peux pas prendre un ancien virement.
- Franchement, vous êtes vraiment là pour nous faire chier....

Je décroche le téléphone, et j'entends hurler une vieille dame.
- JE PEUX AVOIR UN CHEQUIER ?????
(pris de panique j'hurle à mon tour)
- OOOOOUUUUUI
- MERCIIIIII
Et elle raccroche
(sans son nom et son compte, pas sûr qu'elle l'ait très vite.)

J'entends une dame soupirer devant le distributeur. Au bout de quelques minutes elle s'avance vers moi en soupirant plus fort, pour que je comprenne vraiment que là, ça ne va plus..
- Monsieur, vous m'avez fait cette carte de retrait gratuite pour le compte de mon amie âgée, j'ai procuration sur les comptes. Je veux retirer 300 euros je ne peux pas.
- Après consultation de votre carte, celle-ci est limité à 50 euros pour des raisons de sécurité.
- Aaah c'est très bien. Mais j'aimerais retirer 300 euros.
- Très bien j'augmente le plafond.
- Non, pour la sécurité je préfère la garder à 50 euros. Mais j'aimerais retirer 300 euros.
- Ben c'est pas possible, si vous voulez retirer 300 euros il faut mettre le plafond à 300 euros.

- Pffff et c'est 300 euros par jour ou par semaine ?
(et là, tu sens que ça va être chaud)
- Hé bien 300 euros par jour ET par semaine.
Et avant de lui faire comprendre le mécanisme, ben c'est pas gagné.

- Bonjour je veux un chèque de banque, mon agence est à Vichy et je suis juste de passage en Bretagne.
- Ben ça va être compliqué Monsieur, il faut 48 heures.
- Vous m'emmerdez, j'en ai marre de votre banque.
- Contactez Vichy Monsieur, ils verront ce qu'ils peuvent faire pour vous.
Et arrêtez de me hurler dessus.
- Mais ça fait deux jours que j'essaye, ils répondent jamais. Donc comme vous êtes la seule personne que j'ai ben vous prenez pour tout le monde.
(Trooooop gentil pour Noël)

Et enfin, 6 personnes au distributeur, toutes tirant la tronche, en bout de file, une maman avec sa fille de 5 ans. Je demande à la choupinette de venir, et lui tends un paquet de chocolat. Je lui dis d'en prendre pour elle et de faire la distribution à toutes les personnes dans la file d'attente.
D'abord, les gens furent étonnés que ce petit bout de chou leur propose des chocolats, et elle a eu le droit à plein de bisous et de mercis, et d'un coup j'ai vu des sourires.
J'ai demandé à la petite fille de venir, et pour la remercier, je lui ai offert des cadeaux, carnet de note, jeux de carte, un jeu « qui est-ce » de voyage. Elle m'a fait un grand sourire, et elle a été vers sa maman toute fière, en lui disant « t'as vu ce que le monsieur m'a donné pour Noël ? »
Et là, j'ai vu que les gens qui faisaient la queue discutaient avec la maman avec des grands sourires.

Et bien nous avons beau nous en prendre plein la tronche

chaque jour, en voyant cette scène qui n'a duré que quelques minutes, je me suis souvenu pourquoi je faisais ce métier-là.

23 décembre 2016

Le DA prend le guichet Jour 4.
Après une journée mémorable où moi et ma collègue-qui-fait-toujours-tomber-son café, avons fait péter un plomb à notre conseiller grand public à qui nous demandions un énième coup de main (MAIS VOUS ALLEZ ME TUER TOUS LES DEUX, VOUS ALLEZ ME TUER, devant des clients médusés qui signaient leurs offres de prêts), je dois dire que cette journée du 23 fut assez cool, beaucoup plus tranquille.
Nous nous étions organisés avec parfois 3 personnes au guichet en même temps, et les clients ont peut être eu peur cette fois.

Bon, j'ai bien eu notre client de 90 ans qui attendait à 8h pour faire son retrait à l'intérieur. Après de multiples tentatives, il s'approcha du guichet à la vitesse d'un bulot au galop, et me dit : ça marche pas (enfin je traduis).
Au moment de reprendre la carte du distributeur qui n'en voulait vraiment pas, je constatai que celle-ci était recouverte d'une sorte de pâte visqueuse, ressemblant à de la colle (enfin j'espère).
Et là, il me regarda avec un grand sourire dévoilant la seule dent qui lui restait.
Bon nettoyage de carte, et ça fonctionna. Je lui conseillai d'arrêter de mettre ce truc dessus.

Je décroche le téléphone, et j'ai une cliente qui a la guirlande de noël (FICP FCC surendettement etc..), qui me dit qu'elle n'y arrive plus. Elle a encore découvert des refus de chèques datant de 2014. Elle me dit qu'elle a besoin d'aide, et me demande si nous avons des conseillers juridiques.

Je lui indique qu'elle peut se rendre dans des mairies ou autres établissements, et se faire aider par des assistantes sociales, qu'elles sont là pour ça. Et à la cliente de me répondre
« Oui j'y avais bien pensé, mais je pense qu'elles ont beaucoup de travail, c'est pour ça que je vous demande à vous. »

Un client s'approcha du guichet et arbora fièrement sa remise de chèque remplie.
- Oui Monsieur merci mais il manque des choses.
- Ben oui.
- Vous n'avez pas tout rempli.
- Ben non.
- Heu en fait là vous n'avez marqué que votre nom....
Il semblait assez fier de lui et de son mini exploit.
2017 Phase 2, le nom de l'agence.

Un grand merci à l'agence de bord de mer (que je ne citerai pas) qui nous a envoyé un de ses clients (qui avait sûrement gagné la course aux spermatozoïdes uniquement parce que les autres avaient déclaré forfait), qui veut faire un virement et que les fonds soient disponibles demain sur son compte postal car il doit prendre le train pour Dol (je pense que le train partira avant qu'il ait les fonds).

Et un mot pour confirmer à ma collègue, devant son doute, que non, ça ne se fait pas de souhaiter joyeux Noël à un client que l'on appelle pour résilier son découvert autorisé.

Bref nous aurons passé une semaine fatigante, mais je pense plein de bons souvenirs, surtout ma collègue enfonçant son collier en même temps que la capsule Nespresso (ça marche moins bien), et comme l'on dit beaucoup en commentaire, c'est d'avoir une équipe formidable qui nous fait passer ces moments.

Bravo à eux, et bonnes fêtes à tous.

10 mars 2017

Chronique d'un DA du futur. Quelques jours de vacances, et en profiter pour aller au Méga CGR (vide le lundi matin par exemple, ben oui c'est moins cher), et voir le pauvre préposé au pop-corn te crier au fond de la salle "prenez un ticket sur les bornes". Ok, je prends mon ticket. Puis un détour au resto gastro de Ronald, où il n'y a plus de comptoir. Me voyant désespéré, errant comme une âme en peine à la recherche d'une belle hôtesse voulant bien me prendre ma commande d'un bon Filet O Fish (qui n'existe plus parait-il), un serveur préposé au Burger m'invite à aller vers la borne pour passer commande, qui me sera servi à table.
Et c'est en mangeant mon wrap que j'eus un éclair de lucidité. Je procédai de la même façon à l'agence, avec mes clients.. Je les invitai à aller au distributeur, chercher de la monnaie, mettre de l'argent sur leur compte etc..
Bien que je ne sois pas préposé au pop-corn, ni au montage de hamburgers, ces similitudes me perturbaient.
Les machines, ordinateurs et autres venaient de plus en plus en complément de nous, êtres humains.
Qu'avaient-elles de plus ?
Pas mal de choses tout de même. Elles n'arrivent jamais en retard, sont toujours opérationnelles (sauf quand quelqu'un appuie sur le mauvais bouton et que ça oblige une bonne partie du staff à tester la gamme de cadeaux à destination des ouvertures de comptes enfants).
On peut les mettre en œuvre pour tous les challenges que l'on veut sans qu'elles râlent (mais en même temps, le challenge sur les assurances chiens et chats dans mon ancien établissement bancaire en 1999, c'était un peu abusé non ???), et ne cherchent pas quels sont les moyens d'enrober un peu les résultats que l'on va remonter.

Et puis c'est vrai, nous sommes humains, et ne maîtrisons pas tout à fait notre corps. Qui n'a jamais eu, au cours d'un argumentaire déchaîné avec un client pour lui proposer la solution ultime de placement, un postillon super jet taille maxi qui arrive directement sur la feuille où tu lui dessinais le fromage de l'assurance vie (la partie du gâteau, vous avez les intérêts, le capital, etc..). Le client fait mine de n'avoir rien vu, vous le pensez aussi, et l'invitez à regarder sur l'écran, un truc super intéressant, afin de détourner son attention, pour essuyer le postillon. Bon, sauf quand vous avez ma collègue préférée en face de vous, là vous êtes obligés de faire une petite esquive afin de l'éviter sinon, c'est du direct dans l'œil.
Votre corps vous trahit, une remarque bien placée d'un client, une faille, et hop nous nous mettons à rougir. Remarquez que ça arrive aussi avec la cliente super canon, soit parce qu'elle vous fait un compliment (oh merci, que serais-je sans vous - et là on se prend pour Superman, ça arrive une fois dans sa vie) ou soit parce que c'est vous qui avez fait un compliment, et vous vous êtes pris un râteau.
Ou encore la cliente à qui votre collègue a fait un crédit pour refaire faire sa poitrine, et que deux mois plus tard, elle vient lui montrer le résultat (premier poste pour moi, les hormones en ébullition, la crise cardiaque me guettait).
Et puis pour les réunions, l'être humain se lâche, devient rebelle. Il y en a même un qui s'est endormi. Au bout d'une minute trente, j'ai dû le réveiller, car les ronflements, ça gênait un peu (oh désolé Christophe, on aurait pas dû aller au resto à midi).
Soudain, entre la dégustation de mes frites, et juste avant ma glace, je me suis également dit que ces machines avaient besoin de nous pour fonctionner.
C'est nous qui comblions le temps, en attendant que le programme veuille bien repartir. (avec la fameuse phrase boutade, "nous sommes samedi vos ordinateurs sont en week-end aussi ??"). Nous accompagnions les clients au distributeur pour les aider, y compris les clients sous tutelle et

curatelle (d'ailleurs, parenthèse à ce propos, la pub de la Caisse d'Épargne est super sympa, mais dans les clients sous tutelle et curatelle, il n'y a pas que des filles trisomiques qui vont à la piscine, et savent se débrouiller toutes seules, j'ai eu aussi aujourd'hui, des vieux qui sentaient l'urine, un qui bavait, et l'autre qui avait fait fuir tous les clients).
Et ces clients, on leur remonte le moral, on les écoute, on les conseille, on les voit grandir, mûrir, se marier, fonder un foyer. On a même nos petits cadeaux en retour.
Je dis pas que nous sommes tous irréprochables, mais on s'en tire quand même super bien.
Alors je me dis que même si ces machines sont là, on a encore pas mal de temps à faire.

Et pour ceux qui suivent mes écritures, j'ai retrouvé la mamie qui voulait son chéquier. Elle s'étonnait de pas l'avoir encore reçu.
Pas eu le temps de lui demander son numéro de compte, elle avait encore raccroché.

11 mars 2017

Chronique d'un DA au guichet, bonus pour un samedi soir. Une semaine avec moins de personnel, et j'ai fait quelques remplacements au guichet, dont une journée, au sein d'une agence dans un centre commercial. Je ne sais pas si cette semaine, ils avaient affrété un bus spécialement pour moi, mais l'intention y était. Pas dans le nombre mais la qualité. Du genre où tu te retrouves le bec cloué, à ne plus savoir quoi dire, et je ne pouvais pas vous faire louper ce florilège.

Mercredi, j'étais donc dans l'agence de ma collègue que j'embrasse au passage (je sais que tu liras ces lignes), au guichet, voyant les caddies passer devant moi. Je profitais également de toutes les annonces du magasin, dont les

promos sur les lardons et une super occase sur les palissades de jardin. Une cliente passa le pas de l'agence :
- Monsieur, je tiens à vous signaler une anomalie.
- Oh (stoïquement), et que puis-je faire pour vous ?
- Je vous signale que votre distributeur va beaucoup moins vite que d'habitude.
- Ah, je comprends.
- Et il faudrait faire quelque chose, car là, ça va moins vite. C'est pas normal du tout.
- Bien j'en prends bonne note et vous tiens informée (celle-là, je la sors autant que le c'est pas faux de Perceval de Kamelott)

La cliente part, plus personne dans l'agence, et j'entends la voix de ma collègue au loin dans son bureau "on s'en fout". Ouais, c'est bien ce que je me disais.

Une autre cliente rentra :
- Monsieur ?
- Oui Madame .
- Vous savez, quand vous, hum, je veux dire, des fois, vous regardez, avec les soldes, et puis les comptes.
- oui ?
- Et puis vous avez parfois, pour changer, mais pas tout le temps. Donc vous recevez, enfin, dans la consultation, parce que, je me demandais.
- Ah, et ?
- Ben on fait pas ?
(X files, ou la conversation version Puzzle, t'as tous les mots, tu les prends et tu les remets dans l'ordre).
- Roh ben non, c'est pas la peine.
- Donc même si on reçoit le mail, on fait pas ?
- Noooooooon, vous tracassez pas avec ça.
- Ah bon, vous me rassurez.

De retour chez moi, dans mon agence :

- Bonjour Monsieur, je voudrais parler à Monsieur Leclerc.
- Désolé Madame, vous demandez bien la Banque, ici ?
- Oui, Monsieur (bon point, on avance).
- Mais y a pas de Monsieur Leclerc qui travaille ici.
- Si Monsieur et je veux lui parler.
- C'était en quelle année ?
- Ben maintenant, j'ai reçu une lettre de mon assurance de chez vous signée Monsieur Leclerc.
(Ah oui, les lettres envoyées en centrale, y a peu de chance qu'elle le rencontre...)

Je décroche à nouveau
- Bonjour Monsieur, ça tombe bien que je vous ai. On s'était rencontrés en février. Vous vous souvenez, j'ai dit que je ne voulais pas de frais sur mon compte SCI.
- Oui, je me souviens et j'ai fait le nécessaire.
- Ah ça ça m'étonnerait, et je suis furieux, ça ne va pas se passer comme ça.
- J'ai fait le nécessaire. mais qu'est-ce qu'il y a ?
- J'ai reçu mes relevés papier de janvier, et, devinez quoi, il y a encore des frais (soupir.............., long soupir.........).

Une personne sous curatelle demande un retrait, nous lui avons fait une carte. L'odeur nauséabonde qu'il dégage, est un bouquet d'arômes savant mélange d'urine, de saleté et de la fumée de son gros cigare encore allumé, et les clients assis me regardent d'un air implorant une action rapide de ma part afin de rendre leur attente vivable.
- Monsieur, pourriez-vous éteindre votre cigare ?
Il prend son cigare et l'éteint dans la paume de son autre main. La vache ça envoie du lourd.
Bizarrement, le ciel de Bretagne était marqué par un beau rayon de soleil, et croyant à un doublé de miracle le même jour je lui demande s'il a son code avec lui.
Je prends le code noté sur un vieux papier gras, et bien sûr, le distributeur, caustique ne voulant pas me faciliter la tâche,

m'annonce code incorrect. La boulette. J'applique la technique -jenerespirequeparlabouche, ça va aller, et reviens vers le client.
- Le code est faux.
- Alors là, crie-t-il, c'est la première fois que ça m'arrive (hum toutes les semaines, on lui recommande un code), alors là, non, vous me prenez pour un fou ou quoi ?? Ce sont vos appareils qui ne fonctionnent pas. Et bien si c'est comme ça je change de banque.
(roooo ben mince. Ben tant pis.)

Une cliente âgée un peu enrobée, je l'aide au distributeur, et l'aide également à sortir, et en revenant dans l'agence, un client me dit « hé, le monte charge handicapé, héhé, vous auriez pu vous en servir là, c'était l'occase !!!! »

Re soupir...

Une cliente se présente devant moi, avec un chèque.
- Bonjour, je voudrais déposer ce chèque sur le compte de mon ami.
- Avec plaisir, tenez, je vous invite à remplir ce bordereau. Je vais vous montrer comment on fait et tout et tout.
Je la vois lutter pas mal de temps, et elle revient vers moi.
- Voila, bon je pense avoir tout réussi toute seule.
- Cool.
Et machinalement je tape les numéros sur l'ordi, mais vois bien que quelque chose cloche.
- heu, le compte vous êtes sûre ?
- ben oui, je les ai appris par cœur exprès.
- Ha. Mais là ça va pas. C'est quoi son nom ?
- Monsieur X (je retapote sur mon ordinateur)
- Hum dans l'agence ?
Et je vois sa tête se décomposer.
- Heu non.
- Ailleurs ?

- Heu non plus.
- Ha et où ?
- Au Crédit Agricole.
- Bon.
- Ben oui j'y vais.
- Merci Madame la cliente.

{Mais je crois que toutes ces anecdotes qui m'ont scotchées ne vaudront jamais celle d'il y a quelques temps (la favorite de mes collègues).
Je recevais deux clients, Madame en fauteuil roulant, avec son éternel jogging, ses cheveux gras à faire cuire des Nuggets, et son bégaiement naturel, lorsqu'elle s'énervait. Ne mettant pas de chaussettes on pouvait admirer sa french manucure enjolivée par des petites mycoses par-ci par-là.
Je vous passe la description de son nouvel ami, mais l'odeur des deux était insoutenable, et je faisais les entretiens la porte ouverte, sortant toutes les dix minutes, afin de reprendre des doses de vie.
Puis au cours de la conversation, Madame s'énerve un peu, bégaie de plus en plus et commence à remuer du popotin sur son fauteuil, et son ami lui dit :
- Rooo Josette, arrête de t'énerver, tu t'énerves, tu bouges, et tu sais très bien que quand tu bouges et que tu as tes règles, ça pue.
Moi à deux doigts de vomir, rouge, la tête devant l'ordi, demandant une grâce providentielle, qui ne viendrait pas, la cliente rajoute
- Roooooo mais Monsieur n'a pas besoin de savoir que j'ai mes règles.

Oui, je confirme, vraiment pas

25 avril 2017

Chronique d'un banquier, plutôt content.... Bon il fallait bien parler du retour des élections. Non pas d'un point politique, chose que je me garderais bien de faire, chacun ayant ses opinions. Mais surtout sur un point de satisfaction (si, si, j'en ai trouvé un). Je vois ces deux noms au second tour, et je pense, je pense.
Je pense surtout à toutes ces personnes, clients, non clients, proches ou moins proches, qui, à force de remarques, de pics, ou d'injures, nous font douter de nous-mêmes et ce que nous faisons.
Car soyons clairs, nous sommes toujours attaqués, mais, c'est la Banque bien sûr qui est attaquée, pas nous, retranchement du client qui sait qu'il a été trop loin.
Je repense à ce client que j'avais contacté, parce qu'il était à découvert, depuis plus d'un an, avec une belle surface patrimoniale, et que je tentais de lui faire comprendre qu'il fallait repasser créditeur, de temps en temps, histoire de voir comment ça faisait.
- vous me faites ch..., comment voulez vous que je repasse créditeur ??
- Ben en revendant une de vos maisons par exemple, il va falloir passer par là.
- Allez vous faire enc..
- Peut être, mais ça ne changera rien, il faut repasser créditeur. ..
Là on se sent estimé quand même.

Mais il arrive, le plus souvent que ce soit au sein de même de notre cercle d'amis ou famille.
J'ai aussi le Tonton qui vous accueille les bras ouverts : tiens, voila le banquier. Laisse tes mains dans les poches, hein, va rien nous voler (s'ensuit une crampe musculaire discrète de

mon bas ventre, tant l'humour est incontestable...)
Nous y avons le droit au repas par des Hey, faudra que tu dises à ta banque de prendre moins de frais (bien sûr, j'ai récemment pris un siège au conseil d'administration, tellement je suis bien vu, et je vais pouvoir proposer des mesures convenant à ta demande sans plus tarder, allez, passe-moi les rillettes stp)

Il y a quelques temps, j'étais invité chez des amis qui recevaient, pour l'après-midi, leurs parents et d'autres convives.
J'arrive tel un Roi Mage, avec des cadeaux, histoire de bien rentrer dans le cadre "fête d'anniversaire".
Timing : je rentre, me déchausse, donne le cadeau, on me tend un verre de champagne, ce qui prend environ 2 minutes 30, et là, le maître des lieux me sort :
- Ah ben alors, tu dois avoir des comptes au Panama !!!
- Heu pourquoi ??
- Ben vous avez des comptes cachés, vous les banquiers, avec tout ce que vous gagnez. (Heu mes salaires étaient moins élevés que les siens)
- Excuse-moi, mais je n'ai pas de comptes cachés..
Le père arrive pour renforcer cette formidable discussion qui promettait un échange constructif :
- De toute façon, avec tout le pognon que vous nous piquez, vous avez de quoi placer. Tout le fric sur notre dos.

Le tout a duré quelques minutes, avant que je leur dise que leur maison, ils l'avaient achetée avec un crédit, ainsi que leur voiture, et qu'ils s'entendaient bien avec leur banque, lors de leur demande.
Et là, vous vous demandez juste pourquoi vous avez été invité.
Et quelque part, au bout de 20 ans à prendre des insultes régulièrement, ça fait mal.
Mais loin de me plaindre, je suis plutôt content...

Content car dans 15 jours, ces personnes, iront voter. Toutes ces personnes auxquelles je pense ne pourront pas voter pour la madame en bleu. Donc ils voteront pour Manu.

Et rien que de savoir que dans leur isoloir, leur petite mimine mettra le nom d'un ancien banquier dans l'enveloppe, je ne sais pas, c'est ma petite revanche...

28 avril 2017

Chroniques d'un DA Visionnaire.
Bon, puisque dans une semaine à peu près, nous avons un devoir civique à effectuer, et que l'on parle que de ça, j'ai écouté les discours des deux candidats, à savoir la Dame en bleu, ayant le sex appeal d'une choucroute un lendemain de fête de la bière, et Manu, affichant autant de gaieté qu'un crabe pris dans les rochers à marée basse, afin de paraître moins bête lorsque je glisserai mon bulletin de vote, dans l'urne.
Et certes, je le savais déjà, mais Marine désire que nous ne fassions plus partie de l'Europe, et veut revenir au Franc.
Soit.
Mais elle dit, pour sa défense, que cela se passera facilement.
Et là, tous les souvenirs de 2001 sont revenus à moi, tel un cheval au galop (les sabots en premier).
Pour ceux qui n'étaient pas (encore présents), sachez que nous avons vécu des moments mémorables.

Sans parler des préparatifs. Pour faire court, sachez que le jour J reste mémorable.
Vous avez Madame Lavieille qui attend depuis 8h du matin avec son caniche dans les bras, et qui vous voit passer devant

elle afin de rentrer dans l'agence. Vous lancez un bonjour, elle trépigne d'impatience, et tente un "on peuuuuut rentreeeer ???"
- Heu non, nous ouvrons dans 10 minutes.
- Ah ben faut pas en faire pluuuuss, vous avez raison !!! Pffff

10 minutes suffisent largement pour vous préparer, sauf que vous n'aviez pas pris l'ampleur des fameux KIT MONNAIES dont la Banque de France parlait..... Et là, s'ajoute la double caisse... Excellent pour les exercices de calcul mental (alors vous me donnez 500 francs, vous voulez en placer 350 et récupérer 150 en Euros. Asseyez-vous un p'tit moment..)

Madame Lavieille se pointe, le nez dépassant légèrement du guichet. Vous, déjà en sueur après avoir porté 50 kilos pour les ranger dans le semi coffre planté derrière pour l'occasion.
- Je peux avoir des euros ????
- Oui Madame, tenez.
- Ah c'est vraiment horrible, je ne sais pas où nous allons aller avec ça. Redonnez-moi mes Francs, je préfère encore les garder.
Et c'est comme ça qu'il reste encore quelques fortunes de Pascal enfouies en secret.
Mais reste le plus beau, et là, c'était TOP CLASSE, nous avions à offrir, LE CONVERTISSEUR......
Les calendriers et agendas, c'est du pipi de chat à coté.

Vous aviez les bleus et jaunes ,les noirs et rouges, enfin bref vous avez compris le principe de l'originalité.
Il y en a même qui permettaient de calculer les échéances du prêt, mais là, c'étaient pour les clients patrimoniaux..

{- Vous auriez un convertisseur ??
- Oui Madame Lavieille, regardez, vous entrez l'ancienne monnaie en haut, et vous appuyez sur Euros, et hop c'est fait (haha, quel bel espoir)

- Et ou je rentre les Pesetas ?
- Les Pesetas ???
- Ben oui, si je vais en Espagne, comment je fais hein ???
- La dernière fois c'était il y a 30 ans MME Lavieille.
- Ben oui, mais si je veux y retourner ??
- Si vous voulez y retourner, un conseil, dépêchez vous, alors...

Je vous passe les conversions D'Euros en Francs, puis en Anciens Francs, les clients qui ne comprennent pas pourquoi on a divisé par 6,57 leur montant de découvert autorisé, la peur de ne pas pouvoir récupérer son argent.
- Mon argent est disponible ? Même en Euros ?
- Oui Madame.
- Alors donnez-moi tout.
- Heu, les 1 500 000 Francs du livret ?
- Ah oui, vous m'avez dit que c'était disponible.
- Mais je ne les ai pas dans la caisse.
- Ah vous voyez que ce n'est pas disponible.
(Sachez que cette blague a duré 1 heure à mon bureau, j'étais à deux doigts de craquer.)
Sans parler des « c'était mieux avant », des logiciels en deux monnaies (déjà qu'avec une monnaie ils ont du mal à s'en sortir), et enfin, notre tête quand nous avons reçu notre première fiche de paie en Euros.

Bref, tout ça pour dire qu'il y aura peut-être un changement de monnaie, que ce sera facile, mais là, j'ai comme un doute....

06 mai 2017

Chronique d'un DA Analyste Politique.

Hé oui, cette semaine se termine, semaine pendant laquelle nous nous sommes tous transformés en analystes économico-politique.
Car si les clients, par tradition ancestrale ne font rien avant les élections (on peut placer 2000 euros sur votre LDD si vous voulez ? Ha non, on va attendre car on ne sait pas ce que ça va donner...), les clients en profitent quand même pour venir nous faire la causette. Bon c'est pas que cela nous dérange, et dans leur grande majorité, ils sont plutôt sympas et nous aussi, mais pendant ce temps-là, nous ne sommes pas d'une productivité énorme. D'autant plus que je me suis juré de ne jamais parler politique avec les clients, et c'est assez compliqué dans cette période.
Et après le débat hautement constructif, ça n'a pas manqué.
Le client prend une chaise, me regarde, hausse les sourcils, fait la moue, puis commence :
- Mmmmouais
Je réponds d'un air dubitatif.
- Ben oui.
- Ha c'est pas gagné.
- Ben pour certains plus que d'autres.
- Qu'est-ce que vous en pensez vous qui travaillez dans la Banque ?
- Oh, ça va changer mais dans les grandes lignes, pas énormément non plus (oui, toujours utiliser des phrases qui ne veulent pas dire grand chose).
- D'accord mais pendant ce temps-là, on ne sait pas quoi faire.
- Oui d'ailleurs nous pourrions voir vos placements.
- Pas tout de suite, je vais attendre encore (nooooooon !!!! c'est vrai ??).
- Et vous pourriez me dire ce que va faire la bourse après les élections ?
(oui, dès le mardi, nous allons avoir une hausse sur les valeurs technologiques, qui vont prendre 0,25 % et une reprise des valeurs refuges, tandis que les matières premières vont continuer leur évolution à + 1,25 %, ce mouvement

continuera jusqu'au vendredi, jour de poisson, ici Jean-Pierre Gaillard à la Bourse de Paris).
- Ah non, si j'avais une boule de cristal.. (celle-là, nous l'avons sortie 1534 fois.)
- Je pense que nous allons rester comme ça alors.
- Oui, c'est mieux.
- Mais je pense que c'est Macron qui va passer de toute façon. Et en même temps, un peu de modernité, ça ne peut pas faire de mal.
(et là, j'ai osé une touche personnelle)
- Oui, enfin, en terme de modernité, un futur Président qui emploie dans la même heure, les expressions "poudre de Perlinpinpin et saut de cabri", je ne suis pas certain que nous soyons dans l'Ultra moderne non plus.
- Bon hé bien, je vous reverrai la semaine prochaine.
- Avec grand plaisir.
Et les rendez-vous se sont suivis en se ressemblant, avec beaucoup de personnes connaissant personnellement les candidats.
Alors, je ne sais pas quels seront les résultats de l'élection, mais je pense que la semaine prochaine, le sujet de conversation sera tout trouvé.
Bon week-end.

17 Mai 2017

Bonsoir, puisque c'est la soirée, j'imaginais les anecdotes de ces derniers jours (en vrac) gérée par l'équipe de Grey's Anatomy. Bien sûr, toute ressemblance....

8h30, ouverture de l'agence par la stagiaire en pédiatrie, nous faisons la réunion sur les dossiers des patients avec toute l'équipe.
8h31, la stagiaire arrive en pleine réunion " Une urgence, une cliente souhaite descendre au coffre". Callie, absorbée par

l'intérêt de la réunion, explose "Moi, Moi J'y vais".
8h35, Meredith arrive. Elle s'assied et renverse son café sur les dossiers. Rahh, c'est le stress. Non ce sont tes mains Meredith.
9h00, fin de réunion, Callie danse dans l'agence "J'ai réussi à ouvrir les coffres toute seule !!!! ". Le métier rentre, dommage qu'elle prenne un congé sabbatique dans 15 jours. Tout le monde à son poste.
9h01, problème électrique avec la porte. Nous faisons intervenir l'électricien vedette, Carlos, reconnu pour sa rapidité équivalente à un escargot sous Prozac.
10h00, Arizona m'interpelle, "Christophe y a une urgence, un accouchement qui dure". Effectivement, malgré le travail depuis 1 heure, la cliente a du mal à dire "oui". Une dose de réduction de frais sous perf", et le oui arrive immédiatement. Sauvé.
11h00, Carlos arrive. Il constate "oui, il y a un problème" (sans déconner, il est super pro Carlos). Ça ne va pas être long, une petite heure.
11h30, Owen arrive, "Christophe, un client fait une overdose de frais, il a pris trop d'agios, il a des reflux". Nous lui mettons une dose de remboursement, on rehausse un peu le découvert autorisé, ça devrait aller.
12h00 : Nous déjeunons au réfectoire. Petit briefing de circonstance, accompagné de mon assistante Miranda et du reste de l'équipe. Je fais le point : "Meredith, je viens de voir ton patient dans la rue, il m'a remis des documents. Je lui ai dit que tu attendais ses résultats d'analyse pour enclencher son dossier. Il ne semblait pas d'accord". Meredith ne m'écoute que d'une oreille et cherche une cuillère désespérément pour manger son yaourt. Elle voit la mienne dans mon plat. Elle la prend. Je la préviens "tu feras attention, je l'ai sucée". Décomposition de la stagiaire... Heu non, la cuillère, je l'ai léchée quoi, je m'en suis servi. Ouf, la stagiaire reprend des couleurs.
13h30, Carlos se remet au boulot, nous aussi. Arizona passe

des coups de fil pour remplir les chambres vides. Meredith, sa voisine, finit ses dossiers. Arizona "Mais oui, si vous voulez, je suis ouverte à toutes les prop.. heu simulations" Elle raccroche. Meredith explose. "Rouhaaaa, t'es une vraie chaudière... " Carlos arrive. "Y a aussi un problème avec la chaudière ? "
15h00 Miranda vient me voir. "Y a un problème avec Santé Log, l'intervention du patient doit être dans 7 jours, et on n'a pas l'accord. Ouaip, Santé Log, ils sont dans la panade en ce moment. Peut-être repoussée au début de l'été...
15h30, Carlos fait un état des lieux en ma présence. Bon il va falloir enlever les plaques, raccorder le branchement au générateur, et mettre le nouveau modèle sinon ça va répéter. Je regarde évasivement, puis lui confirme "Ouaip, vous avez raison". Il me regarde le sourire victorieux.
16h00 Miranda demande à Alex son compte rendu global de tous ses patients débiteurs. Il grogne, souffle "mais tu crois qu'on a que ça à faire ?? ". Hum la grève n'est pas loin.
17h00, les patients continuent à entrer, "j'ai perdu mon code", la stagiaire assure "très bien, je vous en commande un, il arrivera directement chez vous." Le client "Chez moi, heu par courrier" ? (non, Le Docteur Karev vient de partir à dos de dromadaire). Oui par courrier Monsieur.
17h30, les portes se ferment, tout le monde souffle, sauf Meredith qui est encore en consultation. Elle sort de son bureau "vous pourriez faire un peu moins de bruit, je suis avec un patient". Ahah, Meredith qui demande à faire moins de bruit, c'est l'hôpital qui se fout de la clinique. Nous sortons et entendons un grattement dans le local technique. J'ouvre. "Ben Carlos qu'est-ce que vous faites encore là ?" Carlos s'essuyant le front et remontant son pantalon "pffff, bon j'y suis pas arrivé, je reviendrai demain."

Bref, une journée comme les autres au Grey Christophe Memorial Hospital....

23 mai 2017

Chroniques d'un DA désespéré.
Bon, je sais, dans la vie réelle, il faut prendre soin de son prochain, ne pas juger, avoir de la compassion etc... Mais quand même. Bon déjà, vendredi, quand j'ai vu cette sorte de Golgoth en short se pointer à l'accueil en disant : "J'ai un rendez-vous avec l'adjointe, je veux ouvrir un compte", je me suis dit que j'allais voir l'adjointe pour savoir si elle voulait remporter un pari ou un truc comme ça.
- Non, mais attend, je l'ai vu ce matin, on a rendez-vous mardi après-midi.
Ouch, c'était du lourd. Nous retournions à trois voir ce charmant monsieur qui commençait à monter sur ses grands chevaux, et bien que nous ne comprenions pas l'intégralité de ses phrases, nous l'engagions à retourner vaquer à ses occupations qui ne devaient pas être très glorieuses.
Je vous passe les « oui, mais je veux ouvrir un compte » etc..
Déjà, un client qui veut absolument ouvrir un compte, c'est louche. Il est soit IBDF, soit sous tutelle, ou dans de rares cas, il a gagné au loto, mais je vous laisse choisir la case qui convient.
Ce matin, j'arrive à l'agence, passe le sas libre service, et vais à mon bureau, tranquillement. Et là, au bout de quelques minutes, j'entends gratter sur le rideau de fer. Je vais jeter un œil, discrètement, et oui, le Golgoth était de retour.
Ma collègue arrive quelques minutes après, et s'entend dire :
- Quand est-ce que vous ouvrez ? J'attends depuis 30 minutes au moins.
- A 8h30 Monsieur.
- Oui, ben il est 8h30 passées.
- Ça m'étonnerait, l'agence n'est pas ouverte, c'est qu'il n'est pas 8h30.
Notre Golgoth retourne à son petit dej, engloutissant un

nombre record de chouquettes, avec des bruits de déglutition assez impressionnants, et mes 6 autres collègues y sont passés au fur et à mesure.
Le Golgoth grattait toujours....
L'heure tant attendue de l'ouverture arrive, Golgoth se place devant l'accueil, et dit :
- J'ai rendez-vous pour une ouverture de compte.
Visiblement, ne comprenant pas la différence entre le matin et l'après-midi, nous le faisons patienter, histoire de se préparer mentalement au rendez-vous, enfin surtout mon adjointe. Elle vient le chercher quelques minutes plus tard, et mon bureau se situant juste à coté du sien, je vois Golgoth arriver face à moi.
Et là, j'attends juste qu'il se tourne, fais signe à mon adjointe, et lui crie en murmurant (c'est pas facile ça) :
- Nooooooon, le fais pas s'asseoir, il s'est pissé dessus.
Il avait son short trempé. A la fin de l'entretien, mon adjointe le met dehors au bout de 5 minutes, et je cours vers elle.
- T'as pas vu qu'il s'est pissé dessus ?
- Et encore, t'as pas vu l'arrière, je crois qu'il n'y avait pas que ça.
Et je vois notre pauvre intérimaire laver entièrement la banquette, car il avait aussi arrosé tout le mobilier d'attente.
Résultat, un siège foutu, et une banquette à passer à l'anti-microbes. Alors, effectivement, il était sous tutelle, et j'adore les tutelles, mais s'ils pouvaient se soulager ailleurs que dans l'agence, j'en serais RAVI !!!!! □
Bonne soirée.

1er juin 2017
Chroniques d'été, première.
Et voilà, l'été arrive tout doucement, le soleil pointe le bout de

son nez, et la chaleur arrive. Et par la même occasion, la période des auxiliaires de vacances va battre son plein. Nous attendons impatiemment ce moment depuis environ.. Septembre de l'année d'avant. Date à laquelle les petits tas de classement ont commencé à se reformer. Parce que, n'allez pas croire qu'ils sont passés inaperçus. Je le vois quand j'ouvre les placards, et que l'on vient les refermer très vite "non, mais c'est bon Christophe, le papier que tu veux, je l'ai, pas la peine de fouiller. "
Car oui, le stagiaire d'été se doit d'être efficace, il s'occupera de tout le classement, de la mise en conformité des comptes, de la complétude, scannera beaucoup de documents, et passera une bonne partie de son temps au guichet.
En 22 ans de Banque, j'en ai vu défiler un paquet.
J'ai vu Nounours, qui se faisait ses pauses repas en avalant un sandwich en 2 minutes, puis allait dans un bureau, fermait les volets et dormait ; Miss Monde, qui se déhanchait dans l'agence en robe blanche hyper moulante on-voit-mon string-mais-c'est-pas-grave (enfin sauf pour la caissière qui ma foi, était un peu jalouse) ; Miss J'ai-mal-partout, qui classait que les dossiers du bas car elle ne pouvait pas soulever les bras.
J'ai eu ces derniers temps Monsieur Candy Crush. Nous avions des bureaux en enfilade, avec des séparations en verre, et même à trois bureaux plus loin, je voyais ce qu'il faisait, et en gros, il tentait de battre le record du monde de j'en fous pas une, mais en devenant champion du Candy Crush.
Alors, un petit peu peiné, je vais jusqu'à son bureau, j'ouvre la porte, et je le vois taper sur son clavier d'ordinateur comme un malade.
- Heu, ça va, les dossiers, ils avancent ?
- Ha oui, je suis à fond. Je pense avoir terminé une bonne partie ce soir.
- C'est bien, je suis content de voir que tu avances.
Je repars, et il ne perd pas un instant pour se remettre à Candy Crush. Je retourne au bout de 10 minutes (oui, je suis

gentil).
- Alors, ça avance toujours ?
- Oh oui, toujours à fond.
- C'est bien, mais juste un truc. Je suis dans le bureau du fond.
- Oui, oui, si j'ai besoin, je..
- Non, c'est juste pour te dire qu'avec les parois en verre, ben c'est ballot, mais je vois que tu fais rien.
- Ha bon ?
- Ben oui.
- Ah mince.
- Ben oui.
S'ensuit Miss Larmes. Alors, je pense que Miss Larmes devait être charmante mais elle ne disait pas un mot. Et pour les remplacements au guichet, ce n'était vraiment pas évident, ni pour nous, ni pour les clients. Lorsque je lui ai fait plusieurs remarques, les larmes ont commencé à couler, pour ne jamais s'arrêter. Un vrai torrent. Tout l'après midi.
Ma collègue est venue me voir.
- Heu Christophe, on va pas pouvoir la laisser au guichet, elle pleure tout le temps...
- Ah mince.
- Oui, et puis.. Comme elle pleure beaucoup elle a le nez qui coule aussi, et là c'est pas top...
Sa période a duré 1 jour et demi, pour me dire que ce métier n'était vraiment pas pour elle.

Mais surtout, j'ai eu la chance de rencontrer Pauline, notre stagiaire d'été petite fille modèle toute mimi et toute timide. Impressionnée, elle ne disait pas un mot. Je l'emmenai voir les archives, en lui demandant de faire un peu de rangement. Fébrilement, elle me suivit, regarda l'ampleur de la tâche.
- Voilà Pauline, donc si tu peux faire un peu de rangement ce serait super sympa.
Et Ma Pauline se transformer :
- Non mais dis donc les gars, vous n'êtes jamais descendus ici

de votre vie, ou toutes les agences du coin sont venues déposer leur classement des dix dernières années ??
Moi honteux, tentant de garder un peu de fierté.
- Ben heu, on n'a pas eu trop le temps...
- Bon je m'y mets, mais faudra pas me recommencer ça... Allez zou, tu peux y aller...
Je le pense sincèrement, avec toute sa gentillesse, elle nous a tout rangé, a fait place nette. Un jour, après être restée plus de 3 heures au sous-sol, elle remonte et va voir notre chargé d'accueil.
- Coucou, ça va ?
- Ben oui, et toi ?
- Ça va. Ça fait combien de temps que tu ne m'as pas vu ?
- J'en sais rien
- Ça fait 3 heures. 3 heures sans nouvelles de moi . Il aurait pu m'arriver n'importe quoi au coffre, tu ne t'inquiètes même pas. Non mais ça va, faut prendre de mes nouvelles de temps en temps, oh !!!!!
Pauline a fait place nette, a inauguré la salle des archives transformée un samedi matin, avec une belle bande de papier toilette que j'ai dû découper pour fêter l'événement, et même aujourd'hui, elle repasse nous voir quelques fois à l'agence, bien qu'elle habite à plusieurs centaines de kilomètres, en nous amenant une boite de gâteaux.
Alors je voulais lui dédier cette rubrique, à notre Pauline Dln qui le mérite amplement. Nous gardons tous un excellent souvenir de ton passage, un mois pour marquer une vie.
Bonne gestion des auxiliaires à vous...

09 juin 2017

Chroniques d'un DA triste.
Et oui, dans quelques semaines, ma renverseuse de café Betty va définitivement partir de notre équipe pour rejoindre

d'autres horizons professionnels auprès d'un confrère. A sa demande, voici ses plus belles boulettes/gaffes/mésaventures... Pour la situer, Betty est une jolie fille, belle blonde d'environ 1m68 élégante, toujours très bien habillée...le matin (avant qu'elle ne se tâche de partout).

Betty a un problème avec les mots et les expressions. Les débriefing de rendez-vous sont un vrai régal.

- Bon Christophe, ce qui est bien, c'est que le client a deux solutions. En gros si l'une ne fonctionne pas, il a un pneu de rechange.
- Heu on dit pas une roue de secours ?
- Hum ouais, peut-être mais dans l'idée, tu m'as compris.

- J ai eu un rendez-vous tendu, mais tendu. Le client vraiment pas facile. Et il était froid comme une baraque à frites.
- Mais.. Une baraque à frites, c'est chaud.
- Heu oui. Donc ça marche pas là.
- Ben non.

En entretien avec un client, elle l'encense, et le met en valeur vis-à-vis de la réussite de son restaurant.
- Avec ce restaurant, vous devez être convoitisé par les confrères (le client marque un temps d'arrêt et ne voulant pas la décevoir, il enchaîne.)
- Heu oui, je suis convoitisé. (je regarde les deux en voulant leur demander s'il n'y a rien qui les choquait quand même). (Bettina marque un temps d'arrêt.)
- Mais... Ça n'existe pas comme mot.
- Non je crois pas. (et moi reprenant)
- Tu peux dire convoité, ou courtisé, mais pas les deux à la fois...

Betty a un problème avec son centre de gravité. Disons que ses pieds ne doivent pas être en adéquation avec les

mouvements dictés par son cerveau et cela donne des belles scènes.
Je suis en rendez-vous avec un client et j'entends hurler:
- Meeeeeeeeeerdeuuuuuuux. Aiiiiiie !
Mon client me regarde, inquiet. Je lui fais comprendre que tout va bien, c'est seulement le quotidien. Je décide d'aller la voir, et là, il faut un peu d'imagination pour voir la photo :
Bettina assise sur sa chaise, la jambe droite sur une autre chaise, se massant le pied en inspirant, expirant, et par terre, la trace de ses chaussures dessinant un magnifique S, trajet de son pied malheureux.
J'ai vraiment hésité entre lui demander si ça allait et m'exploser de rire... J'ai choisi...
Les pavés sont ses ennemis, et elle se tient régulièrement à moi, qui lui fais éviter les chutes. Malheureusement je ne suis pas toujours là.
Un jour de promenade, mon collègue du guichet roule en voiture dans le centre ville, et sa femme lui dit :
- Hey, mais c'est pas ta collègue Betty?
- Heu, si si.
- Attend, j'ouvre le carreau, je vais lui dire bonjour.
Et là, notre blonde préférée se lance dans une chute sur pavé grandiose. Et mon collègue de répondre à sa femme :
- Ferme ta fenêtre, vite, on roule, on roule.
Mais elle est capable de faire les chutes les plus spectaculaires.
Discussion avec un client, Betty et moi-même devant son resto. Nous parlons, je la regarde du coin de l'œil, toujours à l'affût (oui, je la surveille pour son bien), et là, je la vois descendre d'un étage subitement dans un cri étouffé (houaoua). Le client me regarde, je la regarde, elle tente de faire bonne figure, se raccroche à moi. Dépité, je lui pose la question :
- Mais comment tu fais pour tomber en étant statique ?????

Mais il peut lui arriver n'importe quoi dans le quotidien, rien ne

lui résiste, aucun scan, aucune imprimante, porte de placard, ou poignée de porte.
Imaginez-vous en entretien avec un client, en plein placement, tendu, vous attendez le "oui", vous luttez, en étant super pro, et là vous entendez du fin fond de l'agence :
- Au secoooooooours, venez m'ouvrir. Y'a quelqu'un ? Je suis coincée aux TOILEEEEEEEEEEEETTES !!
Le client me regarde, et je tente un :
- Oh, c'est rien, j'ai bien des collègues qui vont y aller.

Bon elle est naturelle, et dans les conversations avec les clients, ça peut partir très vite, il faut être attentif. Il n'y a aucune arrière-pensée dans ses mots tout vient comme ça.
Nous recevons une charmante maman avec ses enfants métisses, étant en couple avec un homme natif des îles.
- Ooooooh, mais ils sont mignons vos enfants.
- Merci (sourire de la maman toute fière).
- Mais il y en a un qui ressemble plus à sa maman et l'autre à son papa !!!!
- Ah bon, vous trouvez ?
- Ben oui, c'est facile, il y en a un qui est plus bronzé que l'autre !!!!

Avec un client professionnel :
- Mais vous étiez implanté où dans votre précédente affaire ?
- Dans la galerie commerciale.
- AAAAAAAh mais je connais !!!! Au fond à gauche (s'ensuit une longue conversation d'anciens combattants et voyant le temps passer, elle décide de reprendre les rênes :
- Bon on va pas passer trois plombes là-dessus, et on va parler de ce qui nous intéresse...

Enfin de ses dizaines de cafés renversés sur mes feuilles, mes préparations de réunion, le sous-main de ma collègue, mes dossiers, je retiendrai ce jour de Noël où je faisais le remplacement au guichet, et que dans la même minute, elle renversa un café, lava à la serpillière, se resservit un autre café, coinça son médaillon dans la Nespresso avec la capsule, et renversa le nouveau café. Et repassa la serpillière, et tout ça pendant que vous délivrez un chéquier..

Je vous rassure, il y en aura plein d'autres dans le livre, je ne peux pas tout raconter ici.
Alors, oui, tout ça va nous manquer, cruellement, tes gaffes, ta bonne humeur, ton sourire, tes anecdotes journalières, ton espoir, ton optimisme, ta volonté. Tu resteras celle qui a dit à la grande direction qu'il fallait qu'ils se rendent compte qu'ils avaient de l'or entre les mains, et que cet or, c'était nous.

Nous te souhaitons bonne chance, et reviens nous voir de temps en temps...

13 juin 2017

Chroniques d'été 1 : Avec le soleil, voici un peu de fraîcheur, les plus belles répliques des clients qui me viennent à l'esprit, qui eux, n'en manquent pas :

- Allô,
- Oui, bonjour Monsieur le client, que puis-je faire pour vous ?
- J'ai regardé mon compte, j'ai vu que des prélèvements avaient été refusés.
- Oui effectivement.
- Je peux savoir pourquoi ???
- Parce qu'il n'y avait pas la provision.
- Ah oui, et c'est tout ?
- Ben oui.
- Alors expliquez-moi à quoi ça sert que je signe des

autorisations de prélèvement, si dès qu'il n'y a pas la provision, vous les refusez ??
(Ah ben oui, je n'y avais pas réfléchi... Tête en l'air alors.)

Un papy d'environ 80 ans prend rendez-vous avec moi, et arrive un peu affolé.
- Ohlala, je me suis fait frauder ma carte. Il y a des prélèvements qui ne sont pas à moi... Je ne sais pas quoi faire.
- Rassurez-vous, nous faisons opposition à la carte, et nous allons faire un dossier de contestation.
- Merci beaucoup.
(Je regarde le compte)
- Ouch, en effet, j'ai pas mal de prélèvements, sextoys.com, Playboy, et regardez tous les autres. On va stopper tout ça.
- Heuuuuu, non, non, tout ça c'est moi, ce sont les deux autres prélèvements après ça.
- Aaaaaah ok, bon d'accord.
- Oh ben vous savez je suis seul, alors bon, on fait ce qu'on peut !!!!

Échange de mails avec un client pro débiteur chronique de longue durée.
Le client : Bonjour, j'ai vu effectivement que le compte était débiteur, et ça ne vous gêne pas plus que ça de nous prendre tous ces frais. Vous vous sucrez bien sur notre dos. Ça doit certainement payer votre voyage de cet été en Guadeloupe.
Moi : J'ai bien reçu votre mail, et je me permets de revenir sur un point. A moins d'avoir une grande surprise de dernière minute, je n'ai pas prévu de vacances en Guadeloupe, mais dans des sphères un peu plus modestes, en Vendée. Pour le compte, n'hésitez pas à le recouvrir afin d'éviter les frais.
Le client : C'est bien dommage, vous devriez y aller et y rester pendant que vous y êtes, vous ne feriez plus chier.
(Malheureusement, je suis bien parti en Vendée cette année-là).

La plus philosophique ;
- Vous savez Monsieur Mon conseiller, le grand héros c'est qui, bibliquement parlant ?
- Heu... Vous me posez une colle.
- Ben c'est Judas
- Ha oui ? J'ai pas appris ça au cathé...
- Ben si, car que serait Jésus sans Judas ?
(Je vous laisse méditer, ça m'a pris l'après-midi.)

La plus osée :
Une dame de 70 ans vient avec son mari. J'étais prévenu que son mari s'endormait au cours des 5 premières minutes d'entretien, ce qui s'avérait exact à tous nos rendez-vous.
Lors d'un rendez-vous la dame me regarde et me chuchote timidement :
- Vous savez quoi ? Hé bien heureusement que je ne vous ai pas rencontré 20 ans plus tôt, parce que je me serais laissée aller facilement avec vous.
Je la regarde et chuchote à mon tour :
- Mais Monsieur est à côté.
Elle le regarde et continue de chuchoter :
- C'est pas grave, il dort toujours....

La plus remplie d'espérance.
- Heu Monsieur le client, votre dossier va être compliqué.
- Oui, mais ça va le faire.
- Je ne sais pas si je vais pouvoir le présenter.
- Vous savez quoi, Monsieur, essayez. Dans la vie, nous ne sommes jamais à l'abri dune réussite.
(Cela restera une de mes phrases cultes.)

Mais il arrive que les plus belles situations viennent de nous, et c'est en toute sympathie que je raconte cette dernière.
Je vais voir ma collègue au guichet :

- Excuse-moi, mais tu as fait rentrer le client avec son casque de moto ?
- Heu oui, pourquoi.
- Non, il ne faut pas, question de sécurité. Il faut voir son visage.
- Bon d'accord je ne le ferai plus.

Un jour d'absence de ma part, un client sonne à la porte. Après plusieurs tentatives, au bout de quelques minutes, ma collègue le laisse rentrer :
- Je vous ai laissé entrer, mais c'est la dernière fois.
- Et pourquoi ? répond le client passablement énervé.
- Parce que vous avez un casque de moto.
- Ben oui, je viens en moto, j'ai un casque de moto. Vous voulez que je le mette où ?
- Peu importe, j'ai reçu des instructions.
- Attendez, je vais pas le mettre dehors, ça coûte une fortune. Je viendrai avec.
- Bon je vais appeler la direction qui va vous le confirmer.
Ma collègue interpelle mon adjointe.
- Explique au monsieur qu'il n'a pas le droit de rentrer avec son casque de moto.
- Heu...
- J'ai reçu des instructions, il n'a pas le droit de rentrer avec.
Mon adjointe, gênée :
- Oui, mais heu, comment dire, il n'a pas le droit de rentrer avec son casque SUR LA TETE...
- Ah ? Et à la main c'est bon ?
- Ben oui. Désolé Monsieur...

Et enfin, une réplique Bretonne. Je salue un client au guichet :
- Hou, ben il fait pas trop mauvais aujourd'hui...
Je regarde le client d'un air perplexe :
- Mais heu, il pleut là.
Et au client de répondre, songeur :
- Oui, il pleut mais aujourd'hui, on est mouillé moins

rapidement que d'habitude...
Ah oui, je ne me suis pas encore fait au climat moi.

Prenez soin de vous, et profitez du barbec !!!!!

26 juin 2017

Chroniques d'été 2, La fin des examens !!!!
Et oui, comme des éternels enfants, nous avons la joie de passer des examens, y compris au niveau professionnel, afin de nous rappeler les bons souvenirs de notre enfance.
C'est pour cette raison que je me suis inscrit à l'ITB en 1997 (et un petit peu pour éviter mon service militaire aussi).

La durée était de 3 ans à l'époque, et tous assis dans une salle de façon scolaire, nous avons été briefés. Un agent du service bancaire nous a mis au parfum sur un ton militaire :
- Alors je vous préviens tout de suite, vous allez en baver. Si vous avez une famille, embrassez-la une dernière fois, si vous avez une petite copine, vous la quitterez, et si vous avez un chien, vous l'abandonnerez.
Ayant cru que je m'étais trompé de salle, je regardai mes collègues, qui semblaient tous apathiques, mais pas surpris d'être là. En gros, personne pour m'aider. Puis le sergent-chef vint avec un caddie et nous donna une dizaine de livres chacun.
- Et pour l'examen final, on vous posera des questions qui seront dans ces bouquins. A vous de tout apprendre par cœur. (Heu, oui, mais par cœur du genre ligne par ligne sur les 10 bouquins qui font 300 pages chacun ??)
"Et s'il y en a qui veulent abandonner, c'est maintenant !!"
J'étais prêt à lever la main, mais étant en couple et devant payer le loyer, je me disais qu'un petit sacrifice serait apprécié de ma bien-aimée (qui m'avait surtout dit « tu restes jusqu'au

bout !!! »).

Et c'est ainsi que je m'engageais pour 3 ans de cours bancaires.
Bon la première année, j'avais tellement bien travaillé, qu'ils ont décidé de me la faire recommencer histoire de voir si j'avais bien tout compris.... Heureusement, ils ont réduit le cycle à deux ans, ce qui fait que l'un dans l'autre, j'ai rien perdu. Lors de ces cours, on vous apprend tout. Un vrai lavage de cerveau. Vous allez être les meilleurs des meilleurs, les cadres de demain, les pros de la Banque, les futurs économistes. Tellement répété que l'on finirait presque par y croire. On vous apprend à vous habiller, à parer aux situations d'urgence (brosse à dent, fil à couture dans le sac en cas de craquage de pantalon etc..), mais surtout, on vous prépare à l'examen final.... Et ça, c'est monumental. Pour l'explication, vous avez 20 minutes pour préparer un sujet sur les deux que vous aurez tirés au sort, puis 20 minutes pour le présenter, et 10 minutes en questions libres par le jury..
Je rentre dans la salle de préparation et tire un premier sujet "expliquer l'EBE et son incidence selon plusieurs situations sur les autres soldes intermédiaires de gestion".
A cette lecture, l'inspiration venait naturellement en moi, telle la pensée générée de la téléspectatrice ménagère de moins de 50 ans absorbée par une émission de Jacques Martin un dimanche après midi. C'est-à-dire, le néant total.
Deuxième sujet : La formation en entreprise.
Hésitant une demie seconde, je pris le deuxième.
Et là, j'écrivis mon monologue, en regardant mes collègues : les assidus qui planchent en écrivant un roman, les paniqués qui en sont à une ligne et les rêveurs "ça va le faire".

Puis l'entrée, 5 cadres qui furent dynamiques, assis en rang d'oignon devant moi "Détendez-vous, jeune homme, nous allons vous écoutez" (Viens prendre ma place, tu vas voir si tu seras détendu !!!).

Je commence mon monologue, devant 4 jurés, le cinquième très absorbé par la lecture de la Tribune du matin.
Je place ma conclusion, puis soulève une problématique. Ils sont ravis et demandent de répondre à ma problématique.
Encore 5 minutes de gagnées.
Puis vient le temps des questions :
- Est-ce que le patrimoine professionnel d'un agriculteur rentre dans son ISF ? (C'est vrai que l'Avenue de Clichy est le lieu de regroupement secret des cultivateurs de maïs.)
- Expliquez-nous l'importance des soldes intermédiaires de gestion et la CAF (mais je vous ai dit que je ne voulais plus en entendre parler !!!).
Et enfin, le monsieur du milieu prit la parole.
- Hum hum (il posa son journal). J'aurais bien une question, mais si vous ne savez pas y répondre, ce n'est pas grave (piège). Ses 4 autres collègues le regardent d'un œil attentif.
Expliquez-nous les incidences sur les rachats d'assurance vie réguliers par rapport aux pensions de reversions issues d'un veuvage, et quelles en sont les conséquences.
Ses 4 collègues lui font des signes (mais d'où tu sors ça ??).
Et je lui réponds franchement.
- Alors là, j'en sais rien du tout.
Il remit ses lunettes et dit "ce n'est pas grave" (pas grave du genre ça compte dans la note ou pas ???).
- Et citez-moi le niveau du CAC 40.
- 6200 points (du tac au tac sans réfléchir, en 2000, ben oui...)
- Heu presque, vous avez inversé les chiffres, 2600 points.
- Ah ouiiiiiiii. J'ai inversé...

Heureusement, je m'en suis pas mal tiré, le principal est d'avoir une bonne répartie, et de ne pas se laisser déstabiliser. Je reçus mon relevé de notes : 8,5 de moyenne, RECU.... Mais comme les profs nous le disaient, la note, on s'en fiche, soit on le donne, soit on le donne pas.

Profitez bien et pour tous ceux qui ont été reçus, FELICITATIONS !!!!!!!!

5 juillet 2017

Chroniques d'été 3 : Ça y est, enfin, dans 2 jours, les vacances. Je vais dire au revoir à tous les clients dont :

- Les lèves-tôt, arrivés à 8h00 pour une ouverture à 8h30. " Excusez-moi, ce n'est pas encore ouvert ? (si, si, mais on garde les grilles baissées pour garder une ambiance tamisée, ça fait plus intime.)

- les étourdis : J'ai encore oublié le code de ma carte (pour la 3ème fois dans le mois, retenez-le, il n'y a que 4 chiffres). Oui, mais j'ai perdu ma carte aussi...

- Les vantards : Bonjour, je viens pour la récompense des 50 euros, ma fille a eu son BAC avec mention bien, 16 de moyenne. Et votre fils, ça va les études ? (oui oui, il a décroché un 11 en maths hier, j'ai versé une larme et ouvert une bouteille de champagne, tellement j'étais content !!)

- Les aventuriers : Nous on va en vacances en Thaïlande, avec Luxtour, visiter toutes les îles en all inclusive et vous ? (ben moi, pareil, all inclusive piscine et salle de remise en forme au Camping Les Pirons, en Vendée, mais Vendée sud hein...)

- Les optimistes : Heu, avant que vous partiez, il faudrait faire quoi pour que mon prêt passe ? (avec 53 % d'endettement, à part allumer un cierge et danser nu une nuit de pleine lune, je ne vois pas là).

- Les compatissants : Vous partez en vacances ? Ah, ça va

vous faire du bien, parce que vous avez vraiment une mine fatiguée.. (Ça, ça remonte le moral.)

- Les pressés : De toute façon, vous revenez bientôt, donc on voit mon financement à votre retour, ça va arriver vite (Oh calme toi un peu, j'ai trois semaines). Trois semaines ?? Ha ben dis donc, (sourire de circonstance), ça va dans la Banque (oui, c'est un peu un rituel, 3 semaines).

Les stressés : Heu, mon compte, ça va aller pour les dépenses de mes vacances ? (Oh oui, sauf si vous faites 3 fois le tour du monde, mais en l'occurrence, pour vos 3 semaines en Normandie chez votre cousine Bernadette, les 45 k€ vont largement suffire.)

N'oublions pas Madame Lavieille avec Rouky, son Yorkshire adoré, Madame 17h30 j'en-ai-pour-une-minute, Monsieur Entrepreneur pour qui c'est la crise depuis 10 ans, Mademoiselle dépense, qui elle, pour le coup, devrait perdre son code de carte bleue de temps en temps, mais qui va passer trois semaines sur la côte, bref, tous ces clients, sans lesquels, c'est vrai, la vie ne serait pas aussi mouvementée.

Et un petit clin d'œil à la sympathique collègue du LCL, que j'ai contacté par hasard pour un avis de sort, et qui m'a dit lire toutes mes chroniques.
Au revoir à mon équipe, et surtout ma renverseuse de café (qui a taché sa robe encore aujourd'hui), qui ne travaillera plus avec moi à mon retour.

Et surtout, au revoir à vous qui me lisez, je vous souhaite des bonnes vacances, gardez le moral, nous faisons le plus beau métier du monde.

Passez de bonnes et agréables vacances....

7 août 2017

Chroniques d'un DA (sur smartphone) le retour.
Et voilà, fallait s'y attendre. Après les vacances, le retour.
Levé 6h40, rasé, on remet des chaussettes après 3 semaines de tongs et de gros orteils séparés des autres doigts de pieds, et je reprends le chemin de l'agence qui m'attend, elle, toujours là, fière et droite.
La nouvelle auxiliaire d'été m'attend et je lui conseille de se servir un café. Elle vide la Nespresso et renverse le café par terre. Mon ex renverseuse de café a trouvé son successeur.
J'ouvre l'ordi, regarde Outlook, 386 mails. Je referme Outlook.
Je check mon compte sur l'appli. "Ah oui, quand même" heureusement le salaire n'est pas passé. Je re-check. Si, finalement le salaire est passé. Je décide de rouvrir Outlook.
J'efface 379 messages en entendant encore ma collègue me dire qu'elle a tout traité. Cool.
Jérôme m'appelle.
- Tiens Christophe, t'as vu mon mail de la semaine dernière ?
- Heu, oui mais renvoie-le quand même.
Ils sont tous là. Ils m'attendent. Je me terre derrière les parois vitrées, mais rien à faire, on dirait qu'ils me voient quand même.
J'entends ma collègue du guichet rire aux éclats de son rire si particulier.
- Heu Christophe, ça craint.
- Pourquoi ?
- Je viens d'avoir un client, heu, il m'a demandé si je rigolais souvent comme ça ?
- Ben alors ?
- Ben alors il m'a aussi demandé si je rigolais souvent comme ça quand j'avais un orgasme.
- Ah oui quand même.
- Et que je devais bien aimer ça, et tout ça.
(je consulte le compte.)

- Ah ben forcément à 86 ans, ils n'ont plus de filtre à cet âge-là, ils sont dans la dernière ligne droite ils tentent le tout pour le tout.
- Il m'a invité à boire un café.
- Oui ben si j'étais toi, je refuserais quand même.

Une autre collègue me téléphone de son bureau :
- Oui Christophe, je suis en rendez-vous là, avec des clients (Ah c est bien parti) et ils voudraient savoir si nous faisons le livret A (oui oui) mais avec un vrai livret, où on peut noter des trucs dessus.
Je me pose deux secondes et demi, réfléchis quand même et lance un :
- Oui, effectivement, oui oui.
(Ma collègue regarde fièrement les clients en leur levant le pouce du genre " hey on a trouvé la solution") et je continue :
- Oui, oui, on fait.
- Ah super.
- Enfin, on fait mais plus depuis 1992 je pense, mais c'est dommage.
Et là, j'entends ma collègue qui part dans un fou rire incontrôlé, entendu même sans le téléphone.

Rassurez-vous j'ai eu le droit aux " ben vous n'êtes pas tellement bronzé ! (ben oui, tu regardes pas météo France, ça a été pourri partout.) Tiens vous êtes resté en Bretagne pendant vos vacances. (re rires ahah) Oulha, vous avez dû abuser de l'anti UV (n'en jetez plus j'ai mal au ventre.)
Sans compter les collègues « Je suis contente de te revoir ça veut dire que je vais bientôt partir ».
Bon quand même, je dois dire que les pépites des clients et mes adorables collègues m'avaient manquées parce que franchement, toutes ces anecdotes ne peuvent pas s'inventer.

Mais préparez-vous à la vraie, l'inévitable, l'imparable, la

grande, la renommée, la réputée, l'immense rentrée de septembre. Celle-ci arrive bientôt. Alors un conseil, profitez de vos mojitos, vos tongs, ou autres claquettes et quelques douces soirées d'été.
A bientôt !

17 Août 2017

Chroniques d'un DA.... En août.

Le mois d'août apporte son lot de surprises inhabituelles et ses demandes "plus spéciales". Sans doute le soleil. Et même si nous menons ce combat de front, je me laisse encore surprendre. Que voulez-vous, fatigue ou autre je me rends compte n'avoir aucune volonté.

Travaillant sur les dossiers ultra urgents de dernière minute de prêts immobiliers à décaisser pour hier avec un notaire qui est prêt depuis avant-hier, mon regard glisse vers l'accueil, totalement au hasard, et tombe encore plus au hasard sur une jeune fille charmante, très bien et courtement vêtue. Plusieurs personnes attendaient derrière elle (principalement des hommes qui préféraient étrangement faire la queue pour remettre leur chèque au guichet plutôt que dans l'urne).
N'écoutant que mon dévouement, je volai vers l'accueil afin d'aider ma collègue qui semblait un peu débordée (mais si, un tout petit peu).
- Bonjour Mademoiselle, que puis-je faire pour vous ?
- Je voudrais encaisser mon chèque.
- Pas de souci, nous allons faire la remise ensemble.
- D'accord, et il me faudrait un chèque de banque.
- D'accord (il faut 48 heures, il faut 48 heures, il faut 48 heures). Vous l'aviez réservé ?
- Non.
- Et vous le voulez pour quand ?
- Pour tout de suite.
- (48 heures de commande, 48 h..) D'accord...

Ma collègue du guichet m'a regardé d'un air dépité. Oui, je sais je n'ai aucune volonté, je l'ai dit.

Ma collègue auxiliaire d'été, qui s'emploie à nous refaire une belle salle d'archive, vint me voir cet après-midi-là.
- Christophe, il y a une personne au téléphone qui voudrait des renseignements sur l'Or.
- Vas-y passe-la moi, je maîtrise. (Ben quoi, il faut bien se faire mousser un peu de temps en temps.)
- Bonjour Madame, que puis-je faire pour vous ?
- (voix assez âgée) Bonjour, je voulais avoir des renseignements sur l'Or. J'ai des pièces, et je voulais savoir s'il y a des taxes si je les vends.
- Oui, il y a des taxes, et nous prendrons des frais pour cette opération.
- Ah d'accord, mais beaucoup ?
- Ma pauvre Dame, de plus en plus, par les temps qui courent. C'est pour ça que de moins en moins de personnes font des opérations sur l'Or.
- Ah, mais qu'est-ce qu'on peut faire ? Parce que j'aime bien l'Or.
- Nous pouvons vous proposer des placements basés sur l'Or ou des matières premières par exemple. Les clients aiment bien.
- Ah oui, mais c'est quoi ?
- Nous achetons des sicav à l'intérieur d'une assurance vie par exemple, et vous bénéficiez des avantages fiscaux, et des sicav et de l'assurance vie.
- Rooo, ben c'est une bonne idée ça.
(un peu fier de moi quand même)
- Ben oui, ma chère dame. Vous n'avez pas de contrat d'assurance vie ?
- Non, mais vous me tentez bien, je pense que je vais en ouvrir un.
- C'est une bonne idée ça mais..
- Donc si je veux placer 300 euros dessus, je peux acheter 300 euros d'or. En sicav.

- Heu oui, enfin 300 euros, ça va pas faire énorme. Avec des versements permanents ?
- Non non, mais peut-être plus par la suite. Bon écoutez jeune homme, merci de vos conseils, c'est vraiment très bien, ça m'a ouvert des voies. Maintenant je vais téléphoner à ma banque et leur dire de faire ça.
- Mais.... Vous êtes dans quelle agence ?
- Ben dans l'agence du Crédit Agricole de XXX. Mais comme ils ne répondent pas depuis hier, je me suis dit que j'allais contacter une autre banque au hasard.....

Une cliente d'une trentaine d'année arrive à l'agence. Nous la connaissons bien, et malgré le fait qu'elle ait une vie équilibrée et une activité professionnelle fructueuse, nous apprécions par dessus tout ses éclats de gentillesse. Elle avait d'ailleurs déclaré sa flamme auprès de ma chargée d'accueil en la traitant de connasse.
Lorsque j'avais demandé à ma collègue ce qui lui arrivait, elle m'avait répondu qu'elle était tout le temps comme ça.
Ce matin-là, elle arrive pour remettre de l'espèce au distributeur. Je l'entends s'impatienter, puis s'énerver. Je sors de mon bureau, afin de mieux voir la scène à laquelle je m'attendais.
- Putain de distributeur de merde. Même pas de ticket. Elle est pourrie cette machine. JE ME CASSE MACHINE DE MERDE.
Le client qui attendait derrière s'approche du distributeur, et me regarde.
- Tenez Monsieur, je crois que la dame a laissé sa carte.
Bien évidemment.
10 Minutes plus tard, la cliente repousse la porte, reste à l'entrée, regarde ma collègue à l'accueil et dit :
- Heu, je reviens, je voulais m'excuser auprès du distributeur, parce que j'ai été grossière avec lui..

Tout ça entre les demandes de retraits de dépannage, les cartes qui ne fonctionnent plus (je vous préviens ma carte est légèrement abîmée - Ah non, là, c'est déchiquetée dévorée par un lion, et passée dans une machine à laver ensuite), les distributions de monnaie (votre distributeur pourrait pas me donner 5 pièces de 1 euros contre un billet de 5 - Non il ne fait que les rouleaux alors ce n'est pas gagné..) et autres joyeusetés, je dois dire que le mois d'août est un mois qui passe très très vite.

Je vous souhaite une bonne soirée. Bises à Lyon s'ils me lisent, et aux collègues du LCL qui m'ont adressé un joli message.

23 Août 2017

Chroniques d'un DA en fin de journée.

J'avais eu le premier acte savoureux, et je savais qu'il serait suivi d'un second. Et là, surprise, ce fut une perle, une béatification, un aboutissement personnel dans mes anecdotes. Afin d'en attester la véracité, j'ai fait venir ma collègue qui a assisté à cette conversation téléphonique à 17h15. Le téléphone sonne, et vieille habitude, je décroche, une voix légèrement âgée me parle.

- Allô ? Monsieur DAB (ça doit être moi) ?
- Hum, peut-être, qu'est-ce que je peux faire pour vous ?
- Ah ben dis donc, c'est dur de vous joindre, les réunions, les rendez-vous, les rendez-vous, et encore des réunions. Mais c'est ce que j'ai dit à votre collègue, je vais appeler à 17h15, comme ça, je sais que vous n'avez plus rien à faire. Et je suis sûr que tous vos collègues sont partis.
- Pas tout à fait, mais c'était pour quoi ?
- Vous m'avez donné des supers conseils sur l'or la semaine dernière.
- Aaaaaaaah oui, effectivement.
- Et je voulais avoir d'autres renseignements. J'ai vraiment eu de la chance de vous appeler par hasard.
- Heu je ne suis pas sûr sûr.
- Mais si, ne soyez pas modeste.
- Par contre, nous sommes bien d'accord, vous n'êtes pas

cliente de l'agence, ni de la Banque.
- Non non.
- Et nous ne travaillerons jamais ensemble.
- Non non. Mais je voulais savoir si c'était toujours possible de placer 300 euros sur l'Or, car j'ai des pièces mais je ne veux pas m'en séparer. Et j'adore l'Or.
- Oui bien sûr.
- Comme ça, je garde mon or dans le coffre qui passera de 30 000 euros à 40 000 euros puis 50 (heu ne nous emballons pas !!).
- Oui, par exemple.
- Parfait. Mais j'aimerais beaucoup investir sur d'autres monnaies, comme les marks, mais en Or.
- Ben si vous prenez Laure et Marc, ça vous fait un couple parfait.
- Vous croyez ?
- En tous cas, ils montent toujours.
- Mais comment fait-on pour acheter des marks ?
- Il faut aller sur les marchés.
- Il y a des marks sur les marchés ?
- Sur certains marchés, il y a des marques, sur d'autres non, et vous pouvez trouver certains marchés qui font des marques à pas cher.
- Oui, mais vous avez des pièces à l'agence ?
- Oui, 8 pièces en haut.
- Mais en bas, pour ranger les pièces, vous avez des coffres ?
- Oh un peu.
- Non parce qu'il faut. Regardez Monsieur DAB, l'autre jour, un homme a trouvé dans son jardin des pièces avec un détecteur de métaux. Bah oui, après ils font toutes les maisons, et c'est de cette façon qu'ils trouvent l'or que vous avez chez vous.
- J'en conviens, c'est pour ça qu'il faut tout mettre dans le coffre.
- D'accord, donc je vais sur les marchés. Mais au début c'est serré quand même.
- Ah, ça c'est toujours au début que c'est le plus serré.

- Oui, mais il suffit de se mouiller.
- Hé bien c'est exactement ça, une fois qu'on se mouille ça va mieux.
- D'accord monsieur DAB. Je ne vous embête pas plus, et je vais voir ma banque. Je vais faire tout ce que vous m'avez dit. Merci encore. Je vais m'enrichir.
- Le plaisir est pour moi, et à bientôt....

Voilà comment finir une journée en beauté.
Enfin, juste un mot pour dire que je reçois des messages sur Facebook, sur Messenger, par mail, ou même par courrier. Tous sont adorables, et je vous en remercie.
Mes écrits n'ont aucun autre but sauf celui de vous divertir, avec ce que nous rencontrons tous, tous les jours.
Alors, bon courage, et gardez le sourire !!!!

28 Août 2017

Chroniques d'un DA en soirée.

Et voilà. Je sais, vous allez me dire, on te l'a dit de nombreuses fois, IL NE FAUT PAS. Pourtant, j'allai à une soirée à 1h30 de chez moi. Chez des amis de ma femme. Grand anniversaire, noyé dans la foule.
Mais que voulez-vous que je réponde ? Après toutes ces années, lorsqu'on me pose la question fatidique " et toi, tu travailles dans quoi ?" je n'ai encore rien trouvé de mieux que de répondre, sans imagination aucune "Dans la Banque". Et là, il y a la réponse tant attendue "Ha, ben ça tombe bien, j'ai une question... ". Et c'est là que les ennuis commencent.

Donc je me rends à cet anniversaire, et ça ne loupe pas. Après un premier verre :
- Et toi, tu travailles dans quoi ?
(Je cherche, mes neurones fonctionnent à plein régime, allez un effort, dites quelque chose.)
- Je travaille dans la Banque (super les neurones, merci

l'originalité, c'est encore moi qui vais trinquer.)
- Aaaah, ben ça tombe bien.
(vraiment, je suis ravi.)
- Tu te rends compte que je suis en litige avec mon ancienne banque. Un litige de 5000 euros de prise de frais.
- Ah pas mal. Et comment tu t'en sors?
- Oh l'argent ne m'intéresse pas.
(Ben je me doute, tout le monde est philanthrope de nos jours.) Donc j'ai trouvé un terrain d'entente, et ils s'en sortent bien, on annule tout. Ils ont eu peur, ils ont préféré céder, parce que j'étais dans mon bon droit.
(Ah oui, je pense aussi qu'une entreprise internationale n'a pas dû en mener large face à ta missive, ouf, l'honneur est sauf.)
Un verre et trois pas plus loin...
- Aaaaah bonjour, c'est amusant de vous voir là, vous me reconnaissez ?
- Heu non ?
- Si, je suis venu vous voir cette semaine à l'agence.
(Ok, j'ai la mémoire d'un poisson rouge. Allez les neurones, on se remet au boulot, et il me faut la réponse en moins de deux minutes pour ne pas passer pour un abruti, forcez-vous.)
- Ah oooooooui.
- Bon j'ai toujours pas eu la réponse pour mon prêt, j'espère bientôt..
Allez, je profite d'un autre verre pour voguer vers d'autres lieux proches du buffet quand un des convives que j'ai salué revient vers moi.
- Alors comme ça, tu travailles dans la banque ?
(Diantre je suis démasqué. Mais dites, y a pas d'autres sujets de discussion ? Non parce que le mojito est parfait il parait. Et la fille en blanc porte une jupe très très courte, regarde là-bas. Non ? Bon ok)
- Oui pourquoi ?
- Non comme ça, je voulais savoir. Et tu travailles dans quelle banque ? Plutôt des Caisses ?

- J'ai toujours travaillé dans des Banques Nationales, jamais de Caisses.
- Ah je vois, toi tu es plutôt Tapie, Cahuzac et Kerviel.
(La vache, le mec a résumé mon CV en trois mots. Comment te rendre pitoyable alors que tu étais un peu fier de ton parcours.)
S'en est suivi un discours économique d'une heure sur l'avenir des banques.
Sur les coups de 2h00, nous sommes rentrés, j'étais vanné. Ma femme de s'être amusée, moi d'avoir parlé et défendu corps et âme notre métier...
Quand je pense qu'elle m'avait dit :
- Bon j'espère que ça va te plaire comme soirée, parce qu'ils aiment faire la fête, ça va boire dans tous les sens, plus personne ne sera clair en fin de soirée.
Ma chérie, je peux te jurer que certains avaient gardé des forces, rien que pour moi...

04 Septembre 2017

Chroniques d'un DA, les pensées.
Il nous arrive tous les jours de penser une chose et d'en dire une autre. Nous sommes bien élevés, professionnels. Et nos clients sont quasi tous très sympathiques, donc nos pensées restent pour nous. Mais parfois, c'est un beau bazar... Ces exemples sont bien sûr réels, sinon, ce n'est pas drôle.

Les rapides : (merci Adrien pour la première)
Une dame se présente au guichet, et demande :
- Heu je voulais savoir si vous étiez ouvert !
(Non, nous sommes fermés, mais vous avez su rentrer comme une pro. Bravo !!)
- Bonjour Madame. Hé bien, vous êtes là, je suis là, c'est que nous sommes ouverts.

- Bonjour Monsieur, est-ce que ma carte est arrivée ?
- Bonjour Madame. Ah, elle est en commande mais elle n'est

pas encore là.
- Ha oui, et où est-elle ?
(Sûrement dans un wagon postal entre la Bourgogne et ici, mais où exactement, je ne sais pas.)
- Elle est postée, elle ne devrait pas tarder.

- Monsieur, ça ne va pas du tout, le distributeur n'a pas voulu me donner les billets alors que j'ai l'argent sur mon compte, et je n'ai pas dépassé ma capacité. Comment ça se fait ?
(parce qu'il est très très méchant ce distributeur)
- Parce qu'il a dû y avoir une microcoupure (oui ça ce sont les agents de la Brinks qui m'ont dit ça une fois, et je l'ai bien retenu...)

- Bonjour Monsieur le Directeur, Ha je vois que vous êtes libre, ça tombe bien. Je veux vous voir 5 minutes.
(Oui, c'est pas comme si j'avais 5 dossiers, 3 PPI et la surveillance à finir sans compter les scan des comptes titres.)
- Pas de souci Monsieur Labourse. Entrez je vous en prie. Que puis-je faire pour vous ?
- J'aimerais que vous me sortiez mon portefeuille s'il vous plaît.
Là je sors le portefeuille et en profite pour regarder les plus ou moins-values. Toutes les lignes sont entre 0 et - 25 k€ de moins-values. Je lui tends les premières feuilles, fébrile et garde les autres pour moi.
- Ah, je vois que vous avez sorti les PMV, je les veux bien aussi.
(Roooh, non... Vraiment ? Parce que là, ça pique...)
- Voilà Monsieur Labourse...
- Ah. Bon ben c'est pas terrible tout ça.
(Pas terrible ??? Moi j'ai un portefeuille comme ça je m'exile à l'autre bout du monde. Il est catastrophique...C'est l'apocalypse du patrimoine.)
- Oui, en effet, il y a quelques moins-values. Mais c'est que vous vendez les lignes qui sont en positif au fur et à mesure, non ?
- Heu, non, non. Enfin, une fois l'année dernière j'ai vendu une

ligne.
(Ah ben non, il perd vraiment sur toutes les lignes alors... Ce n'est même pas stratégique.)
- Vous savez quoi Monsieur le Directeur ? Je rachèterais bien un peu pour lisser les prix d'achat.
(Noooon, il ne va pas oser ?)
- Oh vous savez Monsieur Labourse, il faut peut-être laisser les choses telles qu'elles sont et attendre (très longtemps...Là il ne faut plus jamais toucher à une seule action. Jamais...)
- Bon je vais vous écouter. Nous verrons ça un autre jour. Ça va peut-être remonter d'ici là.
(heu pas si vous passez me voir avant 2027...)

- Bonjour Monsieur, je viens pour ouvrir un compte.
(Cool, un peu de production, bienvenue Monsieur, asseyez-vous prenez un café vous êtes ici chez vous.)
- Mais je vous en prie. Prenez une chaise.
- Par contre il faut que je vous dise, je suis au Pole Emploi.
- Ce n'est pas grave ça Monsieur.
- Oui, par contre je suis interdit de chéquier.
(Ah ben là ça se complique, forcément.)
- Et j'ai eu quelques soucis avec la banque d'en face concernant un crédit. Mais c'est de leur faute et résultat je me retrouve fiché Banque de France.
(Roh les méchants de la banque d'en face. Bon pour l'ouverture c'est pas gagné).
- Je comprends. Mais sachez que pour l'ouverture d'un compte, avec tout ça, ça ne va pas être facile facile (en parlant d'optimisme, je me place là. Bon dans 5 minutes c'est plié.)
- Ah mais c'est pour ça, je suis allé voir la Banque de France, et ils vous ont désigné. J'ai eu un bon accueil la dernière fois, et j'ai donné votre établissement en premier. Votre collègue m'avait fait une lettre de refus déjà. Donc là, c'est bon.
- Chouette !!! (Chouette !!!)

Et enfin, un jour j'ai dit ce que tout le monde rêve de dire. En tant que DA je vaquais à l'occupation suprême, c'est-à-dire tenter de faire rebooter le poste de l'accueil qui ne fonctionnait

pas. J'entrepris de brancher et débrancher tous les fils.
Un client penche la tête, et me dit:
- Ben à ce rythme-là, à vous occuper de tout, vous allez finir par être directeur ici.
Je le regarde, me lève et lui dis, en continuant de brancher et débrancher les fils.
- Alors ça, certainement pas. Si c'est pour rester enfermé comme lui dans le bureau, ne jamais sortir, ne rien faire et être bon qu'à donner des ordres, ben merci, je préfère rester là où je suis.
Le client me regarde, incrédule, puis au bout de quelques secondes, me sourit.
- Heyyy c'est vous le directeur !!!
- Heyyyy oui...

Sur ce il est temps pour moi de vous laisser en vous souhaitant une très bonne soirée, et bonne reprise !!!! C'est la rentrée.

Chronique des objets du quotidien

Je profite de ces vacances afin de peaufiner mon livre, et voici en bonus, le lexique de ces objets qui ont fait ou font notre quotidien.

- La pointeuse : appareil souvent fixé au mur dans lequel vous introduisiez votre fiche employé afin de savoir à quelle heure vous aviez commencé et à quelle heure vous finissiez votre travail. Cet appareil s'accompagnait souvent des phrases du genre : Hey René, je vais rentrer plus tard à midi, tu pourras pointer pour moi ? Ouais pas de problème.

- La clé de la chambre de compensation. Cette fameuse chambre n'existant pas, cette clé était encore plus virtuelle. Cela n'empêchait pas les employés de missionner les nouveaux arrivants à aller chercher cette clé dans les banques confrères. La blague des plus anciens.

- Visionneuse microfiche : chaque relevé de compte de tous les clients était reçu en microfiche, et nous pouvions les réimprimer à l'aide de la visionneuse. Il fallait avoir 1°) des bons yeux 2°) une bonne dose de patience. (Monsieur, vous êtes sûr de vouloir vos relevés de compte de l'année dernière ??? Dites-moi non, s'il vous plaît, dites-moi non.)

- L'agenda papier (tué sans aucune pitié par Monsieur Outlook). Gardé jalousement par son propriétaire, cela renfermait tous ses secrets. Entre les dessins, les rendez-vous de tata Simone du mercredi soir, et le week-end en Vendée, il y avait les rendez-vous clients. Et dès que le chargé d'accueil arrivait pour le prendre, nous le regardions du genre « pas de connerie dessus hein ».

- Le minitel. Ancêtre d'Internet, temps de connexion 10 minutes, seul moyen de voir la réponse Crédit Logement à l'époque. Et fièrement devant le client, nous faisions le tour de l'agence en le regardant « Hé hé, je vais avoir la réponse sur cet appareil. »

- La perforatrice, renommée «la trouilloteuse». Moyen de rendre inutilisable les billets en Francs échangés en Euros. Accessoirement, utilisée aussi pour faire des confettis les jours très calmes.

- Le fax thermo imprimé : L'impression se faisait à chaud sur le papier. Il fallait photocopier le fax, sinon, au bout de 6 mois il s'effaçait. « Oui, Monsieur le client, j'ai la preuve par fax de l'ordre de bourse. Heu Monsieur le banquier, c'est un papier blanc. Mais non… Si vous vous penchez un peu vous voyez encore des toutes petites écritures…

- Le Post-it : toujours en activité. Destiné à prendre des notes en mémo rapidement. Sert aussi à orner notre écran de bureau. En général, les Post-it finissent en tas de toutes les couleurs avec des numéros de téléphone dont on ne connaît plus les destinataires, et des mémos de choses que l'on a oubliées de faire.

- La salle des coffres. Très très lié à une autre phrase de fin de journée : Putain Maxime, il est 17h30, t'as pensé à fermer les coffres ???

- Le tampon dateur (dont le premier client a forcément la date de la veille sur sa remise de chèque).

- Le gel hydro-alcoolique (petit frère oublié des masques anti-grippe achetés en lot, vous les trouverez au fond de la salle d'archive à gauche).

- La salle d'archive : lieu où seul le stagiaire va, il peut rencontrer au choix, la visionneuse, la trouilloteuse, le détecteur de faux billet.

- La Gaufreuse : toujours en activité, sert à rendre authentique les chèques de banque. Bon chaque appareil date de 1920 au bas mot. Il y a toutes les monnaies qui sont encore affichables, et il n'est pas rare de délivrer un chèque de banque en Pesetas.

- La mouillette : petite éponge servant à s'humecter le doigt afin de compter les billets plus vite, afin de devenir de véritables croupiers asiatiques des films des années 50. Utilisée aussi pour coller les timbres amendes des clients interdits de chéquier.

- Les tickets restos : Attendus comme le Messie aux alentours du 25 de chaque mois, à leur arrivée, tous les jours, nous guettons la pochette courrier, les mêmes phrases ressortent dès qu'ils sont là : «Aaaah, je vais pouvoir manger. La vache j'en ai 12, j'ai pas été en congé le mois dernier. File-moi ton paquet t'en as 19.»

- Et enfin, son propre tampon nominatif, que nous emportons fièrement à chaque fin de poste, afin de se faire sa propre collection.

Mais quelle que soit l'époque, quelle que soit la Banque, une seule chose a dominé, domine, et dominera l'agence pour les siècles des siècles, la Sacro-sainte Machine à Café (qui pour moi, sera éternellement liée à ma renverseuse de café.)

Sur ce, bonnes vacances pour les uns, et bon courage pour les autres. Et un grand coucou à mes deux gestionnaires de comptes féminines.

29 Novembre 2017

Chronique des petits bonheurs.

Si chaque jour apporte son lot de mécontentement, et de moments compliqués, il y a souvent des petits instants de bonheurs cachés. Il suffit de se les remémorer pour alors avoir le sourire. Par exemple, comme quand :

- Arrive le salaire de ce mois-ci, avec le 13ème mois, et que vous voyez enfin la jauge de votre appli aller dans le vert (couleur que mon téléphone avait vraiment oublié depuis des mois.)

- Monsieur Grognon arrive en rendez-vous, et dit : bon, j'ai eu encore des frais (ça va être compliqué)... Mais je ne viens pas vous voir pour ça...(Heu vous pouvez me le redire là ?)

- Madame Lavieille, après vous avoir épuisé pendant 30 rendez-vous cette année, arrive avec un paquet de chocolats : Tenez Monsieur, vous êtes tellement gentil, c'est pour vous (et là, Madame Lavieille devient super sympa, au moins l'espace d'une journée.)

- Vous êtes faux dans votre caisse le soir, et vous retrouvez l'erreur du premier coup (et vous vérifiez trois fois, parce que trouver l'erreur du premier coup, c'est vraiment suspect.)

- Vous vous êtes absenté deux semaines de votre poste, et en revenant, tout est toujours en place, l'agrafeuse est présente, le stabylo aussi, et tous les stylos, sont dans le pot à crayons.

- Il est 14h30, vous écoutez la sœur de Madame Lavieille depuis 45 minutes, raconter ses histoires d'arthrose, et de sa pepette qui est constipée, et qu'un rayon de soleil, à travers la fenêtre vient vous chauffer la nuque (Alors à cet instant précis, vos paupières sont lourdes, lourdes... Et vous commencez à piquer du nez.)

- Vous êtes en fin de poste, le téléphone sonne, et vous voyez le nom du DRH. Vous décrochez, nerveusement, et vous entendez : Oui, bonjour, vous savez pourquoi je vous appelle ? (Ooooui, je saaaaaaais, Oooooui, vas-y annonce, s'il te plaît, annonce). Et que vous répondez d'une voix contenue «Heu, non, je ne sais pas.»

- Après l'appel, vous faites le tour de l'agence, en disant que le DRH vous a contacté, qu'il ne faut pas le dire de suite, mais que vous le dites quand même, en disant qu'il ne faut pas le dire.

- Vous vous rendez compte que samedi est un RTT employeur, et que vous aviez oublié de le noter en début d'année. Vous passez une tête au-dessus de l'ordi, en appelant votre collègue «Hey, René, c'est RTT samedi ?? Ben oui, ils l'ont dit en début d'année» Oooooouais !!!!!! Votre journée est faite.

- Le chef vient vous voir en début d'année, en disant « bon, pour la prévoyance, nous avons revu vos objectifs à la baisse ». (Attention, c'est un petit bonheur très rare, voire collector de compète.)

- Vous voulez scanner un document....Et que ça le scanne...du premier coup. (s'applique également à la coupure réseau, qui se remet en route de suite ou la porte des coffres qui s'ouvre immédiatement bref..)

- Un client vous contacte pour prendre un rendez-vous afin de se faire racheter ses Napoléons (va falloir se replonger dans la procédure, appeler tous les services), et que finalement, il annule car il n'a pas le temps de passer.

- Lors d'une réunion, suite à votre proposition de mise en place d'action, tout le monde vous regarde, en disant : oui, c'est une bonne idée, on va le faire dès cet après-midi (heu les gars, vous plaisantez, ou c'est pour mon anniv ???)

- Vous montez un dossier de prêt hors de vos limites et vous avez l'accord alors que vous êtes toujours en rendez-vous (collector de compète numéro 2). Là vous regardez fièrement le client, en lui disant : « C'est bon, votre crédit est accepté » (Et vous avez l'impression d'être le roi du monde.)

- J'ai un rendez-vous en tête-à-tête avec ma renverseuse de café, et que pour une fois, rien ne sera renversé (ni son café, ni n'importe quel récipient), et mes notes seront toujours lisibles…

- Vous ouvrez votre logiciel de traitement des débiteurs, et vous voyez 0 situation à traiter ce jour (vous faites le tour de l'agence, en criant : Heyy, il m'arrive un truc de fou !!! Venez voir, venez je vous dis.)

Pour ma part, mon vrai bonheur perso est lorsque je retourne dans mon ancienne agence, et qu'en me voyant, mes collègues arrivent vers moi avec un grand sourire en me disant : Salut Chef !!!!

Bon il va falloir que je leur dise que je ne suis plus leur chef…

Bonne soirée à tous.

Chronique des irritants

Bon, d'accord. Autant la dernière fois, j'avais écrit une rubrique sur toutes ces petites choses qui rendent nos vies d'employés de Banque agréables. Mais autant, il y a des irritants. Ces petites choses qui arrivent et qui vous annoncent que votre journée va être pourrie. Vous pouvez compiler ça dans une journée classique de retour de vacances. Vous le savez lorsque :

- Vous rentrez de 15 jours de vacances, et plus aucun stylo n'est présent dans votre pot à crayons, sauf un vieux Bic mâchouillé dont plus personne ne veut. Vous avez tellement pitié de lui que vous n'osez même pas le jeter.

- A peine rentré dans votre bureau, Madame Lavieille cogne au rideau de fer « Mais y a quelqu'un ? C'est pas encore ouvert ? Mais il est 8h25, ça devrait être ouvert ». (Hé non Madame Lavieille, on ouvre à 8h30 comme depuis 20 ans..)

- Vous allumez l'ordi, et bien évidemment, 215 mails Outlook vous attendent. Vous supprimez les messages inutiles, et là, vous êtes pris d'une frénésie, et, comme ça, d'un coup, vous voulez répondre à un premier mail. Vous le préparez bien, avec les docs demandés en pièces jointes. Vous appuyez sur « envoi », et vous prenez le fameux message « votre boite Outlook a atteint sa taille maximale, veuillez supprimer des mails » dans la tête.

- Vous décidez de faire une pause pipi, et là, vous mettez trois plombes à trouver le début du rouleau de papier toilette dans le dérouleur. Alors avec votre seule main libre, vous faites rouler le rouleau de papier toilette. Ça fait un boucan d'enfer, et 12 tours plus tard, enfin, la petite feuille miraculeuse apparaît. Vous faites une prière. En sortant, vos collègues vous regardent d'un œil suspect.

- Vous avez 3 prêts immo sur votre bureau, 12 dossiers de clients en attente, des fiches à viser, et encore 112 mails à voir, et Madame Pressée passe la tête dans votre bureau « Aaaaah vous êtes rentré de vacances. Je vois que vous êtes libre, ça tombe bien je voulais vous voir, je peux ?» (Ben faites, vous êtes déjà assise de toute façon).

- Dans la journée, Madame Enretard passe pour ses calendriers « Bonjour jeune homme, je viens pour mes calendriers, vous vous souvenez, l'année dernière, je vous avais dit de m'en réserver deux grands. » (J'ai une mémoire de poisson pané qui tourne en rond dans sa poêle, comment voulez-vous que je me souvienne de ce que vous m'avez dit il y a un an ?!!!)

- Vous faites vos variations de mouvements, et vous tombez sur Monsieur Richard, qui a déposé un chèque de 300 000 euros sur son compte. Vous l'appelez direct, avec une fausse voix détachée « Bonjour Monsieur Richard, vous allez bien, ça me fait super plaisir de vous entendre (ben oui, nous sommes les meilleurs potes du monde dans ces cas-là). Je vous appelle pour cette remise de chèque. Et votre client vous dit : « Ah oui, mais les fonds, j'ai déjà autre chose de prévu, ça va repartir dans deux jours !! » (Non, non, tu ne peux pas me faire ça..Pourquoi tu les as mis alors…?)

- Je vous passe le message « Attention, la mise à jour de votre ordinateur va s'effectuer dans 30 minutes », et que vous l'avez déjà reporté 15 fois, et là, plus le choix.. L'agrafeuse qui cumule toutes les agrafes au bout, formant une espèce de sculpture de Rodin. T'es obligé de déplier un trombone pour choper le tout, qui se tord aussi, et tu y vas ensuite à l'ouvre-enveloppe qui traîne dans le pot à crayon depuis 1950, et qui a vu 20 conseillers avant toi.

- Deuxième pause pipi de la journée, vous profitez d'un peu de calme, vous allez aux toilettes, il est 14 heures, vous voyez Maxime, votre collègue en sortir avec un grand sourire à votre attention. Et là, vous savez que vous allez souffrir.

- Madame Lavieille qui revient pour descendre au coffre, et que malgré toutes les tentatives, la porte des coffres ne veut pas s'ouvrir « Vous voulez un peu d'aide jeune homme, appelez un de vos collègues, ils savent faire eux ». (mais moi aussi je sais faire. Juré…)

- T'as reçu M/MME Famillenombreuse dont les enfants ont hurlé, couru, pleuré dans le bureau, et l'aîné, sage comme une image, a fait un dessin, en dessinant partout sur ton bureau, sauf sur la feuille. Pendant tout l'entretien, tu tentais désespérément de le remettre dans le droit chemin en vendant tes PEL.

- Et tu reçois Monsieur Étudiant avec son papa qui s'est porté caution. Le papa écrit tout le texte de caution, tu scrutes la moindre faute, plus le temps avance, plus tu pries que tout se passe bien sous sanction de tout recommencer. Il termine, tout est parfait. Il met la date, signe, me regarde «Heu, je crois que je me suis trompé de date... ». Et là, une larme perle sur ma joue.

- Bref, fin de journée, 19h00, ras-le-bol, tu rentres chez toi épuisé, et là, ton conjoint t'accueille en disant « Bon ça a été, ça a dû être tranquille pour ta première journée, tu as dû y aller cool !! ».

En guise de conclusion, toute ma sympathie ira vers les collègues de la gente féminine, qui, en hiver, à peine arrivées au boulot, s'aperçoivent que leur collant est entièrement filé. Et ça, si j'étais une femme, franchement, ça m'énerverait....

Bonne soirée à tous.

Chronique d'un conseiller Pro 1

Et voilà, depuis le temps que ça me pendait au nez, me voici passé du coté obscur de la force, la gestion des Pros. Et c'est avec plaisir que j'ai accepté cette mission, en rappel du passé.

En 1995, du haut de mes 18 ans, voici comment je voyais « le conseiller pro » de l'agence.

Le conseiller pro était une comète. Pas d'horaire, il arrivait à 9h30 après tout le monde. Toujours élégant, le sourire « Ultra Bright » devant la guichetière qui lui rendait bien en lui faisant des yeux de biche prise dans les lumières des phares d'une voiture. Il enlevait son pardessus, en saluant tout le monde à l'agence, et installait ses affaires dans son bureau. Il se prénommait souvent Frédéric (je ne sais pas pourquoi), environ 35–40 ans, les cheveux poivre et sel. Le directeur venait lui serrer la poigne en le gratifiant « Salut Frédéric, alors le rendez-vous d'hier ? J'ai vu les contrats ça cartonne », et les conseillers patrimoniaux arrivaient comme des ours sur un pot de miel, pour prendre le café, pépères. Dans l'agence, tu avais le Directeur, et le conseiller PRO. Même l'adjoint faisait pâle figure.

C'était le seul à avoir un ordinateur ET un Minitel. Quand je vous dis que c'était la grande classe. Il mangeait rarement à l'agence, mais souvent avec les clients. Même lorsqu'il mangeait un sandwich avec nous, il prenait toujours un truc raffiné, du genre sandwich focaccia, jambon de Pays, et mâche, sauce à la figue.

Les clients venaient le voir en costume, lui adressaient des courbettes, et l'invitaient régulièrement à des soirées d'entreprises.

Puis lorsque nous partions de l'agence vers 18h, il restait à bosser sur des dossiers dans la semi-pénombre avec une lampe de bureau éclairant tout un tas de papier devant lui, avec sa calculatrice énorme. Un tas de dossiers devant lui, des bilans, un agenda en cuir, son stylo Mont Blanc, adressant un sourire à tous ceux qui partaient.

Pour Noël, les clients arrivaient avec des bouteilles, des cadeaux, des chocolats.

Je le rencontrais quelques fois, à midi dans la cuisine, et il me parlait en me donnant des conseils, et je le regardais, avec une sorte d'admiration. Même avec moi, il était sympa…

La vie d'agence était compliquée avec les clients, mais les clients professionnels qu'il gérait, l'aimaient.

Alors en jetant un coup d'œil vers le passé, je me dis que oui, j'aurais aimé être Frédéric…

Dans la prochaine rubrique, je dresserai une journée type du conseiller pro de nos jours. Et c'est presque pareil. Et le presque fait toute la différence.

Bonne journée…

Comme promis, je vous contais la journée du conseiller pro en 1995. Je disais qu'aujourd'hui, c'était presque la même chose. Voici le presque :

Aujourd'hui, la vie des conseillers pro a changé. Et je me suis mis à imaginer leur journée type, telle que j'ai pu l'observer aux cotés de ma collègue.

8h30 : Tout le monde arrive à l'agence par petits groupes. La conseillère pro est déjà là depuis une heure, avec les yeux qui lui tombent sur les genoux. Elle a le droit à la même blague tous les matins « Ben alors, t'as dormi ici ???? » Déblocage du standard.

8h31 : Madame Pharmacie appelle « Alloooo, c'est super de vous avoir, j'ai perdu mon code, vous pouvez m'en ré-éditer un ?? » Pas de souci, c'est fait dans la seconde.

8h35, café avec les collègues. La conseillère pro en a déjà pris 3. Ça tient en forme.

8h40 : Arrivée de Monsieur Plombier « Bonjour, je n'ai pas rendez-vous mais j'aimerais voir ma conseillère 5 minutes.

- Mais vous l'aviez déjà vu hier ?
- Oui oui, mais c'est pour aut'chose.....

Monsieur Plombier ne prendra jamais de rendez-vous, il n'a pas d'agenda, sauf celui récupéré de la banque pour les fêtes. Qui restera vierge.

10h00, Rencontre de Monsieur Projet.

« J'ai une super idée, un concept senssssssationnel, personne l'a eue avant. Une fabrication de smoothie diététique, à base de légumes. » Comment ne pas adhérer au projet ?? Elle hésite.

« Bon dit notre conseillère modèle, vous avez un prévisionnel, une projection de chaîne de fabrication, un apport, un plan d'étude de marché ?

- Heu non.

- Un dossier explicatif ?

- Non, non, c'est pour ça que je suis venu.

- Une feuille, quelque chose (ton désespéré) ?

- Heu non, mais j'aurais besoin de 50 k€, ça passe ?

- Bah, c'est pas évident là, comme ça.

11h00 : Appel de notre service d'étude des prêts professionnels :

- Bon le dossier de la semaine dernière Monsieur Secret, on ne pourra pas le faire. Votre prospect a planté une affaire mis en liquidation il y a deux ans.

Rappel vers le prospect :

- Bonjour Monsieur Secret. Nous avons étudié votre dossier, et vous avez fait une liquidation judiciaire il y a deux ans. Vous ne me l'aviez pas dit.

- Aaaaaah bon, je ne vous l'ai pas dit ? Alors là, ça m'étonne… C'est bizarre quand même.

- Ben oui, moi aussi.

11h30, mail du back office l'informant que les deux comptes pro ouvert la semaine dernière sont non conformes. Il manque la case 6 page 2 du document fiscal et pour le deuxième compte, il manque 12 documents. Le client est en vacances au Portugal, ça craint. Re café.

11h35, réunion en web ex..

11h40 fin de la réunion web ex, car ça ne fonctionne pas après 12 tentatives de connexion.

12h, relance par mail, car les chiffres d'ouvertures de comptes sont bas. Il faut de la recommandation. Notre conseiller pro aimerait ouvrir des comptes de haut vol, des avocats, des notaires, elle va chercher dans son calepin, qui pourrait la recommander.

12h30, l'équipe va manger « Allez-y, je vous rejoins ».

12h31, manteau sur le dos, coup de fil. « Madame la conseillère, je n'arrive pas à faire mes virements de salaire via internet vous pouvez m'aider ?? C'est urgent ».

13h30 arrivée au resto, enfin. Il n'y a rien sur la table.

- Cool, vous m'avez attendu ?

- Ben on a fini...

La patronne arrive :

- Aaaaah super, vous êtes là, j'ai un problème avec mon TPE, il ne fonctionne pas, vous pourriez le réparer ??

Notre conseillère pro n'ayant aucun diplôme informatique, de connectique, de programmation informatique, et pas le moindre petit tournevis sur elle, lance l'ultime « Il faudra contacter le centre cet après-midi. Mais Madame la Restauratrice, pourquoi vous utilisez des rouleaux de papier d'une autre banque ?

- Ben parce que c'est gratuit chez eux...

Après un plat vite fait, elle retourne à son bureau et prend connaissance des 15 mails tombés en son absence. Supp, supp, supp.

Le téléphone fixe sonne. Le portable aussi. Lequel choisir ?? Elle décide d'aller aux toilettes, c'est plus sage.

15h00, elle se prépare pour son rendez-vous de 15h15 et regarde le temps de trajet : 40 minutes. Aïe, la boulette. Elle téléphone à son rendez-vous pour lui dire qu'elle aura un peu de retard.

15h40, elle arrive à la bâtisse agricole. Traverser la cour boueuse en talons hauts, c'est fait. Il lui parle de développement, elle tente d'aborder le problème du découvert. « Pas de problème, je vends une génisse, et j'ai la prime de lait ». La conseillère pro rentre au bureau pleine d'espoir.

17h30, le retour. Elle se plonge dans son tiroir pour caler son petit creux. Granola, Kinder Bueno, Ferrero Rocher ou Tic Tac. Elle hésite. Elle en prend un de chaque en saluant tous les collègues qui partent les uns après les autres. « Hum Chalut » esquisse t-elle en levant la main, deux Granola dans la bouche.

18h00, elle croise le directeur d'agence qui joue les Mc Gyver en introduisant un trombone déplié dans la serrure de l'alimentation générale.

- Qu'est-ce que tu fais ?

- Je sais pas où ils ont foutu la clé pour éteindre la lumière, alors je regarde avec un trombone, si ça marche…

18h30 Seule à l'agence, elle entend de grands bruits dehors. Elle regarde, c'est Monsieur Troptard qui frappe au carreau. « Je dois vous donner ma convention d'instruction permanente !!! ». Elle lui fait signe de le passer en dessous la porte, et elle se met à 4 pattes pour récupérer le papier qu'elle aurait dû avoir à 11h00 ce matin..

19h30. Il lui reste 2 prêts. Elle abandonne et met son manteau. Le téléphone sonne, elle décroche. Erreur….

20h30, Roger, du centre de sécurité qui est devenu son meilleur ami depuis qu'elle a pris le poste, l'engage à bien vouloir quitter les lieux. Elle referme les dossiers, en se disant que demain sera un autre jour… Ou bien le même…

Elle retournera chez elle en pensant à tout ce qu'elle n'a pas pu faire. Et qu'elle fera demain… Ou pas…

Chronique…. En pleine réflexion.

Je poste des chroniques depuis quelques temps, et lors du dernier post, un commentaire portait un jugement de valeur quand à un certain type de métier par rapport à l'ancienneté. Et il est vrai que tout au long de ma carrière j'ai pu observer ce type de comportement. Une échelle hiérarchique de valeur a toujours été présente et l'est encore. En gros, vous avez l'échelle établie, la femme de ménage (l'échelon le plus bas), les auxiliaires d'été, et juste après, les alternants ; ensuite, la chargée d'accueil, ou anciennement guichetière, les conseillers « grand public », les intermédiaires, les conseillers dits « bonne gamme », ou « patrimoniaux », l'adjoint, le directeur d'agence, en marge le conseiller pro. Autour, vous avez les services centraux, le back office, et les services du siège régional, tant d'animation commerciale que d'aide aux agences.

Et il est vrai que j'ai vu tant de comportements par rapport à ce jugement de valeur. La femme de ménage que l'on regarde à peine, sans un mot, car elle est là pour faire son travail, et vu son niveau d'étude, elle a ce qu'elle mérite. L'auxiliaire d'été à qui l'on donne les tâches les plus ingrates, le jeune conseiller qui se fait maltraiter par les clients, qui demandent à voir le directeur d'agence devant l'incompétence de la jeunesse. Ces mêmes clients qui ont craché à la figure d'une collègue, car ce n'était qu'une femme. L'adjoint qui n'a pas encore réussi à être directeur et que le client envoie balader. Et le directeur qui n'a plus beaucoup de pouvoir et que le client regarde avec une certaine pitié devant son impossibilité à résoudre pécuniairement des situations. Quant aux personnes des services du back office, elle se font copieusement maltraiter, car ce ne sont que des exécutants, qui n'ont pas eu un haut niveau pour se retrouver dans ce placard. Et toutes ces personnes en reconversion professionnelle qui ont eu tant de mal à s'intégrer dans leur nouvelle vie à 50 ans, devenant raillerie des jeunes entrants aux dents longues.

Alors, ce message est pour ces personnes, jeunes ou moins jeunes, ayant encore cette vision.

Je repense à tous ces moments qui m'ont fait avoir une grande humilité, et qui m'ont appris à ne jamais me placer au-dessus des autres. Je repense à cette femme de ménage, qui, à force de nous écouter, savait tout de nos vies. Et qui, au fur et à mesure, ne manquait jamais de demander comment allaient nos enfants, notre femme, et avait toujours un mot gentil pour nous remonter le moral. La dernière que j'ai connue est arrivée à Noël, avec des petits cadeaux et une boite de chocolat pour l'équipe. Cette auxiliaire d'été, qui avait un handicap que l'on a découvert qu'au bout d'une semaine et demie, car elle travaillait comme une pro, et ne voulait pas d'une quelconque pitié. Elle occupe un superbe poste à Paris aujourd'hui. La conseillère jeune qui a passé une grande partie de son temps à montrer à un ancien les nouvelles technologies, ce directeur adjoint qui m'a tout appris du métier, les directeurs d'agence qui passent une grosse partie de leur temps à relever le moral des équipes en ces temps pas faciles. Et toutes les personnes du back office que l'on appelle régulièrement et qui démêlent nos dossiers avec plaisir, et qui dans beaucoup de cas, en savent plus que nous. Et je repense aussi à mon changement de banque, lorsque je me suis assis à mon poste, seul, sans aucune formation, une conseillère d'une cinquantaine d'années, en reconversion est venue me voir et m'a dit « Bon allez, je vais tout te montrer ». Elle a pris tout son temps et passé des heures avec moi. Sans rien attendre en retour. Sans compter les chargés d'accueil, qui en savent largement plus sur la clientèle que tous les conseillers réunis.

Bien sûr, tout n'est pas idyllique et rose, mais la compétence ne se juge pas aux études, ni au nombre d'années d'expérience, mais aux personnes que l'on a en face de soi.

Lors de mes différents postes de guichetier, de conseiller, d'adjoint, et de directeur de petites ou de grandes agences, j'ai eu beaucoup de collègues qui m'ont dit merci de les avoir écoutés, soutenus, fait évoluer, ou juste passé du temps avec eux. Mais qu'ils sachent que je ne pourrais jamais autant les remercier pour tout ce qu'ils m'ont apporté au cours de cette carrière. Nous apprenons par les autres pour en apprendre plus sur soi-même. Dans une équipe, chaque personne compte. Chaque personne est importante. Et pour ma part, chaque départ a été un regret. Alors profitez des uns des autres.

Et enfin, sachez que derrière chaque personne, se cache une histoire, personnelle, professionnelle, des convictions, des choix, des qualités, une personnalité, et des atouts.

Alors, ne jugez pas, mais découvrez…

Chroniques de la vie privée.

Depuis tout petit dans le monde bancaire, mes tuteurs et autres DA m'ont toujours dit « Tu sais mon p'tit gars (oui, ils parlaient comme ça les anciens, avec un air de Marlon Brando, dans le Parrain), dans la Banque, il faut faire la part des choses et bien dissocier la vie privée et la vie au travail. Ne ramène pas le travail chez toi, et inversement.

Comme je suis quelqu'un qui écoute ce qu'on lui dit j'ai toujours tenté d'appliquer ce précepte.

Bon, soyons clair. A voir le nombre de couples qui se sont formés dans les banques, beaucoup ont dérapé sur ce précepte.

Pour ma part, c'est surtout dans la vie privée que rejaillit la banque. Les premiers temps, lorsque nous regardions la télé, sur le canapé, vautrés tels des éléphants de mer en pleine digestion, dès qu'une pub de la banque où j'officiais, passait à la télé, je regardais ma femme du genre « hey, regarde ! c'est qui le patron ». Bon, ma femme, imperturbable, me lançait :

- Mon cœur (c'est mon surnom), tu peux changer, c'est les pubs.

- Heyyyyy, non, regarde c'est qui qui passe à la télé..

- Oui, c'est ton boulot.

- C'est ma Banque ! (ben oui, à 18 piges, on se sent actionnaire majoritaire).

Je ne vous dirai pas pour quelle banque je travaillais à l'époque, mais je peux vous dire que dès que je voyais un lion, une petite fierté s'emparait de tout mon être. A tel point que ma femme ne pouvait plus les voir en peinture.

- Mais pourquoi tu regardes les compètes de judo, t'aimes pas le judo.

- Si, si j'aime bien, regarde (en attendant qu'elle réalise que le logo était partout.)

Je me suis même tapé quelques arrivées du Tour de France pour voir le maillot Jaune.

Mais bon, elle ne semblait pas plus émue que ça.

Étant fan de tennis, j'enviais secrètement tous les collègues de la BNP qui voyaient leurs couleurs affichées tout au long de ce tournoi. La grande classe.

Avec la modernité et la conformité, je suis devenu un pro du remplissage de formulaire. Que ce soit à la sécu, pour le médical, ou autre, dès que la secrétaire me donne des documents à remplir, je la regarde d'un œil complice « ça va, je gère, je vais vous le rendre conforme, en n'oubliant pas la case B6 C3 alinéa 5, avec les paraphes. Oui Madame. Conforme je vous dis. »

Mais aujourd'hui, je me promène souvent le week-end dans la ville où je travaille et là, on rencontre des clients qui nous saluent :

- Bonjour Monsieur le Directeur, ça va, vous êtes en balade ?

Et là, vous vous sentez dans la peau de George Clooney descendant le tapis rouge. Pour peu que vous croisiez deux ou trois autres clients, et là, vous savez que vous avez provoqué l'admiration de votre chère et tendre. Cependant, vous faites attention de rester stoïque, afin de ne pas vous la péter de trop quand même. Tout en naturel, comme la pub L'Oréal (Vous savez, la nana qui sort de la douche avec les cheveux tout secs comme sortie du coiffeur).

- Ma chérie, tu veux manger quelque part ?

- Oh oui.

Et là, vous choisissez un resto qui est client. Vous êtes nickel et marchez sur du velours. Des salutations chaleureuses (Ben oui, évitez celui que vous avez mis interdit bancaire la semaine dernière, ça passe mal), il vous propose le menu « clients VIP », et vous ouvre sa meilleure bouteille de blanc.

Bon toujours est-il que l'autre jour, nous regardions un film sur la bourse et elle me demande

toutes les définitions des termes, avec du spread, du spiel, du scalping et je t'en passe et des meilleures.

Je l'ai regardée du genre « hey, si ça continue, je zappe sur Stéphane Plazza alors me cherche pas trop ». Mais mon ego a repris le dessus.

- Attend, je vais faire une pause pipi, et je reviens.

- Mais tu vas aux toilettes avec ton téléphone ?

- Oui t'inquiète.

Google étant ton meilleur ami, je cherche toutes les définitions, sans en retenir aucune, me mélangeant dans les termes. J'suis pas un trader. Puis une idée arrive. Je sors des toilettes, me dirige vers mon sac, et lui lance.

- Regarde ma chérie, j'ai reçu une maman avec sa petite fille, elle m'a dessiné. C'est trop choupinou.

- Oooooooh, c'est mignon, c'est adorable. T'as de la chance.

- Oui, bon allez, on regarde le film. Et puis on ne dit plus rien, car après tu diras que t'as pas compris encore.

Non mais. On a un ego à tenir quand même. Mal placé, masculin, un peu de mauvaise foi, mais on y tient à notre petite fierté de banquier…

Chroniques…des séries n° 2

X-Files….

Centre de Quantico-léac, centre Bretagne, 18h30, un mardi de février.

La fraîcheur de l'extérieur ne semblait pas avoir de prise dans le bureau de Mulder, petite salle étriquée qui commençait à s'imprégner de la moiteur ambiante et de l'odeur du travail. Manches de chemise blanche retroussées, mèche sur le front 3 piles de dossiers devant lui, PPI Surveillance et bordel permanent. Scully, jeans et chemise en flanelle, entra dans le bureau pour le sortir de ce choix diabolique.

- Mulder, je crois que nous avons un problème.

- Scully, qu'est-ce qui se passe ?

- J'ai un homme à mon bureau qui souhaite ouvrir un compte.

- Il veut qu'on lui rachète son PPI à un taux proche de zéro ? Une carte gratuite ? Des cadeaux pour l'association de pêche aux canards, de l'amicale de Bowling ?

- Non rien de tout ça. Il est marié, deux enfants, il travaille depuis 10 ans, et veut ouvrir un compte pour verser ses salaires.

- C'est louche Scully, c'est louche. Tu as fait les interros ?

- Affirmatif. FICP, FCC, Fiben sur l'employeur, même les bilans, Embargo, Forces, Facebook, youtube, recherche sur les particules élémentaires, et même le pedigree de sa prof de math de 6ème Madame Lopez. Rien à signaler.

- Ça ne me plaît pas du tout. Qu'est-ce que ça cache ? Et ses papiers et justificatifs ?

- Il a sa pièce d'identité, justificatif de domicile, relevés de comptes, tableau d'amortissement des prêts, livret de famille, pièce d'identité de sa femme, tout, Mulder, il a tout.

- Tu voudrais dire que le compte serait conforme dès l'ouverture ?

- J'en ai bien peur Mulder.

- Ce serait la première fois. Qu'est-ce que ça cache… Non Scully, il doit probablement y avoir quelque chose. J'y suis, il a sûrement la double nationalité Américaine.

- Même pas Mulder. Il m'a dit être un addict de « Plus belle la vie », et il est allé voir Michel Sardou pour sa tournée d'adieu.

- Aucun doute dans ce cas.

- Je suis perdue Mulder. Je lui ai donné nos tarifs, il nous a dit que nous étions moins chers que sa banque actuelle, et ça lui semblait très bien.

(Mulder se lève de sa chaise et fait les cent pas autour du bureau, se frotte le front, la sueur se faisant apparaître, puis fixe Scully.)

- Scully, il faut le faire parler. Ça ne peut pas être le fruit du hasard.

- Je sais Mulder, mais nous avons déjà parlé. Il m'a fait part de ses projets, sa femme est fonctionnaire. Et il m'a même dit vouloir tous les renseignements sur les assurances IARD.

(Mulder, touché par la révélation divine, frappe du poing son bureau, faisant sursauter Scully.)

- Mais oui, c'est bien sûr !!! C'est un extra-terrestre, il vient faire une visite mystère.

- Oh mon dieu Mulder, vous avez raison. Que dois-je faire ?

- Rien, nous sommes préparés à ce genre de situation. Nous l'avons répété des centaines de fois. Vous avez été de suite vers le client ?

- Oui.

- Attente de moins de trois minutes ?

- Le café ?

- Oui.

- Le verre d'eau ? Le petit chocolat ? Vous l'avez accompagné en souriant ? Parlé de l'équipe, de l'engagement, du site internet, de l'appli, de l'épargne, des assurances, des comptes enfants ? Des avantages fonctionnaires ? Des virements à l'étranger ? Des horaires ? Des distributeurs automatiques de monnaie ? Des conseillers en gestion de patrimoine ? Du petit resto asiatique qui fait des nems succulents ?

- Oui Mulder, j'ai parlé de tout ça, sauf peut-être du resto asiat, je ne me souviens plus trop.

- Pas grave Scully, c'est du bon boulot. Vous allez prendre la liste des points, et la vérifier avec le client, s'il le faut. Je veux que rien ne soit oublié. Il nous faut un sans faute Scully, je compte sur vous.

- Bien Mulder.

(Scully se lève, la liste sous le bras, prête à bondir.)

- Ah Scully, j'oubliais, ne mettez plus de jeans, je préfère vous voir dans un costume.

- Pourquoi Mulder ?

- Car comme le dit si bien le dicton, le jeans ment, alors que dans X Files, « la vérité est tailleur ».

- Mulder, vous êtes con.

- Hum, c'est subjectif comme remarque.

- Non non, en toute objectivité.

Chronique… De la journée de la femme. 08 Mars 2018

Pas d'anecdote, pas d'histoire, juste un petit mot en cette journée de la femme.

NON, la femme n'est pas l'égale de l'homme.

C'est bien simple, j'ai travaillé dans une quinzaine d'agences, j'ai côtoyé plusieurs banques, de nombreux services, été en formation un nombre incalculable de fois. Dans tous ces lieux, j'ai pu constater que les femmes officiaient en majorité. Certaines fois, j'étais même le seul homme en agence.

Sur les différentes pages Facebook, comme celle-ci, j'ai validé environ 80 % de demandes d'adhésions de femmes.

Lors de mon arrivée dans la Banque, c'est une femme qui m'a prise sous son aile et m'a permis d'être embauché. Une autre femme m'a appris ce que je sais dans ma banque actuelle. Une dernière qui m'a appris à manager.

De plus, j'ai pris beaucoup de leçons en les observant en rendez-vous, là où nous, les hommes, affichons la délicatesse d'un tractopelle lancé à toute vitesse, la femme sait rester douce, attentive, et arrive à ses fins.

Point de manipulation, simplement une détermination à toute épreuve, une volonté de fer, et une poigne d'acier. Et tout cela, en douceur.

Certes, plus nous gravissons les échelons, plus les femmes se font rares. Mais encore une fois, ce n'est qu'une pauvre défense de la part de nous autres, hommes, qui voulons garder un semblant de pouvoir. Car, c'est bien simple, la femme apporte une ouverture d'esprit, une richesse, une réflexion que nous n'avons pas. Mais rassurez-vous, mesdames, si le temps est long, ce sont les derniers instants que nous vivons en tant que tel. La dernière génération se meurt, et le renouveau apparaît, et je pense sincèrement qu'il sera mixte.

Je me suis mis en ménage à mes 18 ans, et fort de cette jeunesse sans faille, je menais ce ménage d'une autorité acquise de mon père, et tout tournait comme je le souhaitais.

Mais avec les années, je me suis rendu compte que ma femme me laissait simplement croire que c'est moi qui dirigeais le couple.

Cette phrase si juste, « derrière chaque grand homme se trouve une femme » peut s'appliquer également dans notre domaine.

Alors mesdames, continuez à nous apporter cette fraîcheur, cette différence, cette classe aussi, cette spontanéité, que vous seules avez.

Et comme je le disais au début, non vous n'êtes pas l'égale de l'homme, vous êtes bien plus que ça. Car sachez bien que sans vous, nous ne serions rien.

Ce sera court, mais suffisant pour vous souhaiter, Mesdames, une très belle journée de la femme.

Les Chroniques ... des perles des familles. 19 Mars 2018

L'avantage en Banque c'est que nous avons affaire à toute la famille, et ça donne des situations plutôt amusantes.

Je reçois un gérant de société, le même qui m'avait dit d'aller me faire enc... lorsque je lui avais demandé de recouvrir son découvert. N'étant pas rancunier, mais n'ayant pas accédé à sa requête (faut pas exagérer quand même), je le croise au guichet, et lui dis :

- Bonjour Monsieur Poli, votre fille est passée ce matin remettre un chèque sur le compte de la société.

- Ah oui, c'est laquelle ?

- Ben je ne sais pas, une blonde cheveux longs.

- Elle sont toutes les deux blondes. C'est la bien ou la grosse ?

- ………………

Je reçois un client qui souhaite ouvrir des livrets épargnes à ses enfants.
- Vous avez 4 enfants, vous voulez un compte pour chacun ?
- Oui vous leur mettez 15 euros tous les mois.
- Ok je vais prendre la date de naissance de chaque enfant.
- ……… (il me regarde un peu gêné)
- La date de naissance. Vous la connaissez ?
- Heu alors, à peu près, au niveau des années, mais vous voulez la date exacte ?
- Ben le « environ », ça va pas être facile à rentrer dans l'ordi. Et leurs prénoms ?
- Aaaaah, les prénoms, ça je connais. (air soulagé)
- Bon ….ben vous regarderez le livret de famille !!!

Je rencontre un client qui est débiteur, quarante-cinq ans environ.

- Comment vous allez recouvrir le débit ?

- Je reçois un héritage dans 3 mois environ, environ 200 k€.

- Ah, mes condoléances.

- Oui, c'était un ami, il n'avait pas de famille, et il m'a couché sur son testament.

- D'accord, donc nous allons attendre.

- Oui et à la fin de l'année, je vais avoir un autre héritage.

- Ah mince.

- Oui, c'est un autre ami.

- Mais vous êtes sur beaucoup de testaments d'amis ?

- Oui, je devrais en recevoir encore deux l'année prochaine, je vis de ça. Mais avec les autres testaments, ça devrait aller sur les 5 prochaines années.

Je rencontre un client qui souhaite faire une simulation de prêt :

- Voilà je souhaite acheter une maison, dans environ deux à trois ans.

- D'accord, mais vous avez un peu d'apport personnel à injecter ? Vous n'avez pas d'épargne.

- Oui, le projet est dans deux à trois ans, donc d'ici là, j'aurai de l'épargne.

- D'accord, mais ça vient d'où ?

- Je vais toucher l'héritage de mon père.

- Ah mes condoléances, il est décédé quand ?

- Ah non, il n'est pas mort, mais il est assez âgé donc ça ne devrait pas tarder.

A Paris, une dame vient avec son fils, elle souhaite faire un prêt pour acheter une maison :

- Alors, j'aimerais acheter une maison, et je l'occuperai avec mon fils.

- D'accord, vous avez tous les deux des salaires (les deux hochent la tête) ? Bon nous allons faire la simulation.

- Bien, par contre, il faudrait que nous remplissions les bordereaux de santé car mon fils a eu un problème.

- Ah oui ? (Je me tourne vers le fils, mais c'est la maman qui répond, d'un ton de confidence)

- Il a eu un problème au kiki, il a été obligé de se faire opérer.

(Et alors là, pour rattraper le coup, il faut être aussi habile que quand on se lève la nuit, en forme, avec une envie pressante, et que l'on tente à tout prix de viser au milieu de la lunette des toilettes).

- Monsieur, je vous laisse le questionnaire et vous allez le remplir chez vous ? (visage soulagé de ce monsieur)

- Maaaaaiiiis non, on va le remplir ensemble, hein que ça ne te gêne pas... Bon alors je vous explique son problème de kiki (noooooooooooon !!!!!)

Un père vient me voir avec son fils, d'une vingtaine d'année. Le père prend la parole :

- Voilà, nous venons d'emménager sur la région, et nous aimerions transférer le compte dans votre agence.

- Bien sûr, alors je vais prendre le numéro de compte. Il faudra un justificatif de domicile également.

- D'accord, c'est pour lui envoyer ses relevés de compte ?

- Oui, et pour mettre le dossier à jour.

- Bien, alors je ne sais pas quelle adresse vous donner. Il est entre deux établissements

- C'est-à-dire ?

- Il est une semaine en prison, et une semaine à l'hôpital psychiatrique. Vous prenez quoi ?

- Alors là, j'hésite.....

La dernière restera dans ma mémoire très longtemps. Je reçois une mamie d'environ 85 ans (dans mes souvenirs). Nous sommes en 2000, tout début d'internet, qui reste vague pour beaucoup d'entre nous, même les plus jeunes. Elle affiche une tête adorable.

- Bonjour Monsieur, je souhaiterais faire un prêt d'environ 3000 euros.

- Bien, nous allons voir ça, et qu'est-ce que vous voulez en faire ?

- Je veux m'acheter un ordinateur, me dit-elle fièrement. Je veux me mettre à Internet.

- A Internet ?? D'accord.

- Oui, je vais prendre des cours avec un monsieur qui va venir une fois par semaine.

- Mais.... Vous allez y arriver ? Qu'est-ce que vous voulez faire sur Internet ? (oui, je sais, j'insiste mais ma curiosité fut piqué au vif.)

- Bon je vais tout vous dire, me répondit-elle avec le sourire. Ma fille est partie au Canada le mois dernier. Et je veux discuter avec ma petite-fille tous les jours. Donc je vais me former pour utiliser Internet, et voir comment ça marche vot' webcam. C'est toute ma vie ma petite-fille, alors s'il faut que j'utilise Internet, ben je vais utiliser Internet.

Je vous souhaite une très bonne journée, fraîche, mais c'est de saison.

Avril 2018

Chronique d'un employé de Banque sous le soleil.

Ah ben voilà, enfin, il fait beau, et la prospection va pouvoir reprendre. Oui car avouons-le, la recherche de nouveaux clients en faisant du porte-à-porte par 5° ressentis –20° il n'y a qu'éventuellement ma collègue qui a passé ses vacances d'hiver en Laponie qui peut y résister (non mais un jour faudra quand même que tu m'expliques…).

Ça me rappelle cette petite anecdote que nous avons vécue, moi en tant que DA et mon collègue, Jean-Yves, proche de la retraite mais toujours partant pour de nouvelles expériences. Notre plate-forme nous avait pris rendez-vous pour aller rendre visite à un professionnel, prospect, histoire de le décider de devenir client. Compte-tenu que les expériences antérieures nous avaient gratifiés de refus monumentaux, nous y allions la fleur au fusil, du genre décomplexés, on n'a rien à perdre… Erreur.

Le prospect, Monsieur John Deacon, nous attendait chez lui, et après vérification téléphonique, je compris qu'il parlait anglais depuis son plus jeune âge, et bien que vivant en France depuis de nombreuses années, il n'avait pas trouvé bon d'apprendre le moindre mot.

- Heu Jean-Yves, tu parles anglais, un peu ? T'as les bases ?
- Oulha, à part hello, goodbye, moi l'anglais c'est pas mon truc. Et c'est pas à mon âge que je vais m'y mettre, mais c'est pas grave tu me traduiras.

Donc nous prenons la voiture pour aller chez Monsieur Deacon. Et là, vous voyez les voyages de vacances sur la banquette arrière, allongé, et vos parents qui écoutent Johnny Hallyday ou Michel Sardou en boucle dans le radio-cassette, et que le voyage semble durer des heures avant d'arriver dans la maison de campagne de Tatie Mauricette, les paysages de campagne avec un arbre, un pré, un arbre, une vache, un arbre, oh une maison ? Et bien là, c'était la même, mais avec le GPS qui se foutait de nous en nous disant régulièrement que nous étions paumés.

Au bout d'une bonne heure de route de campagne, le GPS nous dit « vous êtes arrivés à destination » et nous passons devant une (presque) maison, au milieu de rien. Ça peut pas être là ?

- Ben si, le GPS dit que c'est bon.

Nous garons la voiture sur le bord d'un champ, et nous approchons de la propriété. Et là, un colosse se met à aboyer, avec de la bave lui coulant des babines (bon d'accord, tous les chiens qui aboient ressemblent au chien de Cujo pour moi), et nous apercevons un homme en train de planter des fruits et légumes au fond du jardin.

- Come in, don't be afraid… (oui, ben dont be afraid, don't be afraid, j'aimerais bien t'y voir si c'était pas ton chien).

- Qu'est-ce qu'il dit ? me demande Jean-Yves.

- Qu'on peut rentrer, mais j'suis pas bien super décidé sur ce coup-là.

Monsieur Deacon a eu la gentillesse de retenir son chien par le collier, afin que nous puissions rentrer et apprécier son jardin. Enfin, son étendue partiellement verte, et heureusement qu'il avait bien plu la veille et les dix-huit jours d'avant (oui, la pluie est tenace en Bretagne), comme ça nous avons pu tester l'étanchéité de nos chaussures. Bon je vous confirme que les chaussures de ville ne sont pas étanches à la boue, ne tentez pas, je l'ai fait pour vous, ne me remerciez pas.

Donc nous rentrons chez Monsieur Deacon, une petite maison avec un intérieur, comment vous dire ? Il y a bien ma femme qui utilise le terme rococo, mais là, je pense que nous étions 10 étages au-dessus. Il y avait des petits tableaux sur une tapisserie à fleurs, des meubles partout, en chêne massif, sinon ce n'est pas drôle, des tasses, des assiettes collées aux murs, des bouteilles vides en déco au-dessus de commodes, et la grande table trônant au milieu du salon cuisine.. Même les chaises avaient le droit à leur coussin à fleurs. Ils avaient dû voir tellement de popotins qu'ils avaient pris la forme de la chaise.

Je prends place et sors de mon sac des superbes brochures apportées pour l'occasion. Explication du compte PRO, les produits et services, pourquoi vous serez bien chez nous, et tout ce qui va avec. Et croyez-moi, je ne pensais qu'à repartir avec des contrats, ma seule motivation après tout ça. Je regardais toujours du coin de l'œil Médor, qui s'amusait à marquer son territoire à grands coups de bave sur le carrelage de la cuisine.

- So what can I Do for you ?

- Mister Deacon, you are a professional person (oui j'ai fait Anglais seconde langue).

- Professional ? Oh no, I'm not anymore.
- Qu'est-ce qu'il dit ? me demande Jean-Yves.
- You're not profesional person ?
- No, I'm retired. And my personal account is in my Family Bank since many long years..
- Mais qu'est-ce qu'il dit ?
- Il dit qu'il est à la retraite, il n'est plus professionnel.
- Oh merde, on a fait chou blanc.

Et là, le chien qui, jusqu'ici ne m'aimait pas beaucoup, s'est pris d'une grande affection pour mon collègue, et le montrait en commençant à se frotter à lui.

- Mais qu'est-ce qu'il a le chien ? Allez, zou file, dit Jean-Yves en tentant de garder le sourire devant Monsieur Deacon.
- Il t'aime bien, ça ne se voit pas ? Bon comment on fait pour partir ?
- Oh This is my wife Andrea. Andrea, the men from the Bank.
- Oooooooh, it's wonderful it's a great pleasure to see you.
- Qu'est-ce qu'elle dit ?
- Rien Jean-Yves, qu'elle est contente de nous voir, c'est sa femme. Bon comment on part, fais quelque chose…

Et là, je pris le taureau par les cornes, je n'en pouvais plus de Monsieur Deacon et de sa femme, prête à nous servir du pudding, des assiettes aux murs, et du chien qui se collait à mon collègue.

- So I'm sorry, if you're retired, we can't open a professional account. So it was a pleasure to see you too, and have a nice

day (boum enchaînement droite gauche, coup de tête balayette et c'est parti mon kiki).
- Oooooh, it's okay. But before you go, let me just offer you a little drink.
- Oh no, it's very nice, but we must leave now (je me lève, sacoche à la main).
- Mais qu'est-ce qu'il dit ??
- Non rien Jean-Yves, on y va, c'est maintenant.
- Maaaaais non, regarde il sort une bouteille.

Bon et là, je savais que j'étais perdu. Monsieur Deacon a fait goûter un alcool artisanal à mon collègue, moi j'ai continué à boire l'eau du robinet, Andrea nous a servi du cake qui devait dater du Christmas dernier, le chien s'est enfin couché et mon collègue s'est mis à parler et à comprendre de l'anglais rudimentaire, histoire de donner son ressenti sur les plaisirs artisanaux de notre cher Lord, qui nous a montré sa collection de petits soldats de plombs, histoire de bien finir l'entretien.
Le pire ? C'est quand vous rentrez 3h30 après, les chaussures pleines de boue, les contrats et documents que vous aviez au départ, même pas sorti un stylo, vous avez visité un bled en Bretagne que 99,9 % des Bretons ne connaissent même pas, et que les collègues vous regardent passer la porte de l'agence et disent :
- Ben la vache, avec le temps passé pour un seul client, j'espère que vous revenez avec des trucs….

Bonne soirée, bonne prospection à tous, et bon courage !

Remerciements

Je tiens vivement à remercier toutes les personnes qui m'ont accompagnées et soutenues dans ce projet, tous les lecteurs de mes chroniques sur Facebook, sans qui je ne me serais jamais lancé dans cette aventure (comme quoi, le digital a du bon). Vous avez toujours été là, par vos commentaires, vos mails, et ce fut un plaisir.

Merci à Flo et Sylvie qui furent mes premières lectrices.

Dans mon parcours de banque, je tiens sincèrement à remercier Stéphane, qui m'a tout appris dans ma première « vraie » expérience, Popo, Fred et la fine équipe de Brochant.

J'ai toujours eu la chance d'avoir des manager de qualité qui m'ont énormément apportés, de par leur soutien, leurs connaissances, et leur confiance. Fabrice, pour m'avoir épaulé dans ce nouveau monde, Philippe, avec qui l'aventure continue toujours, Patrick P, pour les différentes agences faites ensemble, Fabienne, Laurence R, Jack S, Christophe B, et Stéphane G, pour leur expérience.

Une pensée particulière pour une de mes équipe qui se reconnaîtra, Loïc, Laurence, La renverseuse de café B. , « Muzo », Gildas, Céline, Yves…

Ma vie entière à celle qui m'a toujours entourée, soutenue, aimée, consolée.

Et à mes enfants, qui pourront lire ce livre dans quelques années.

Ce livre est dédicacé à toutes les « Madame Lavieille », les « Madame Pasdebol », Monsieur « Ronchon », et tous les clients qui font de notre quotidien, des journées qui ne se ressemblent pas. Même si certaines fois, nous sommes à deux doigts de craquer, vous êtes notre raison d'être.

Un clin d'œil très tendre envers toutes les populations étrangères rencontrées à Paris, les Marocains, les Tunisiens, Algériens, Maliens, Ivoriens, vous m'avez énormément appris sur vos us et coutumes, religions, histoires, et votre gentillesse avec moi, et collègues en général, a été sans limite.

Enfin, un grand grand merci à Nicolas Giraud qui m'a donné un dernier coup de pouce, et qui a réalisé l'illustration de la couverture. Merci Nico (Océano Arts à Longeville sur Mer)

Et merci à vous, qui avez lu ce livre....

26720454R00217

Printed in Poland
by Amazon Fulfillment
Poland Sp. z o.o., Wrocław